高等学校网络教育规划教材

经济数学基础（下）

线性代数　概率统计

主　编　陆　全
副主编　孙　浩
编　者　吕全义　孙　浩

西北工业大学出版社

【内容简介】 本书分上、下册。上册内容包括函数、极限与连续、导数与微分、导数的应用、不定积分、定积分及其应用、多元函数微分学。下册内容包括行列式、矩阵、线性方程组、随机事件与概率、随机变量及其数字特征、统计推断、方差分析与回归分析。

本书既可作为高等学校网络教育的教材使用，也可供其他院校相关专业作为教材选用。

图书在版编目（CIP）数据

经济数学基础/陆全主编. —西安：西北工业大学出版社，2015.9

ISBN 978-7-5612-2707-7

Ⅰ. 经…　Ⅱ. 陆…　Ⅲ. 经济数学—高等学校—教材　Ⅳ. F224.0

中国版本图书馆 CIP 数据核字(2009)第 223987 号

出版发行： 西北工业大学出版社
通信地址： 西安市友谊西路 127 号　邮编 710072
电　　话： (029)88493844　88491757
网　　址： www.nwpup.com
印 刷 者： 陕西丰源印务有限公司
开　　本： 727 mm×960 mm　1/16
印　　张： 31.5
字　　数： 530 千字
版　　次： 2009 年 12 月第 1 版　2015 年 9 月第 2 次印刷
定　　价： 58.00 元(套)

前　言

随着我国经济建设的不断发展,数学方法在经济领域中得到越来越广泛的应用,经济数学基础成为高等学校经济管理类专业重要的数学基础课程。本书是为适应社会发展对于高等经济与管理人才的要求及经管类教学改革的需要,按照教学大纲的基本要求,集编者多年教学经验并参考了大量国内外资料编写而成的。

本书主要面向接受网络教育的学生使用。与在校大学生相比,他们的学习条件更艰苦,学习时间更紧张,学习环境更困难,但他们追求真理的求知欲望和在校大学生是完全一样的。怎样使本书更能适应网络教育大学生的实际水平,方便他们的学习,基于这些思考,编者做了许多创造性的工作,使本书具有下述特点:①简明化。从节约学生学习时间考虑,教材力求简明扼要,注重对基本理论和主要观点的介绍,对一些人人皆知的知识性问题一般不做过多阐述,尽量避免冗言赘语。②条理化。注重经管类学生的特点,在保证数学概念的准确性和基本理论的系统性的基础上,对传统教学内容进行了必要的调整,尽可能从自然科学及经济分析的实例出发,借助几何直观引入数学概念,深入浅出,循序渐进;淡化运算技巧,并适当降低了部分内容的理论要求,如一元函数极限、线性方程组解的存在性、随机变量函数的分布等内容,力求使教材内容精练,条理清晰,表述流畅,易教易学,以必需、够用为度,以实用为原则。③实用化。注重对学生应用意识与能力的培养,特别是经济学方面应用能力的培养,选用了几何、物理、经济学等多方面的应用实例,有益于学生学以致用,也对提高学习兴趣,拓宽视野有帮助,体现以应用为目的。④兼顾多种需求。注重兼顾各层次学生的需要,强调对经济数学基本概念、基本方法的掌握,例题、习题的选择紧扣知识点,难易适度,题型多样。每节配有同步习题,按章配有特点鲜明的总习题,其中包含足量的是非题、选择题、填空题,便于教与学。⑤配有习题集。便于学生巩固知识点、复习、考试使用。

本书由西北工业大学网络教育学院组织策划,西北工业大学陆全教授任主编,孙浩副教授任副主编。各章分工为:第1～4章由陆全编写,第5,6章由郑红婵编写,第7章由郭千桥编写,第8～10章由吕全义编写,第11～14章由孙浩编写,全书由陆全、孙浩统纂定稿。

由于编者水平所限,书中疏漏和不妥之处在所难免,恳请读者批评指正。

编　者

2009年8月

目　　录

（下册）

第一篇　线性代数

第 8 章　行列式 …… 1

8.1　行列式的定义 …… 3
8.2　行列式的性质 …… 8
8.3　克拉默法则 …… 13
总习题 8 …… 18

第 9 章　矩阵 …… 22

9.1　矩阵的概念 …… 24
9.2　矩阵的基本运算 …… 28
9.3　逆矩阵 …… 36
9.4　矩阵的初等变换与初等矩阵 …… 42
9.5　分块矩阵及运算 …… 50
总习题 9 …… 54

第 10 章　线性方程组 …… 57

10.1　n 维向量的概念及运算 …… 58
10.2　向量组的线性相关性 …… 61
10.3　线性方程组 …… 70
总习题 10 …… 83

第二篇 概率统计

第 11 章 随机事件与概率 …… 88

11.1 随机事件 …… 89
11.2 随机事件关系与运算 …… 93
11.3 随机事件的概率 …… 97
11.4 条件概率与全概率公式 …… 103
11.5 事件的独立性 …… 111
总习题 11 …… 117

第 12 章 随机变量及其数字特征 …… 121

12.1 随机变量及其分布函数 …… 123
12.2 常见一维随机变量及其分布 …… 126
12.3 随机变量的数学期望 …… 135
12.4 随机变量的方差 …… 142
总习题 12 …… 149

第 13 章 统计推断 …… 153

13.1 数理统计的基本概念 …… 155
13.2 参数估计 …… 163
13.3 参数的假设检验 …… 174
总习题 13 …… 181

第 14 章 方差分析与回归分析 …… 185

14.1 单因素方差分析 …… 186
14.2 一元线性回归分析 …… 193
总习题 14 …… 201

附表 常用统计数值表 …… 204

附表 1 泊松分布表 …… 204
附表 2 正态分布表 …… 207
附表 3 t 分布上侧分位数表 …… 210

附表 4　χ^2 分布临界值表……212
附表 5　F 分布临界值表(α＝0.05)……213
附表 6　F 分布临界值表(α＝0.10)……219
附表 7　F 分布临界值表(α＝0.01)……221
附表 8　F 分布临界值表(α＝0.025)……227

下册部分习题答案与提示……229

参考文献……244

第一篇　线性代数

第8章　行　列　式

行列式是线性代数中的一个基本概念，其理论起源于解线性方程组的问题，它在自然科学的许多领域里都有广泛的应用.

一、教学内容

行列式：行列式的定义、性质与计算.

克拉默法则：线性方程组的概念，应用行列式求解线性方程组的方法.

二、重要概念、结论与公式

1. 行列式概念

(1)2 阶行列式 $\begin{vmatrix} a_{11} & a_{12} \\ a_{21} & a_{22} \end{vmatrix} = a_{11}a_{22} - a_{12}a_{21}$.

(2)n 阶行列式 $D = \begin{vmatrix} a_{11} & a_{12} & \cdots & a_{1n} \\ a_{21} & a_{22} & \cdots & a_{2n} \\ \vdots & \vdots & & \vdots \\ a_{n1} & a_{n2} & \cdots & a_{nn} \end{vmatrix} = \sum_{k=1}^{n} a_{1k}A_{1k}$.

2. 行列式性质

(1) 保值性质：

1)$D = D^{\mathrm{T}}$；

2)$D \xlongequal[(\text{或 } c_i + kc_j)]{r_i + kr_j} D_1$.

(2) 变号性质：$D \xlongequal[(\text{或 } c_i \leftrightarrow c_j)]{r_i \leftrightarrow r_j} -D_2$.

(3) 零值性质：

1) $D \xlongequal[(\text{或 } c_i = c_j)]{r_i = r_j} 0$;

2) $D \xlongequal[(\text{或 } c_i = kc_j)]{r_i = kr_j} 0$;

3) $D \xlongequal[(\text{或 } c_j = 0)]{r_i = 0} 0$.

(4) 公因子性质：行列式某行(或列)的公因子可提到行列式符号外.

$$kD = \begin{vmatrix} a_{11} & \cdots & ka_{1j} & \cdots & a_{1n} \\ \vdots & & \vdots & & \vdots \\ a_{n1} & \cdots & ka_{nj} & \cdots & a_{nn} \end{vmatrix}$$

(5) 拆和性质：若行列式 D 某行(或列)的各元素均为两项之和，则 D 可写成两个相应行列式之和.

$$\begin{vmatrix} a_{11} & \cdots & a_{1j}+b_{1j} & \cdots & a_{1n} \\ \vdots & & \vdots & & \vdots \\ a_{n1} & \cdots & a_{nj}+b_{nj} & \cdots & a_{nn} \end{vmatrix} = \begin{vmatrix} a_{11} & \cdots & a_{1j} & \cdots & a_{1n} \\ \vdots & & \vdots & & \vdots \\ a_{n1} & \cdots & a_{nj} & \cdots & a_{nn} \end{vmatrix} + \begin{vmatrix} a_{11} & \cdots & b_{1j} & \cdots & a_{1n} \\ \vdots & & \vdots & & \vdots \\ a_{n1} & \cdots & b_{nj} & \cdots & a_{nn} \end{vmatrix}$$

3. 克拉默法则

线性方程组

$$\begin{cases} a_{11}x_1 + a_{12}x_2 + \cdots + a_{1n}x_n = b_1 \\ \cdots\cdots \\ a_{n1}x_1 + a_{n2}x_2 + \cdots + a_{nn}x_n = b_n \end{cases}$$

当 $D \neq 0$ 时存在唯一解：

$$x_1 = \frac{D_1}{D}, x_2 = \frac{D_2}{D}, \cdots, x_n = \frac{D_n}{D}$$

式中，D 为线性方程组的系数行列式，D_j 表示用常数列 $b_1, b_2, \cdots, b_n$ 替代系数行列式 D 中第 j 列元素而得的行列式.

8.1 行列式的定义

一、2 阶行列式

考虑二元一次方程组

$$\left.\begin{aligned} a_{11}x_1 + a_{12}x_2 = b_1 \\ a_{21}x_1 + a_{22}x_2 = b_2 \end{aligned}\right\} \quad (1)$$

的求解.采用消元法得

$$\begin{cases} (a_{11}a_{22} - a_{12}a_{21})x_1 = b_1a_{22} - b_2a_{12} \\ (a_{11}a_{22} - a_{12}a_{21})x_2 = b_2a_{11} - b_1a_{21} \end{cases}$$

当 $a_{11}a_{22} - a_{12}a_{21} \neq 0$ 时,方程组(1) 有唯一解

$$\left.\begin{aligned} x_1 = \frac{b_1a_{22} - b_2a_{12}}{a_{11}a_{22} - a_{12}a_{21}} \\ x_2 = \frac{b_2a_{11} - b_1a_{21}}{a_{11}a_{22} - a_{12}a_{21}} \end{aligned}\right\} \quad (2)$$

为了便于记忆,此求解公式引入 2 阶行列式的概念.

定义 1 用 2^2 个数组成的符号

$$\begin{vmatrix} a_{11} & a_{12} \\ a_{21} & a_{22} \end{vmatrix}$$

称为 2 阶行列式,其表示数 $a_{11}a_{22} - a_{12}a_{21}$,即

$$\begin{vmatrix} a_{11} & a_{12} \\ a_{21} & a_{22} \end{vmatrix} = a_{11}a_{22} - a_{12}a_{21}$$

式中,$a_{ij}\,(i,j=1,2)$ 称为行列式第 i 行第 j 列的元素,横排称行,竖排称列.

在这个 2 阶行列式中有两条对角线,从左上角到右下角的对角线叫做主对角线,即连接图 1.1 中 a_{11} 与 a_{22} 的连线,从右上角到左下角的对角线叫做次对角线,即连接 a_{12} 与 a_{21} 的连线.

2 阶行列式的数值就是主对角线元素的乘积减次对角线元素的乘积,这种计算方法称为对角线法.可根据图 1.1 来记忆.

图 1.1

由定义 1,方程组(1) 的解可简记为

$$x_1 = \frac{D_1}{D}, \quad x_2 = \frac{D_2}{D}$$

式中,$D=\begin{vmatrix} a_{11} & a_{12} \\ a_{21} & a_{22} \end{vmatrix}$, $D_1=\begin{vmatrix} b_1 & a_{12} \\ b_2 & a_{22} \end{vmatrix}$, $D_2=\begin{vmatrix} a_{11} & b_1 \\ a_{21} & b_2 \end{vmatrix}$. 行列式 D 称为方程组的系数行列式.

例 1 计算下列 2 阶行列式:

(1)$\begin{vmatrix} 1 & 2 \\ 3 & 4 \end{vmatrix}$ (2)$\begin{vmatrix} \sin\alpha & -\cos\alpha \\ \cos\alpha & \sin\alpha \end{vmatrix}$

解 (1)$\begin{vmatrix} 1 & 2 \\ 3 & 4 \end{vmatrix}=4-6=-2$

(2)$\begin{vmatrix} \sin\alpha & -\cos\alpha \\ \cos\alpha & \sin\alpha \end{vmatrix}=\sin^2\alpha+\cos^2\alpha=1$

例 2 解二元一次方程组

$$\begin{cases} x_1-2x_2=1 \\ 2x_1+3x_2=2 \end{cases}$$

解 因为 $D=\begin{vmatrix} 1 & -2 \\ 2 & 3 \end{vmatrix}=7\neq 0$

$$D_1=\begin{vmatrix} 1 & -2 \\ 2 & 3 \end{vmatrix}=7, \quad D_2=\begin{vmatrix} 1 & 1 \\ 2 & 2 \end{vmatrix}=0$$

所以 $x_1=\dfrac{D_1}{D}=1$, $x_2=\dfrac{D_2}{D}=0$.

二、*n* 阶行列式

下面以 2 阶行列式为基础,定义 n 阶行列式.

1. 3 阶行列式

定义 2 由 3^2 个数组成的符号

$$\begin{vmatrix} a_{11} & a_{12} & a_{13} \\ a_{21} & a_{22} & a_{23} \\ a_{31} & a_{32} & a_{33} \end{vmatrix}$$

称为 3 阶行列式,它表示的数值为

$$\begin{vmatrix} a_{11} & a_{12} & a_{13} \\ a_{21} & a_{22} & a_{23} \\ a_{31} & a_{32} & a_{33} \end{vmatrix}=a_{11}\begin{vmatrix} a_{22} & a_{23} \\ a_{32} & a_{33} \end{vmatrix}-a_{12}\begin{vmatrix} a_{21} & a_{23} \\ a_{31} & a_{33} \end{vmatrix}+a_{13}\begin{vmatrix} a_{21} & a_{22} \\ a_{31} & a_{32} \end{vmatrix}$$

它的规律是:将行列式的第一行各元素乘以划掉该元素所在的行和列之

后剩下的 2 阶行列式，前面加上正、负相间的符号，然后再求它们的代数和. 如果把从行列式中划去第 i 行第 j 列（$i,j=1,2,3$）后所剩下的 2 阶行列式记为 M_{ij}，那么有

$$M_{11}=\begin{vmatrix} a_{22} & a_{23} \\ a_{32} & a_{33} \end{vmatrix},\quad M_{12}=\begin{vmatrix} a_{21} & a_{23} \\ a_{31} & a_{33} \end{vmatrix},\quad M_{13}=\begin{vmatrix} a_{21} & a_{22} \\ a_{31} & a_{33} \end{vmatrix}$$

故
$$\begin{vmatrix} a_{11} & a_{12} & a_{13} \\ a_{21} & a_{22} & a_{23} \\ a_{31} & a_{32} & a_{33} \end{vmatrix}=a_{11}M_{11}-a_{12}M_{12}+a_{13}M_{13}$$

若令 $A_{ij}=(-1)^{i+j}M_{ij}$，则

$$\begin{vmatrix} a_{11} & a_{12} & a_{13} \\ a_{21} & a_{22} & a_{23} \\ a_{31} & a_{32} & a_{33} \end{vmatrix}=a_{11}A_{11}+a_{12}A_{12}+a_{13}A_{13}$$

这里的 M_{ij} 称为元素 a_{ij} 的余子式，A_{ij} 称为元素 a_{ij} 的代数余子式.

类似地定义 4 阶行列式为

$$\begin{vmatrix} a_{11} & a_{12} & a_{13} & a_{14} \\ a_{21} & a_{22} & a_{23} & a_{24} \\ a_{31} & a_{32} & a_{33} & a_{34} \\ a_{41} & a_{42} & a_{43} & a_{44} \end{vmatrix}=a_{11}\begin{vmatrix} a_{22} & a_{23} & a_{24} \\ a_{32} & a_{33} & a_{34} \\ a_{42} & a_{43} & a_{44} \end{vmatrix}-a_{12}\begin{vmatrix} a_{21} & a_{23} & a_{24} \\ a_{31} & a_{33} & a_{34} \\ a_{41} & a_{43} & a_{44} \end{vmatrix}+$$
$$a_{13}\begin{vmatrix} a_{21} & a_{23} & a_{24} \\ a_{31} & a_{33} & a_{34} \\ a_{41} & a_{43} & a_{44} \end{vmatrix}-a_{14}\begin{vmatrix} a_{21} & a_{22} & a_{23} \\ a_{31} & a_{32} & a_{33} \\ a_{41} & a_{42} & a_{43} \end{vmatrix}$$

如果同样用 M_{ij} 表示划去行列式的第 i 行第 j 列（$i,j=1,2,3,4$）后所剩的 3 阶行列式，仍令 $A_{ij}=(-1)^{i+j}M_{ij}$，那么 4 阶行列式的定义可简写为

$$\begin{vmatrix} a_{11} & a_{12} & a_{13} & a_{14} \\ a_{21} & a_{22} & a_{23} & a_{24} \\ a_{31} & a_{32} & a_{33} & a_{34} \\ a_{41} & a_{42} & a_{43} & a_{44} \end{vmatrix}=a_{11}A_{11}+a_{12}A_{12}+a_{13}A_{13}+a_{14}A_{14}$$

这个定义是以 3 阶行列式的定义作为它的基础. 显然，有了 4 阶行列式的定义，就可以类似地定义 5 阶行列式，6 阶行列式，等等. 一般 n 阶行列式可用数学归纳法定义如下.

2. n 阶行列式

定义 3 2 阶行列式的定义为

$$\begin{vmatrix} a_{11} & a_{12} \\ a_{21} & a_{22} \end{vmatrix} = a_{11}a_{22} - a_{12}a_{21}$$

设 $n-1$ 阶行列式已经定义，则 n 阶行列式定义为

$$\begin{vmatrix} a_{11} & a_{12} & \cdots & a_{1n} \\ a_{21} & a_{22} & \cdots & a_{2n} \\ \vdots & \vdots & & \vdots \\ a_{n1} & a_{n2} & \cdots & a_{nn} \end{vmatrix} = a_{11}A_{11} + a_{12}A_{12} + \cdots + a_{1n}A_{1n}$$

其中，$A_{ij} = (-1)^{i+j}M_{ij}$，$M_{ij}$ 表示划去行列式第 i 行第 j 列 $(i,j=1,2,\cdots,n)$ 所剩下的 $n-1$ 阶行列式.

M_{ij} 称为元素 a_{ij} 的余子式，A_{ij} 称为元素 a_{ij} 的代数余子式，n 阶行列式常用 D 或 D_n 表示，在不混淆的情况下，也可把 n 阶行列式简记做 $D=|a_{ij}|$ 或 $D_n=|a_{ij}|_n$，规定 1 阶行列式为 $|a_{11}|=a_{11}$.

例 3 计算 3 阶行列式：

$$(1)D=\begin{vmatrix} 1 & 0 & 0 \\ 2 & 1 & 1 \\ 1 & 4 & 5 \end{vmatrix} \qquad (2)D=\begin{vmatrix} 2 & 0 & 1 \\ 3 & 1 & 2 \\ 1 & 2 & 3 \end{vmatrix}$$

解 $(1)D=1\times\begin{vmatrix} 1 & 1 \\ 4 & 5 \end{vmatrix}=1$

$$(2)D=2\begin{vmatrix} 1 & 2 \\ 2 & 3 \end{vmatrix}+\begin{vmatrix} 3 & 1 \\ 1 & 2 \end{vmatrix}=-2+5=3$$

注 上面是利用行列式的第 1 行元素来定义行列式的，这个式子通常称为行列式按第 1 行元素的展开式. 可以证明，行列式按第 1 列元素展开也有相同的结果，即

$$D=|a_{ij}|=a_{11}A_{11}+a_{21}A_{21}+\cdots+a_{n1}A_{n1}$$

还可以证明，行列式按任意一行(列) 展开，都有相同的结果，其展开式为

$$D=|a_{ij}|=a_{i1}A_{i1}+a_{i2}A_{i2}+\cdots+a_{in}A_{in}=\sum_{k=1}^{n}a_{ik}A_{ik} \qquad (i=1,2,\cdots,n)$$

$$D=|a_{ij}|=a_{1j}A_{1j}+a_{2j}A_{2j}+\cdots+a_{nj}A_{nj}=\sum_{k=1}^{n}a_{kj}A_{kj} \qquad (j=1,2,\cdots,n)$$

例 4 计算行列式

$$\begin{vmatrix} 1 & 2 & 4 \\ 2 & 0 & 1 \\ 3 & 0 & 4 \end{vmatrix}$$

解 按第2列元素展开，则有

$$D=2\times(-1)^{1+2}\begin{vmatrix}2 & 1\\ 3 & 4\end{vmatrix}=-10$$

例5 计算行列式

$$(1)D=\begin{vmatrix}a_{11} & 0 & 0 & \cdots & 0\\ a_{21} & a_{22} & 0 & \cdots & 0\\ \vdots & \vdots & \vdots & & \vdots\\ a_{n1} & a_{n2} & a_{n3} & \cdots & a_{nn}\end{vmatrix}\qquad (2)D=\begin{vmatrix}a_{11} & a_{12} & \cdots & a_{1n}\\ 0 & a_{22} & \cdots & a_{2n}\\ \vdots & \vdots & & \vdots\\ 0 & 0 & \cdots & a_{nn}\end{vmatrix}$$

解 (1) 按第1行展开后，再按同一方法继续下去：

$$D=a_{11}\begin{vmatrix}a_{22} & 0 & \cdots & 0\\ a_{32} & a_{33} & \cdots & 0\\ \vdots & \vdots & & \vdots\\ a_{n2} & a_{n3} & \cdots & a_{nn}\end{vmatrix}=\cdots=a_{11}a_{22}\cdots a_{nn}$$

这个行列式称为下三角行列式，下三角行列式等于主对角线上元素的乘积.

(2) 按第1列展开后，再按同一方法继续下去：

$$D=a_{11}\begin{vmatrix}a_{22} & a_{23} & \cdots & a_{2n}\\ 0 & a_{33} & \cdots & a_{3n}\\ \vdots & \vdots & & \vdots\\ 0 & 0 & \cdots & a_{nn}\end{vmatrix}=\cdots=a_{11}a_{22}\cdots a_{nn}$$

可见，下(上)三角行列式的值就是主对角元素的乘积，计算非常简单，而一般情况，行列式的求解将非常烦琐. 为了化简行列式的计算，须研究行列式的性质.

习 题 8.1

1. 计算以下行列式：

$$(1)\begin{vmatrix}1 & 2\\ 3 & 1\end{vmatrix}\qquad (2)\begin{vmatrix}\cos\alpha & -\sin\alpha\\ 2\sin\alpha & 2\cos\alpha\end{vmatrix}$$

$$(3)\begin{vmatrix}1 & 0 & 0 & 0\\ 2 & 2 & 0 & 0\\ 3 & 3 & 3 & 0\\ 4 & 4 & 4 & 4\end{vmatrix}\qquad (4)\begin{vmatrix}4 & 4 & 4 & 4\\ 0 & 3 & 3 & 3\\ 0 & 0 & 2 & 2\\ 0 & 0 & 0 & 1\end{vmatrix}$$

(5) $\begin{vmatrix} 1 & 0 & 3 \\ 2 & 1 & 4 \\ 1 & 0 & 5 \end{vmatrix}$　　　　(6) $\begin{vmatrix} 1 & 1 & 0 \\ 2 & 1 & 5 \\ 3 & 1 & 4 \end{vmatrix}$

2. 解下列方程：

(1) $\begin{vmatrix} 1 & 2 & 1 \\ 2 & x & 3 \\ 1 & 0 & 0 \end{vmatrix}=0$　　　　(2) $\begin{vmatrix} x & x & 1 \\ 1 & 0 & 2 \\ 2 & 1 & 3 \end{vmatrix}=1$

3. 解下面线性方程组：

(1) $\begin{cases} 3x_1+2x_2=0 \\ 2x_1+x_2=1 \end{cases}$　　　　(2) $\begin{cases} x_1-x_2=1 \\ 2x_1+2x_3=2 \end{cases}$

8.2　行列式的性质

若一个行列式中没有 0 元素(或 0 元素很少)，那么按定义计算时，运算量很大.因而需要研究计算行列式的方法.为此，本节讨论行列式的性质，这些性质对行列式的计算及理论研究都有重要的作用.

设 n 阶行列式

$$D=\begin{vmatrix} a_{11} & a_{12} & \cdots & a_{1n} \\ a_{21} & a_{22} & \cdots & a_{2n} \\ \vdots & \vdots & & \vdots \\ a_{n1} & a_{n2} & \cdots & a_{nn} \end{vmatrix}$$

定义 1　将行列式 D 的行变成同序号的列后得到的行列式称为 D 的转置行列式，记为 D^{T}，即

$$D^{\mathrm{T}}=\begin{vmatrix} a_{11} & a_{21} & \cdots & a_{n1} \\ a_{12} & a_{22} & \cdots & a_{n2} \\ \vdots & \vdots & & \vdots \\ a_{1n} & a_{2n} & \cdots & a_{nn} \end{vmatrix}$$

下面引入行列式的性质.

1. 保值性质

(1) 行列式与其转置行列式相等，即 $D=D^{\mathrm{T}}$.

此性质说明，行列式中行与列具有相同的地位，即凡对行成立的性质对列也成立，反之亦然.

(2) 将行列式 D 中某一行(列)各元素的 k 倍加到另一行(列)对应的元素上去,行列式的值不变,即有

$$D=\begin{vmatrix} a_{11} & a_{12} & \cdots & a_{1n} \\ \vdots & \vdots & & \vdots \\ a_{i1} & a_{i2} & \cdots & a_{in} \\ \vdots & \vdots & & \vdots \\ a_{j1} & a_{j2} & \cdots & a_{jn} \\ \vdots & \vdots & & \vdots \\ a_{n1} & a_{n2} & \cdots & a_{nn} \end{vmatrix} \xlongequal{r_i+kr_j} \begin{vmatrix} a_{11} & a_{12} & \cdots & a_{1n} \\ \vdots & \vdots & & \vdots \\ a_{i1}+ka_{j1} & a_{i2}+ka_{j2} & \cdots & a_{in}+ka_{jn} \\ \vdots & \vdots & & \vdots \\ a_{j1} & a_{j2} & \cdots & a_{jn} \\ \vdots & \vdots & & \vdots \\ a_{n1} & a_{n2} & \cdots & a_{nn} \end{vmatrix}$$

其中 r_i+kr_j 表示第 j 行各元素的 k 倍加到第 i 行上去(若是第 j 列的 k 倍加到第 i 列上去,则记做 c_i+kc_j).

例 1　计算行列式

$$D=\begin{vmatrix} 1 & 2 & 4 & -1 \\ 2 & 0 & 1 & 3 \\ -1 & 1 & 0 & 2 \\ 4 & 3 & 1 & 5 \end{vmatrix}$$

解法 1　用上面的性质将 D 化为上三角行列式.

$$D \xlongequal[\substack{r_3+r_1 \\ r_4-4r_1}]{r_2-2r_1} \begin{vmatrix} 1 & 2 & 4 & -1 \\ 0 & -4 & -7 & 5 \\ 0 & 3 & 4 & 1 \\ 0 & -5 & -15 & 9 \end{vmatrix} \xlongequal{r_2+r_3} \begin{vmatrix} 1 & 2 & 4 & -1 \\ 0 & -1 & -3 & 6 \\ 0 & 3 & 4 & 1 \\ 0 & -5 & -15 & 9 \end{vmatrix}$$

$$\xlongequal[r_4-5r_2]{r_3+3r_2} \begin{vmatrix} 1 & 2 & 4 & -1 \\ 0 & -1 & -3 & 6 \\ 0 & 0 & -5 & 19 \\ 0 & 0 & 0 & -21 \end{vmatrix} = 1\times(-1)\times(-5)\times(-21)=-105$$

解法2　用上面性质将 D 的某行(列)化出3个0元,然后展开,继续这样,最后变成求解 2 阶行列式.

$$D \xlongequal[c_4-2c_2]{c_1+c_2} \begin{vmatrix} 3 & 2 & 4 & -5 \\ 2 & 0 & 1 & 3 \\ 0 & 1 & 0 & 0 \\ 7 & 3 & 1 & -1 \end{vmatrix} \xlongequal{3\text{行展}} 1\times(-1)^{3+2} \begin{vmatrix} 3 & 4 & -5 \\ 2 & 1 & 3 \\ 7 & 1 & -1 \end{vmatrix}$$

$$\xlongequal[r_3-r_2]{r_1-4r_2}-\begin{vmatrix}-5 & 0 & -17\\ 2 & 1 & 3\\ 5 & 0 & -4\end{vmatrix}=(-1)\times(-1)^{2+2}\begin{vmatrix}-5 & -17\\ 5 & -4\end{vmatrix}=-105$$

2. 变号性质

互换行列式的任意两行(列),行列式的值改变符号,即

$$D=\begin{vmatrix}\vdots & \vdots & & \vdots\\ a_{i1} & a_{i2} & \cdots & a_{in}\\ \vdots & \vdots & & \vdots\\ a_{j1} & a_{j2} & \cdots & a_{jn}\\ \vdots & \vdots & & \vdots\end{vmatrix}\xlongequal{r_i\leftrightarrow r_j}-\begin{vmatrix}\vdots & \vdots & & \vdots\\ a_{j1} & a_{j2} & \cdots & a_{jn}\\ \vdots & \vdots & & \vdots\\ a_{i1} & a_{i2} & \cdots & a_{in}\\ \vdots & \vdots & & \vdots\end{vmatrix}$$

其中,$r_i\leftrightarrow r_j$ 表示第 i 行与第 j 行交换位置(若第 i 列与第 j 列交换位置,则记做 $c_i\leftrightarrow c_j$).

例 2 如果行列式

$$D=\begin{vmatrix}a_1 & b_1 & c_1\\ a_2 & b_2 & c_2\\ a_3 & b_3 & c_3\end{vmatrix}=2$$

求行列式 $\begin{vmatrix}a_2 & b_2 & c_2\\ a_3 & b_3 & c_3\\ a_1 & b_1 & c_1\end{vmatrix}$ 的值.

解 因为 $\begin{vmatrix}a_2 & b_2 & c_2\\ a_3 & b_3 & c_3\\ a_1 & b_1 & c_1\end{vmatrix}\xlongequal{r_1\leftrightarrow r_3}-\begin{vmatrix}a_1 & b_1 & c_1\\ a_3 & b_3 & c_3\\ a_2 & b_2 & c_2\end{vmatrix}\xlongequal{r_2\leftrightarrow r_3}\begin{vmatrix}a_1 & b_1 & c_1\\ a_2 & b_2 & c_2\\ a_3 & b_3 & c_3\end{vmatrix}$

所以

$$\begin{vmatrix}a_2 & b_2 & c_2\\ a_3 & b_3 & c_3\\ a_1 & b_1 & c_1\end{vmatrix}=2$$

3. 0 值性质

(1) 若行列式的某一行(列) 元素全为 0,则此行列式的值为 0.

(2) 若行列式的某两行(列) 的对应元素成比例,则此行列式的值为 0.

例 3 计算行列式:

$$(1)D=\begin{vmatrix}1 & 2 & 3\\ 2 & 4 & 1\\ 3 & 6 & 2\end{vmatrix}\qquad (2)D=\begin{vmatrix}0 & 1 & 2\\ 0 & 3 & 1\\ 0 & 5 & 6\end{vmatrix}$$

解 (1) 因为 D 的第 1 列与第 2 列元素对应成比例，所以 $D=0$.

(2) 因为 D 的第 1 列元素全为 0，所以 $D=0$.

4. 公因子性质

若行列式中某一行(列) 的所有元素有公因子 k，则可把公因子 k 提到行列式记号之外，即

$$\hat{D}=\begin{vmatrix} a_{11} & a_{12} & \cdots & a_{1n} \\ \vdots & \vdots & & \vdots \\ ka_{i1} & ka_{i2} & \cdots & ka_{in} \\ \vdots & \vdots & & \vdots \\ a_{n1} & a_{n2} & \cdots & a_{nn} \end{vmatrix}=k\begin{vmatrix} a_{11} & a_{12} & \cdots & a_{1n} \\ \vdots & \vdots & & \vdots \\ a_{i1} & a_{i2} & \cdots & a_{in} \\ \vdots & \vdots & & \vdots \\ a_{n1} & a_{n2} & \cdots & a_{nn} \end{vmatrix}=kD$$

例如 $\begin{vmatrix} 1 & 2 & 3 \\ 2 & 4 & 8 \\ 3 & 8 & 4 \end{vmatrix}=2\begin{vmatrix} 1 & 2 & 3 \\ 1 & 2 & 4 \\ 3 & 8 & 4 \end{vmatrix}=4\begin{vmatrix} 1 & 1 & 3 \\ 1 & 1 & 4 \\ 3 & 4 & 4 \end{vmatrix}$

例 4 计算行列式

$$D=\begin{vmatrix} 3 & 4 & 4 & 4 \\ 4 & 3 & 4 & 4 \\ 4 & 4 & 3 & 4 \\ 4 & 4 & 4 & 3 \end{vmatrix}$$

解 因为各行之和相等，所以

$$D\xlongequal{c_1+(c_2+c_3+c_4)}\begin{vmatrix} 15 & 4 & 4 & 4 \\ 15 & 3 & 4 & 4 \\ 15 & 4 & 3 & 4 \\ 15 & 4 & 4 & 3 \end{vmatrix}=15\begin{vmatrix} 1 & 4 & 4 & 4 \\ 1 & 3 & 4 & 4 \\ 1 & 4 & 3 & 4 \\ 1 & 4 & 4 & 3 \end{vmatrix}$$

$$\xlongequal[\substack{r_3-r_1 \\ r_4-r_1}]{r_2-r_1}15\begin{vmatrix} 1 & 4 & 4 & 4 \\ 0 & -1 & 0 & 0 \\ 0 & 0 & -1 & 0 \\ 0 & 0 & 0 & -1 \end{vmatrix}=-15$$

5. 拆和性质

若行列式 D 的第 i 行(列) 各元素都是两数之和：$a_{ij}=b_{ij}+c_{ij}$ $(j=1,2,\cdots,n)$，则行列式 D 可分解为两个行列式 $\overline{D}$ 和 $\widetilde{D}$ 的和，其中 $\overline{D}$ 的第 i 行是 b_{i1}，b_{i2}，$\cdots$，b_{in}，而 $\widetilde{D}$ 的第 i 行是 c_{i1}，c_{i2}，$\cdots$，c_{in}，其他各行都与原行列式对应行相同，即

$$D=\begin{vmatrix} a_{11} & a_{12} & \cdots & a_{1n} \\ \vdots & \vdots & & \vdots \\ b_{i1}+c_{i1} & b_{i2}+c_{i2} & \cdots & b_{in}+c_{in} \\ \vdots & \vdots & & \vdots \\ a_{n1} & a_{n2} & \cdots & a_{nn} \end{vmatrix}=\begin{vmatrix} a_{11} & a_{12} & \cdots & a_{1n} \\ \vdots & \vdots & & \vdots \\ b_{i1} & b_{i2} & \cdots & b_{in} \\ \vdots & \vdots & & \vdots \\ a_{n1} & a_{n2} & \cdots & a_{nn} \end{vmatrix}+$$

$$\begin{vmatrix} a_{11} & a_{12} & \cdots & a_{1n} \\ \vdots & \vdots & & \vdots \\ c_{i1} & c_{i2} & \cdots & c_{in} \\ \vdots & \vdots & & \vdots \\ a_{n1} & a_{n2} & \cdots & a_{nn} \end{vmatrix}=\overline{D}+\widetilde{D}$$

例 5 已知行列式 $D=\begin{vmatrix} a_{11} & a_{12} \\ a_{21} & a_{22} \end{vmatrix}=2,\overline{D}=\begin{vmatrix} a_{11} & a_{12} \\ b_{21} & b_{22} \end{vmatrix}=3$，求行列式 $\begin{vmatrix} a_{11} & a_{12} \\ a_{21}+2b_{21} & a_{22}+2b_{22} \end{vmatrix}$.

解 $\begin{vmatrix} a_{11} & a_{12} \\ a_{21}+2b_{21} & a_{22}+2b_{22} \end{vmatrix}=\begin{vmatrix} a_{11} & a_{12} \\ a_{21} & a_{22} \end{vmatrix}+\begin{vmatrix} a_{11} & a_{12} \\ 2b_{21} & 2b_{22} \end{vmatrix}=2+2\times 3=8$

例 6 已知行列式 $\begin{vmatrix} a_1 & b_1 & c_1 \\ a_2 & b_2 & c_2 \\ a_3 & b_3 & c_3 \end{vmatrix}=2$，$\begin{vmatrix} a_1 & d_1 & c_1 \\ a_2 & d_2 & c_2 \\ a_3 & d_3 & c_3 \end{vmatrix}=2$，

求 $\begin{vmatrix} a_1 & b_1-d_1 & 2c_1 \\ a_2 & b_2-d_2 & 2c_2 \\ a_3 & b_3-d_3 & 2c_3 \end{vmatrix}$.

解 $\begin{vmatrix} a_1 & b_1-d_1 & 2c_1 \\ a_2 & b_2-d_2 & 2c_2 \\ a_3 & b_3-d_3 & 2c_3 \end{vmatrix}=\begin{vmatrix} a_1 & b_1 & 2c_1 \\ a_2 & b_2 & 2c_2 \\ a_3 & b_3 & 2c_3 \end{vmatrix}-\begin{vmatrix} a_1 & d_1 & 2c_1 \\ a_2 & d_2 & 2c_2 \\ a_3 & d_3 & 2c_3 \end{vmatrix}=$

$$2\times 2-2\times 1=2$$

习 题 8.2

1. 计算下列行列式：

(1) $\begin{vmatrix} 3 & 1 & 1 \\ 1 & 3 & 1 \\ 1 & 1 & 3 \end{vmatrix}$ (2) $\begin{vmatrix} 1 & 2 & 4 \\ 2 & 1 & 1 \\ 0 & 1 & 2 \end{vmatrix}$

(3) $\begin{vmatrix} a & c & b \\ b & a & c \\ c & b & a \end{vmatrix}$　　(4) $\begin{vmatrix} 1 & 0 & 0 & 1 \\ 2 & 1 & 4 & 1 \\ 1 & 0 & 0 & 2 \\ 1 & 4 & 2 & 5 \end{vmatrix}$

2. 证明下列等式：

(1) $\begin{vmatrix} 1 & a & b & c+d \\ 1 & b & c & d+a \\ 1 & c & d & a+b \\ 1 & d & a & b+c \end{vmatrix}=0$

(2) $\begin{vmatrix} a_1+ka_2 & a_2+la_3 & a_3 \\ b_1+kb_2 & b_2+lb_3 & b_3 \\ c_1+kc_2 & c_2+lc_3 & c_3 \end{vmatrix}=\begin{vmatrix} a_1 & a_2 & a_3 \\ b_1 & b_2 & b_3 \\ c_1 & c_2 & c_3 \end{vmatrix}$

(3) $\begin{vmatrix} bcd & a & a^2 & a^3 \\ acd & b & b^2 & b^3 \\ abd & c & c^2 & c^3 \\ abc & d & d^2 & d^3 \end{vmatrix}=\begin{vmatrix} 1 & a^2 & a^3 & a^4 \\ 1 & b^2 & b^3 & b^4 \\ 1 & c^2 & c^3 & c^4 \\ 1 & d^2 & d^3 & d^4 \end{vmatrix}$

8.3　克拉默法则

一、线性方程组的概念

线性方程组的一般形式为

$$\left.\begin{aligned} a_{11}x_1+a_{12}x_2+\cdots+a_{1n}x_n&=b_1 \\ a_{21}x_1+a_{22}x_2+\cdots+a_{2n}x_n&=b_1 \\ \cdots\cdots& \\ a_{m1}x_1+a_{m2}x_2+\cdots+a_{mn}x_n&=b_m \end{aligned}\right\} \tag{1}$$

式中，$x_1,x_2,\cdots,x_n$ 代表 n 个未知量；m 是方程的个数；$a_{ij}(i=1,2,\cdots,m;j=1,2,\cdots,n)$ 称为方程组(1) 的系数，a_{ij} 的第一个下标 i 表示它在第 i 个方程，第二个下标 j 表示它是 x_j 的系数；$b_i(i=1,2,\cdots,m)$ 称为常数项. 如果 $b_1=b_2=\cdots=b_m=0$，则称方程组(1) 为齐次线性方程组. 如果 $b_1,b_2,\cdots,b_m$ 不全为 0，则称之为非齐次线性方程组.

线性方程组(1) 的解是指这样一组数 $c_1,c_2,\cdots,c_n$，当 $x_1,x_2,\cdots,x_n$ 分别用 $c_1,c_2,\cdots,c_n$ 代入后，方程组(1) 中各方程都成为恒等式. 方程组(1) 的解的全体称为它的解集合,而能代表解集合中任一元素的表达式称为通解.如果两个线性方程组有相同的解集合,就称它们是同解的.如果线性方程组的解存在,则称之为有解;否则称之为无解,也称之为矛盾的.

对于齐次线性方程组,$x_1=x_2=\cdots=x_n=0$ 显然是它的解,称为0解;如果齐次线性方程组还有解 $c_1,c_2,\cdots,c_n$,且这组数不全为0,则称之为非0解.我们关心的是齐次线性方程组在什么情况下有非0解,如何求解,解之间的关系如何.

对于非齐次线性方程组,所遇到的问题是判断它是否有解;如果有解,有多少解;如何求出全部解;解之间的关系如何.

本节对于未知量个数 n 与方程个数 m 相同(即 $m=n$)的一类特殊的线性方程组应用行列式来求解.

二、克拉默法则

对于线性方程组(1),当 $n=m$ 时,方程组为

$$\left.\begin{array}{l} a_{11}x_1+a_{12}x_2+\cdots+a_{1n}x_n=b_1 \\ a_{21}x_1+a_{22}x_2+\cdots+a_{2n}x_n=b_2 \\ \quad\cdots\cdots \\ a_{n1}x_1+a_{n2}x_2+\cdots+a_{nn}x_n=b_n \end{array}\right\} \tag{2}$$

其系数行列式记为 D,即

$$D=\begin{vmatrix} a_{11} & a_{12} & \cdots & a_{1n} \\ a_{21} & a_{22} & \cdots & a_{2n} \\ \vdots & \vdots & & \vdots \\ a_{n1} & a_{n2} & \cdots & a_{nn} \end{vmatrix}$$

类似于二元线性方程组的行列式求解公式,对 n 元线性方程组(2)的求解有如下法则:

定理1(克拉默法则) 如果线性方程组(2)的系数行列式 $D\neq 0$,则线性方程组(2)有唯一解

$$x_1=\frac{D_1}{D},x_2=\frac{D_2}{D},\cdots,x_n=\frac{D_n}{D}$$

其中,D_j 表示用常数列 $b_1,b_2,\cdots,b_n$ 代替系数行列式 D 中第 j 列元素而得到的行列式,即

$$D_j=\begin{vmatrix} a_{11} & \cdots & b_1 & \cdots & a_{1n} \\ a_{21} & \cdots & b_2 & \cdots & a_{2n} \\ \vdots & & \vdots & & \vdots \\ a_{n1} & \cdots & b_n & \cdots & a_{nn} \end{vmatrix} \quad (j=1,2,\cdots,n)$$

证 存在性.构造行列式

$$\overline{D}=\begin{vmatrix} a_{i1} & a_{i2} & \cdots & a_{in} & b_i \\ a_{11} & a_{12} & \cdots & a_{1n} & b_1 \\ \vdots & \vdots & & \vdots & \vdots \\ a_{i1} & a_{i2} & \cdots & a_{in} & b_i \\ \vdots & \vdots & & \vdots & \vdots \\ a_{n1} & a_{n2} & \cdots & a_{nn} & b_n \end{vmatrix} \quad (i=1,2,\cdots,n)$$

因为第1行与第 $i+1$ 行元素对应相等,所以 $\overline{D}=0$,又将 $\overline{D}$ 按第1行展开得

$$\overline{D}=a_{i1}(-1)^2\begin{vmatrix} a_{12} & a_{13} & \cdots & a_{1n} & b_1 \\ \vdots & \vdots & & \vdots & \vdots \\ a_{22} & a_{23} & \cdots & a_{2n} & b_2 \\ \vdots & \vdots & & \vdots & \vdots \\ a_{n1} & a_{n2} & \cdots & a_{nn} & b_n \end{vmatrix}+$$

$$a_{i2}(-1)^3\begin{vmatrix} a_{11} & a_{13} & \cdots & a_{1n} & b_1 \\ \vdots & \vdots & & \vdots & \vdots \\ a_{i1} & a_{i3} & \cdots & a_{in} & b_i \\ \vdots & \vdots & & \vdots & \vdots \\ a_{n1} & a_{n3} & \cdots & a_{nn} & b_n \end{vmatrix}+\cdots+(-1)^{n+2}b_iD$$

由于
$$\begin{vmatrix} a_{11} & \cdots & a_{1j-1} & a_{1j+1} & \cdots & a_{1n} & b_1 \\ a_{21} & \cdots & a_{2j-1} & a_{2j+1} & \cdots & a_{2n} & b_2 \\ \vdots & & \vdots & \vdots & & \vdots & \vdots \\ a_{n1} & \cdots & a_{nj-1} & a_{nj+1} & \cdots & a_{nn} & b_n \end{vmatrix}=(-1)^{n-j}D_j$$

因此
$$\overline{D}=a_{i1}(-1)^{n+1}D_1+a_{i2}(-1)^{n+1}D_2+\cdots+ a_{in}(-1)^{n+1}D_n+(-1)^{n+2}b_iD=0$$

即
$$a_{i1}D_1+a_{i2}D_2+\cdots+a_{in}D_n=b_iD$$

因为 $D\neq 0$,所以 $a_{i1}\dfrac{D_1}{D}+a_{i2}\dfrac{D_2}{D}+\cdots+a_{in}\dfrac{D_n}{D}=b_i$,即 $x_1=\dfrac{D_1}{D},x_2=\dfrac{D_2}{D},\cdots,$

$x_n=\dfrac{D_n}{D}$ 是线性方程组的解.

唯一性. 设 $z_1, z_2, \cdots, z_n$ 是线性方程组(2) 的另一组解,因为

$$z_iD=\begin{vmatrix} a_{11} & \cdots & z_ia_{1i} & \cdots & a_{1n} \\ a_{21} & \cdots & z_ia_{2i} & \cdots & a_{2n} \\ \vdots & & \vdots & & \vdots \\ a_{n1} & \cdots & z_ia_{ni} & \cdots & a_{nn} \end{vmatrix} \overset{c_i+(z_1c_1+z_{i-1}c_{i-1}+z_{i+1}c_{i+1}+z_nc_n)}{=\!=\!=\!=\!=\!=\!=\!=\!=\!=\!=\!=} $$

$$\begin{vmatrix} a_{11} & \cdots & z_1a_{11}+ & \cdots & +z_na_{1n} & \cdots & a_{1n} \\ a_{21} & \cdots & z_1a_{21}+ & \cdots & +z_na_{2n} & \cdots & a_{2n} \\ \vdots & & \vdots & & \vdots & & \vdots \\ a_{n1} & \cdots & z_1a_{n1}+ & \cdots & +z_na_{nn} & \cdots & a_{nn} \end{vmatrix} =$$

$$\begin{vmatrix} a_{11} & \cdots & b_1 & \cdots & a_{1n} \\ a_{11} & \cdots & b_1 & \cdots & a_{1n} \\ \vdots & & \vdots & & \vdots \\ a_{n1} & \cdots & b_n & \cdots & a_{nn} \end{vmatrix} = D_i$$

所以 $z_i=\dfrac{D_i}{D}(i=1,\cdots,n)$,故方程组有唯一解.

例 1 解线性方程组

$$\begin{cases} x_1-x_2+2x_3=1 \\ x_1+x_3=2 \\ 2x_2+3x_3=3 \end{cases}$$

解 因为方程组的系数行列式

$$D=\begin{vmatrix} 1 & -1 & 2 \\ 1 & 0 & 1 \\ 0 & 2 & 3 \end{vmatrix} \overset{r_2-r_1}{=\!=\!=\!=} \begin{vmatrix} 1 & -1 & 2 \\ 0 & 1 & -1 \\ 0 & 2 & 3 \end{vmatrix} = 1\times(3+2)=5\neq 0$$

所以由克拉默法则,方程组有唯一解,而

$$D_1=\begin{vmatrix} 1 & -1 & 2 \\ 2 & 0 & 1 \\ 3 & 2 & 3 \end{vmatrix} \overset{r_3+2r_1}{=\!=\!=\!=} \begin{vmatrix} 1 & -1 & 2 \\ 2 & 0 & 1 \\ 5 & 0 & 7 \end{vmatrix} = (-1)\times(-1)^{1+2}(14-5)=9$$

$$D_2=\begin{vmatrix} 1 & 1 & 2 \\ 1 & 2 & 1 \\ 0 & 3 & 3 \end{vmatrix} \overset{r_2-r_1}{=\!=\!=\!=} \begin{vmatrix} 1 & 1 & 2 \\ 0 & 1 & -1 \\ 0 & 3 & 3 \end{vmatrix} = 6$$

$$D_3=\begin{vmatrix} 1 & -1 & 1 \\ 1 & 0 & 2 \\ 0 & 2 & 3 \end{vmatrix} \overset{r_2-r_1}{=\!=\!=\!=} \begin{vmatrix} 1 & -1 & 1 \\ 0 & 1 & 1 \\ 0 & 2 & 3 \end{vmatrix} = 1$$

所以 $x_1=\frac{D_1}{D}=\frac{9}{5},x_2=\frac{D_2}{D}=\frac{6}{5},x_3=\frac{1}{5}$.

值得注意的是,克拉默法则只有在 $D\neq 0$ 时才能应用,至于 $D=0$ 以及其他情况,在第 10 章讨论.

当 n 元线性方程组(2) 的常数项 $b_1,b_2,\cdots,b_n$ 全为 0 时,方程组成为

$$\left.\begin{array}{c}a_{11}x_1+a_{12}x_2+\cdots+a_{1n}x_n=0\\a_{21}x_1+a_{22}x_2+\cdots+a_{2n}x_n=0\\\cdots\cdots\\a_{n1}x_1+a_{n2}x_2+\cdots+a_{nn}x_n=0\end{array}\right\}\qquad(3)$$

对于方程个数与未知量个数相同的齐次线性方程组(3),应用克拉默法则,有如下定理:

定理 2 如果齐次线性方程组(3) 的系数行列式 $D\neq 0$,那么它只有 0 解.

证 应用克拉默法则,因为行列式 D_j 中必有一列为 0,所以

$$D_j=0\quad(j=1,2,\cdots,n)$$

即它的唯一解为

$$x_1=0,x_2=0,\cdots,x_n=0$$

定理 2 的逆否命题为如下结论:

推论 如果齐次线性方程组(3) 有非 0 解,那么必有 $D=0$.

例 2 确定 λ 的值,使方程组

$$\begin{cases}\lambda x_1+2x_2=0\\2x_1+\lambda x_2=0\end{cases}$$

有非 0 解.

解 根据推论,如果方程组有非 0 解,那么系数行列式

$$\begin{vmatrix}\lambda & 2\\2 & \lambda\end{vmatrix}=\lambda^2-4=0$$

所以 $\lambda=\pm 2$. 不难验证 $\lambda=\pm 2$ 时,方程组确有非 0 解.

克拉默法则的主要意义在于从理论上给出了线性方程组解与系数的明确关系,这点对以后许多问题的理论推导都是非常重要的. 但用克拉默法则进行计算是不方便的,因为当 n 比较大时,要计算 $n+1$ 个 n 阶行列式,其计算量是非常大的. 后面将介绍求解线性方程组的更简便的算法.

习　题　8.3

1. 用克默法则解下列线性方程组：

(1) $\begin{cases} 2x_1+x_2+x_3=1 \\ x_1+2x_2+x_3=1 \\ x_1+x_2+2x_3=1 \end{cases}$

(2) $\begin{cases} x_1+x_2+x_3+x_4=1 \\ x_1+2x_2+x_3+x_4=2 \\ x_1+x_2+2x_3+x_4=3 \\ x_1+x_2+x_3+2x_4=4 \end{cases}$

2. 设二次多项式 $f(x)=ax^2+bx+c$，又 $f(1)=1, f(2)=3, f(3)=-1$，求该二次多项式.

3. 当 λ 取何值时，齐次线性方程组

$$\begin{cases} \lambda x_1-2x_2-4x_3=0 \\ 2x_1-(\lambda+6)x_2+x_3=0 \\ x_1+x_2+x_3=0 \end{cases}$$

有非 0 解？

总 习 题 8

1. 判断题

(1) 如果 n 阶行列式中非 0 元的个数少于 n 个，则该行列式为 0.（　　）

(2) 如果 n 阶行列式中的某两列元素对应相等，则该行列式为 0.（　　）

(3) 如果 n 阶行列式中的某行元素全为 0，则该行列式为 0.（　　）

(4) 如果 2 阶行列式 $\begin{vmatrix} a_{11} & a_{12} \\ a_{21} & a_{22} \end{vmatrix}=2$，则 2 阶行列式 $\begin{vmatrix} 2a_{11} & 2a_{12} \\ 2a_{21} & 2a_{22} \end{vmatrix}=8$.（　　）

(5) 如果 2 阶行列式 $\begin{vmatrix} a_{11} & a_{12} \\ a_{21} & a_{22} \end{vmatrix}=2$，则 2 阶行列式 $\begin{vmatrix} 2a_{11}+a_{21} & 2a_{12}+a_{22} \\ a_{21} & a_{22} \end{vmatrix}=2$.（　　）

(6) 设线性方程组 $\begin{cases}x_1+x_2=1\\x_1+tx_2=2\end{cases}$,如果 $t=1$,则该线性方程组有唯一解. ( )

(7) 设齐次线性方程组 $\begin{cases}x_1+x_2=0\\x_1+tx_2=0\end{cases}$,如果 $t=1$,则该齐次线性方程组有非0解. ( )

2. 选择题

(1) 如果 $\begin{vmatrix}t & 2\\1 & 2\end{vmatrix}=0$,则 $t=$( ).

A. 1　　B. -1　　C. 2　　D. 0

(2) 如果 $\begin{vmatrix}1 & t & 1\\0 & 1 & 0\\2 & 1 & 2\end{vmatrix}=0$,则 $t=$( ).

A. $\frac{1}{2}$　　B. 1　　C. 任意数　　D. 0

(3) 如果 $\begin{vmatrix}a_{11} & a_{12}\\a_{21} & a_{22}\end{vmatrix}=2$, $\begin{vmatrix}a_{11} & ta_{12}\\a_{21} & ta_{22}\end{vmatrix}=1$,则 $t=$( ).

A. 2　　B. -2　　C. $\frac{1}{2}$　　D. $-\frac{1}{2}$

(4) 如果 $\begin{vmatrix}a_{11} & a_{12}\\a_{21} & a_{22}\end{vmatrix}=2$, $\begin{vmatrix}a_{12} & ta_{11}\\a_{22} & ta_{21}\end{vmatrix}=1$,则 $t=$( ).

A. 2　　B. -2　　C. $\frac{1}{2}$　　D. $-\frac{1}{2}$

(5) 如果 $\begin{vmatrix}a_{11} & a_{12}\\a_{21} & a_{22}\end{vmatrix}=2$, $\begin{vmatrix}a_{11} & a_{12}+ta_{11}\\a_{21} & a_{22}+ta_{21}\end{vmatrix}=2$,则 $t=$( ).

A. 1　　B. -1　　C. 任意数　　D. 0

(6) 如果线性方程组 $\begin{cases}x_1+tx_2=1\\2x_1+3x_2=2\end{cases}$ 有唯一解,则 $t\neq$( ).

A. $\frac{3}{2}$　　B. $-\frac{3}{2}$　　C. $\frac{2}{3}$　　D. $-\frac{2}{3}$

(7) 如果齐次线性方程组 $\begin{cases}x_1+tx_2=0\\x_1-x_2=0\end{cases}$ 有非0解,则 $t=$( ).

A. -1　　B. 1　　C. 0　　D. 任意数

3. 填空题

(1) 如果 2 阶行列式 $\begin{vmatrix} a & 2 \\ 3 & 1 \end{vmatrix}=2$,则 $a=$______.

(2) 如果 3 阶行列式 $\begin{vmatrix} 1 & 2 & 1 \\ 2 & 4 & 3 \\ 3 & a & 6 \end{vmatrix}=0$,则 $a=$______.

(3) 如果 2 阶行列式 $\begin{vmatrix} a_{11} & a_{12} \\ a_{21} & a_{22} \end{vmatrix}=2$,则 2 阶行列式 $\begin{vmatrix} a_{11} & 2a_{12} \\ a_{21} & 2a_{22} \end{vmatrix}=$______,

$\begin{vmatrix} a_{21} & a_{22} \\ a_{11} & a_{12} \end{vmatrix}=$______, $\begin{vmatrix} a_{11}+2a_{12} & 2a_{12} \\ a_{21}+2a_{22} & 2a_{22} \end{vmatrix}=$______.

(4) 如果 2 阶行列式 $\begin{vmatrix} a_{11} & a_{12} \\ a_{21} & a_{22} \end{vmatrix}=2$, $\begin{vmatrix} a_{11} & b_{12} \\ a_{21} & b_{22} \end{vmatrix}=1$, 则 2 阶行列式

$\begin{vmatrix} a_{11} & a_{12}+b_{12} \\ a_{21} & a_{22}+b_{22} \end{vmatrix}=$______, $\begin{vmatrix} a_{11} & 2a_{12}+b_{12} \\ a_{21} & 2a_{22}+b_{22} \end{vmatrix}=$______,

$\begin{vmatrix} 2a_{12}+b_{12} & 2a_{11} \\ 2a_{22}+b_{22} & 2a_{21} \end{vmatrix}=$______.

(5) 如果 3 阶行列式 $\begin{vmatrix} a_{11} & a_{12} & a_{13} \\ a_{21} & a_{22} & a_{23} \\ a_{31} & a_{32} & a_{33} \end{vmatrix}=2$,则 3 阶行列式 $\begin{vmatrix} a_{11} & a_{12} & a_{13} \\ a_{31} & a_{32} & a_{33} \\ a_{21} & a_{22} & a_{23} \end{vmatrix}=$

______, $\begin{vmatrix} a_{31} & a_{32} & a_{33} \\ a_{21} & a_{22} & a_{23} \\ a_{11}+a_{21} & a_{12}+a_{22} & a_{13}+a_{23} \end{vmatrix}=$______,

$\begin{vmatrix} a_{11}-2a_{21} & a_{12}-2a_{22} & a_{13}-2a_{33} \\ 2a_{21} & 2a_{22} & 2a_{23} \\ 3a_{31} & 3a_{32} & 3a_{33} \end{vmatrix}=$______.

(6) 设线性方程组 $\begin{cases} x_1+2x_2=1 \\ tx_1+x_2=2 \end{cases}$,当 t 满足______时,该线性方程组有唯一解.

(7) 设齐次线性方程组 $\begin{cases} x_1+x_2=0 \\ tx_1+3x_2=0 \end{cases}$,当 $t=$______时,该齐次线性方程组有非 0 解.

4. 计算下列行列式：

(1) $\begin{vmatrix} 1-a & -1 \\ a^2 & 1+a \end{vmatrix}$　　(2) $\begin{vmatrix} a & 0 & 0 \\ 0 & b_1 & b_2 \\ 0 & c_2 & c_1 \end{vmatrix}$

(3) $\begin{vmatrix} 2 & -1 & 4 \\ 2 & 2 & 2 \\ 195 & 201 & 199 \end{vmatrix}$　　(4) $\begin{vmatrix} a & b & a+b \\ b & a+b & a \\ a+b & a & b \end{vmatrix}$

(5) $\begin{vmatrix} 1 & a & b & c+d \\ 1 & b & c & d+a \\ 1 & c & d & a+b \\ 1 & d & a & b+c \end{vmatrix}$　　(6) $\begin{vmatrix} 1 & 1 & 1 & 1 \\ 1 & 1+x & 1 & 1 \\ 1 & 1 & 1-x & 1 \\ 1 & 1 & 1 & 1+y \end{vmatrix}$

5. 求证：

(1) $\begin{vmatrix} 1 & 1 & 1 \\ x_1 & x_2 & x_3 \\ x_1^2 & x_2^2 & x_3^2 \end{vmatrix}=(x_3-x_2)(x_3-x_1)(x_2-x_1)$

(2) $\begin{vmatrix} a & 1 & 1 & 1 \\ 1 & a & 1 & 1 \\ 1 & 1 & a & 1 \\ 1 & 1 & 1 & a \end{vmatrix}=(a+3)(a-1)^3$

6. 求解下列线性方程组：

(1) $\begin{cases} x_1+x_2-x_3=1 \\ x_1+2x_2+x_3=2 \\ 2x_1+x_3=4 \end{cases}$　　(2) $\begin{cases} x_1+x_2+x_3=2 \\ x_1-x_2+2x_3=2 \\ 2x_1-2x_2+3x_3=1 \end{cases}$

7. 当 k 取何值时，齐次线性方程组

$$\begin{cases} kx_1+x_2+x_3=0 \\ x_1+kx_2+x_3=0 \\ 2x_1+x_2+x_3=0 \end{cases}$$

有非 0 解？

第9章　矩　阵

一、教学内容

矩阵的概念与运算：矩阵的定义，矩阵的加法、数乘、乘法、幂、转置，方阵的行列式等运算.

逆矩阵：逆矩阵的定义，矩阵可逆的充要条件，求逆矩阵的公式.

矩阵的初等变换与初等矩阵：矩阵的初等变换及初等矩阵的定义，矩阵的秩的定义，初等变换的应用.

矩阵的分块：定义，相应的运算.

二、重要概念、结论与公式

1. 矩阵的运算

矩阵的运算见表 9.1.

表　9.1

交换律	$\boldsymbol{A}+\boldsymbol{B}=\boldsymbol{B}+\boldsymbol{A}$	$\boldsymbol{AB}\neq\boldsymbol{BA}$
结合律	$(\boldsymbol{A}+\boldsymbol{B})+\boldsymbol{C}=\boldsymbol{A}+(\boldsymbol{B}+\boldsymbol{C})$ $k(l\boldsymbol{A})=(kl)\boldsymbol{A}$	$(\boldsymbol{AB})\boldsymbol{C}=\boldsymbol{A}(\boldsymbol{BC})$ $(k\boldsymbol{A})(l\boldsymbol{B})=(kl)\boldsymbol{AB}$
分配律	$(k+l)\boldsymbol{A}=k\boldsymbol{A}+l\boldsymbol{A}$ $k(\boldsymbol{A}+\boldsymbol{B})=k\boldsymbol{A}+k\boldsymbol{B}$	$\boldsymbol{A}(\boldsymbol{B}+\boldsymbol{C})=\boldsymbol{AB}+\boldsymbol{AC}$ $(\boldsymbol{B}+\boldsymbol{C})\boldsymbol{A}=\boldsymbol{BA}+\boldsymbol{CA}$
其他	$\boldsymbol{A}+\boldsymbol{O}=\boldsymbol{A},\boldsymbol{A}+(-\boldsymbol{A})=\boldsymbol{O}$ $1\boldsymbol{A}=\boldsymbol{A},0\boldsymbol{A}=\boldsymbol{O}$	$\boldsymbol{AO}=\boldsymbol{O},\boldsymbol{OA}=\boldsymbol{O}$ $\boldsymbol{AE}=\boldsymbol{A},\boldsymbol{EA}=\boldsymbol{A}$

2. 转置矩阵，方阵的行列式，逆矩阵及伴随矩阵(设 A 为 n 阶方阵)

转置矩阵，方阵的行列式，逆矩阵及伴随矩阵的运算见表 9.2.

表 9.2

转置矩阵	$(A^T)^T = A$	$(A+B)^T = A^T + B^T$	$(kA)^T = kA^T$	$(AB)^T = B^T A^T$
方阵行列式	$\|A^T\| = \|A\|$ $\|A^{-1}\| = \|A\|^{-1}$ $\|A^*\| = \|A\|^{n-1}$	$\|A+B\| \neq \|A\| + \|B\|$	$\|kA\| = k^n \|A\|$	$\|AB\| = \|A\|\|B\|$
逆矩阵	$(A^{-1})^{-1} = A$ $(A^T)^{-1} = (A^{-1})^T$	$(A+B)^{-1} \neq A^{-1} + B^{-1}$	$(kA)^{-1} = k^{-1}A^{-1}$	$(AB)^{-1} = B^{-1}A^{-1}$
伴随矩阵	$(A^{-1})^* = (A^*)^{-1} = \dfrac{A}{\|A\|}$ $(A^*)^* = \|A\|^{n-2}A$	$(A+B)^* \neq A^* + B^*$	$(kA)^* = k^{n-1}A^*$	$(AB)^* = B^* A^*$

3. 矩阵的初等变换

(1) 初等行(列)变换.

1) $r_i \leftrightarrow r_j$ $(c_i \leftrightarrow c_j)$.

2) kr_i (kc_i).

3) $r_i + kr_j$ $(c_i + kc_j)$.

(2) 初等变换的等价形式(设 $A_{m\times n}$ 的秩为 r).

1) $A \xrightarrow{\text{初等行变换}} G =$

$$\left.\begin{bmatrix} 0 & \cdots & 0 & b_{1j_1} & * & \cdots & * & b_{1j2} & * & \cdots & b_{1jr} & * & \cdots & * \\ 0 & \cdots & 0 & 0 & 0 & \cdots & 0 & b_{2j2} & * & \cdots & \vdots & \vdots & & \vdots \\ \vdots & & \vdots & \vdots & \vdots & & \vdots & \vdots & \vdots & & \vdots & \vdots & & \vdots \\ 0 & \cdots & 0 & 0 & 0 & \cdots & 0 & 0 & 0 & \cdots & b_{rjr} & * & \cdots & * \\ 0 & \cdots & 0 & 0 & 0 & \cdots & 0 & 0 & 0 & \cdots & 0 & 0 & \cdots & 0 \\ \vdots & & \vdots & \vdots & \vdots & & \vdots & \vdots & \vdots & & \vdots & \vdots & & \vdots \\ 0 & \cdots & 0 & 0 & 0 & \cdots & 0 & 0 & 0 & \cdots & 0 & 0 & \cdots & 0 \end{bmatrix}\right\} r\text{行}$$

(行阶梯形矩阵(求秩))

其中 $b_{kj_k} \neq 0(k=1,2,\cdots,r)$；* 代表任意数.

2) $A \xrightarrow{\text{初等行变换}} H =$

$$\begin{array}{cccccccccccccc} & & & j_1\text{列} & & & & j_2\text{列} & & & j_r\text{列} & & & \\ \end{array}$$

$$\left(\begin{array}{cccccccccccccc}
0 & \cdots & 0 & 1 & * & \cdots & * & 0 & * & \cdots & 0 & * & \cdots & * \\
0 & \cdots & 0 & 0 & 0 & \cdots & 0 & 1 & * & \cdots & \vdots & \vdots & & \vdots \\
\vdots & & \vdots & \vdots & \vdots & & \vdots & 0 & \cdots & \cdots & 0 & \vdots & & \vdots \\
0 & \cdots & 0 & 0 & 0 & \cdots & 0 & 0 & \cdots & 0 & 1 & * & \cdots & * \\
0 & \cdots & 0 & 0 & 0 & \cdots & 0 & 0 & \cdots & 0 & 0 & 0 & \cdots & 0 \\
\vdots & & \vdots & \vdots & \vdots & & \vdots & \vdots & & \vdots & \vdots & \vdots & & \vdots \\
0 & \cdots & 0 & 0 & 0 & \cdots & 0 & 0 & \cdots & 0 & 0 & 0 & \cdots & 0
\end{array}\right)
\begin{array}{l} \left.\begin{array}{l} \\ \\ \\ \\ \end{array}\right\} r\text{行} \\ \\ \\ \\ \end{array}$$

(行最简形矩阵(求逆,解线性议程组))

其中,* 代表任意数.

(3) 用初等变换求逆矩阵.

$$(\boldsymbol{A} \vdots \boldsymbol{E}) \xrightarrow{\text{初等行变换}} (\boldsymbol{E} \vdots \boldsymbol{A}^{-1})$$

9.1 矩阵的概念

据资料记载,矩阵的概念是 1850 年首先由西尔维斯特(J. J. Sylvester, 1814—1897) 提出来的,1858 年凯莱(A. Cayley, 1821—1895) 建立了矩阵运算规律. 从此矩阵成为线性代数中一项重要内容,是其主要的研究对象之一.

一、矩阵的定义

在引入矩阵的概念之前,先看以下几个实例.

设某日两家汽车专卖店 P_1 和 P_2 销售 6 种不同型号的汽车 S_1,S_2,S_3,S_4,S_5,S_6,销售量(单位:辆) 如表 9.3 所示.

表 9.3

销量/辆 \ 汽车型号 \ 专卖店	S_1	S_2	S_3	S_4	S_5	S_6
P_1	5	4	6	3	2	10
P_2	6	3	5	4	1	8

汽车 $S_i(i=1,2,3,4,5,6)$ 的单价 C(单位:万元) 如表 9.4 所示.

表 9.4

型号 \ 单价/万元	C
S_1	4.9
S_2	3.2
S_3	5.3
S_4	3.5
S_5	5.8
S_6	4.5

所以汽车的销售量和单价可以分别用下列矩形数组表示:

$$\begin{pmatrix} 5 & 4 & 6 & 3 & 2 & 10 \\ 6 & 3 & 5 & 4 & 1 & 8 \end{pmatrix}, \quad \begin{bmatrix} 4.9 \\ 3.2 \\ 5.3 \\ 3.5 \\ 5.8 \\ 4.5 \end{bmatrix}$$

又如线性方程组

$$\begin{cases} a_{11}x_1 + a_{12}x_2 + \cdots + a_{1n}x_n = b_1 \\ a_{21}x_1 + a_{22}x_2 + \cdots + a_{2n}x_n = b_2 \\ \quad \cdots\cdots \\ a_{m1}x_1 + a_{m2}x_2 + \cdots + a_{mn}x_n = b_m \end{cases}$$

如果给出了一个线性方程组的全部系数和常数项,那么这个线性方程组就给定了,至于用什么符号来代表未知量不是实质性的.线性方程组可以用下面的矩形数组表示:

$$\begin{pmatrix} a_{11} & a_{12} & \cdots & a_{1n} & b_1 \\ a_{21} & a_{22} & \cdots & a_{2n} & b_2 \\ \vdots & \vdots & & \vdots & \vdots \\ a_{m1} & a_{m2} & \cdots & a_{mn} & b_m \end{pmatrix}$$

定义 1 由 $m\times n$ 个数 $a_{ij}(i=1,2,\cdots,m;j=1,2,\cdots,n)$ 排成 m 行 n 列的数组

$$A=\begin{pmatrix} a_{11} & a_{12} & \cdots & a_{1n} \\ a_{21} & a_{22} & \cdots & a_{2n} \\ \vdots & \vdots & & \vdots \\ a_{m1} & a_{m2} & \cdots & a_{mn} \end{pmatrix}$$

称为 $m\times n$ 矩阵.

在一个矩阵中,横的各排称为矩阵的行,纵的各排称为矩阵的列,矩阵中的每个数称为矩阵的元素,a_{ij} 称为矩阵的第 i 行第 j 列元素.元素都是实数的矩阵称为实矩阵,元素是复数的矩阵称为复矩阵.

通常以大写字母 $\boldsymbol{A},\boldsymbol{B}$ 等表示矩阵.有时也简记为

$$\boldsymbol{A}=(a_{ij})_{m\times n} \quad 或 \quad \boldsymbol{A}=(a_{ij})$$

当无须指明元素时,$m\times n$ 矩阵 $\boldsymbol{A}$ 也记做 $\boldsymbol{A}_{m\times n}$.

例 1　写出矩阵 $\boldsymbol{A}=(a_{ij})_{m\times n}$:

(1)$m=2,n=3,a_{ij}=i-j$;

(2)$m=3,n=2,a_{ij}=i+j$.

解　(1) 因为

$$a_{11}=1-1=0,\quad a_{12}=1-2=-1,\quad a_{13}=1-3=-2$$
$$a_{21}=2-1=1,\quad a_{22}=2-2=0,\quad a_{23}=2-3=-1$$

所以

$$\boldsymbol{A}_{2\times 3}=\begin{pmatrix} 0 & -1 & -2 \\ 1 & 0 & -1 \end{pmatrix}$$

(2) 类似地,可得

$$\boldsymbol{A}_{3\times 2}=\begin{pmatrix} 2 & 3 \\ 3 & 4 \\ 4 & 5 \end{pmatrix}$$

需注意矩阵与行列式不同.行列式要求行数与列数相同,而矩阵不要求;行列式表示一个数值,而矩阵仅是一个数表.

二、几种特殊的矩阵

1. n 阶方阵

当 $m=n$ 时,$\boldsymbol{A}_{n\times n}$ 称为 n 阶方阵.一个 n 阶方阵从左上角元素到右下角元素间的连线(由 $a_{11},a_{22},\cdots,a_{nn}$ 组成)称为它的主对角线.

2. 对角矩阵

除了主对角线上的元素($a_{ii},i=1,2,\cdots,n$)外,其余元素都为 0 的 n 阶方

阵，称为 n 阶对角矩阵，其形式为

$$\boldsymbol{A}_{n\times n}=\begin{pmatrix} a_{11} & & & \\ & a_{22} & & \\ & & \ddots & \\ & & & a_{nn} \end{pmatrix}$$

简记为 $\mathrm{diag}(a_{11},a_{22},\cdots,a_{nn})$.

3. 单位矩阵

主对角线上的元素都是1的 n 阶对角矩阵，称为单位矩阵，记做 $\boldsymbol{E}_n$ 或 $\boldsymbol{E}$. 即

$$\boldsymbol{E}=\begin{pmatrix} 1 & & & \\ & 1 & & \\ & & \ddots & \\ & & & 1 \end{pmatrix}$$

4. 三角形矩阵

主对角线一侧的所有元素都为0的方阵，称为三角形矩阵. 三角形矩阵分上三角形矩阵与下三角形矩阵，其形式为

$$\boldsymbol{L}_{上}=\begin{pmatrix} a_{11} & a_{22} & \cdots & a_{1n} \\ & a_{22} & \cdots & a_{2n} \\ & & \ddots & \vdots \\ & & & a_{nn} \end{pmatrix},\qquad \boldsymbol{L}_{下}=\begin{pmatrix} a_{11} & & & \\ a_{21} & a_{22} & & \\ \vdots & \vdots & \ddots & \\ a_{n1} & a_{n2} & \cdots & a_{nn} \end{pmatrix}$$

5. 0 矩阵

元素都是0的矩阵，称为0矩阵，记做 $\boldsymbol{O}_{m\times n}$ 或 $\boldsymbol{O}$.

6. 行矩阵与列矩阵

当 $m=1$ 时，仅由一行构成的矩阵

$$\boldsymbol{A}_{1\times n}=(a_{11}\quad a_{12}\quad \cdots\quad a_{1n})$$

是一个 $1\times n$ 矩阵，称为行矩阵.

当 $n=1$ 时，仅由一列构成的矩阵

$$\boldsymbol{A}_{m\times 1}=\begin{pmatrix} a_{11} \\ a_{21} \\ \vdots \\ a_{n1} \end{pmatrix}$$

是一个 $m\times 1$ 矩阵,称为列矩阵.

三、矩阵的相等

两个矩阵的行数相等,列数也相等,就称它们是同型矩阵,如果两个同型矩阵 $\boldsymbol{A}=(a_{ij})_{m\times n}$,$\boldsymbol{B}=(b_{ij})_{m\times n}$ 的对应元素相等,即

$$a_{ij}=b_{ij}\quad (i=1,2,\cdots,m;j=1,2,\cdots,n)$$

则称矩阵 $\boldsymbol{A}$ 与 $\boldsymbol{B}$ 相等,记做 $\boldsymbol{A}=\boldsymbol{B}$.

例 2 已知矩阵 $\boldsymbol{A}=\begin{pmatrix} a & 2a+b \\ c & 1 \end{pmatrix}$,$\boldsymbol{B}=\begin{pmatrix} 2 & b+c \\ b & 1 \end{pmatrix}$,又 $\boldsymbol{A}=\boldsymbol{B}$,求 a,b,c.

解 因为 $\boldsymbol{A}=\boldsymbol{B}$,所以$\begin{cases} a=2 \\ 2a+b=b+c \\ b=c \end{cases}$,从而得 $a=2,b=4,c=4$.

习 题 9.1

1. 设 $m=2,n=3,a_{ij}=2i-j$,求 $\boldsymbol{A}=(a_{ij})_{m\times n}$.
2. 设 $m=2,n=2,a_{ij}=j+2i$,求 $\boldsymbol{A}=(a_{ij})_{m\times n}$.
3. 已知矩阵 $\boldsymbol{A}=\begin{pmatrix} a-b & b \\ 2 & 1 \end{pmatrix}$,$\boldsymbol{B}=\begin{pmatrix} 2 & 3 \\ 2 & 1 \end{pmatrix}$,$\boldsymbol{A}=\boldsymbol{B}$,求 a,b.

9.2 矩阵的基本运算

一、矩阵的加法

定义 1 设有两个 $m\times n$ 矩阵 $\boldsymbol{A}=(a_{ij})$,$\boldsymbol{B}=(b_{ij})$,矩阵 $\boldsymbol{A}$ 与 $\boldsymbol{B}$ 的加法记做 $\boldsymbol{A}+\boldsymbol{B}$,规定为

$$\boldsymbol{A}+\boldsymbol{B}=(a_{ij}+b_{ij})_{m\times n} \tag{1}$$

从矩阵加法定义看出,只有两个同型矩阵才能相加,其结果仍为同型矩阵.

矩阵的加法满足以下运算规律:

(1)$\boldsymbol{A}+\boldsymbol{B}=\boldsymbol{B}+\boldsymbol{A}$;

(2)$(\boldsymbol{A}+\boldsymbol{B})+\boldsymbol{C}=\boldsymbol{A}+(\boldsymbol{B}+\boldsymbol{C})$;

(3)$\boldsymbol{A}+\boldsymbol{O}=\boldsymbol{O}+\boldsymbol{A}=\boldsymbol{A}$.

矩阵 $\begin{pmatrix} -a_{11} & -a_{12} & \cdots & -a_{1n} \\ -a_{21} & -a_{22} & \cdots & -a_{2n} \\ \vdots & \vdots & & \vdots \\ -a_{m1} & -a_{m2} & \cdots & -a_{mn} \end{pmatrix}$

称为矩阵 $\boldsymbol{A}$ 的负矩阵，记为 $-\boldsymbol{A}$，显然有

$$\boldsymbol{A}+(-\boldsymbol{A})=\boldsymbol{O}$$

矩阵的减法定义为

$$\boldsymbol{A}-\boldsymbol{B}=\boldsymbol{A}+(-\boldsymbol{B})$$

例 1 $\boldsymbol{A}=\begin{pmatrix} 1 & 2 & 3 \\ 2 & -1 & 0 \end{pmatrix}$， $\boldsymbol{B}=\begin{pmatrix} 2 & 0 & 1 \\ 1 & 3 & 2 \end{pmatrix}$， 求 $\boldsymbol{A}+\boldsymbol{B}$，$\boldsymbol{A}-\boldsymbol{B}$.

解 $\boldsymbol{A}+\boldsymbol{B}=\begin{pmatrix} 1+2 & 2+0 & 3+1 \\ 2+1 & -1+3 & 0+2 \end{pmatrix}=\begin{pmatrix} 3 & 2 & 4 \\ 3 & 2 & 2 \end{pmatrix}$

$\boldsymbol{A}-\boldsymbol{B}=\begin{pmatrix} 1-2 & 2-0 & 3-1 \\ 2-1 & -1-3 & 0-2 \end{pmatrix}=\begin{pmatrix} -1 & 2 & 2 \\ 1 & -4 & 2 \end{pmatrix}$

二、数与矩阵相乘

定义 2 数 k 与矩阵 $\boldsymbol{A}_{m\times n}$ 的乘积，简称数乘，记做 $k\boldsymbol{A}$，规定为

$$k\boldsymbol{A}=(ka_{ij})_{m\times n} \tag{2}$$

数乘运算满足下列运算规律（$\boldsymbol{A}$，$\boldsymbol{B}$ 为 $m\times n$ 矩阵，k，l 为常数）：

(1) $k(\boldsymbol{A}+\boldsymbol{B})=k\boldsymbol{A}+k\boldsymbol{B}$

(2) $(k+l)\boldsymbol{A}=k\boldsymbol{A}+l\boldsymbol{A}$

(3) $(kl)\boldsymbol{A}=k(l\boldsymbol{A})$

(4) $1\boldsymbol{A}=\boldsymbol{A}$， $(-1)\boldsymbol{A}=-\boldsymbol{A}$

例 2 设 $\boldsymbol{A}=\begin{pmatrix} 1 & 3 & 2 \\ 4 & 1 & 5 \end{pmatrix}$，$\boldsymbol{B}=\begin{pmatrix} 2 & 1 & 3 \\ 6 & 2 & -1 \end{pmatrix}$，求 $\boldsymbol{A}+2\boldsymbol{B}$.

解 因为 $2\boldsymbol{B}=\begin{pmatrix} 4 & 2 & 6 \\ 12 & 4 & -2 \end{pmatrix}$，所以 $\boldsymbol{A}+2\boldsymbol{B}=\begin{pmatrix} 5 & 5 & 8 \\ 16 & 5 & 3 \end{pmatrix}$.

例 3 设矩阵 $\boldsymbol{A}=\begin{pmatrix} 1 & 2 & 4 \\ 2 & 1 & -1 \end{pmatrix}$，$\boldsymbol{B}=\begin{pmatrix} 1 & 0 & -1 \\ 2 & 3 & 1 \end{pmatrix}$，并且 $3\boldsymbol{A}+\boldsymbol{X}=\boldsymbol{B}$，求 $\boldsymbol{X}$.

解 因为 $3\boldsymbol{A}+\boldsymbol{X}=\boldsymbol{B}$，所以 $\boldsymbol{X}=\boldsymbol{B}-3\boldsymbol{A}$.

$$\boldsymbol{X}=\begin{pmatrix} 1 & 0 & -1 \\ 2 & 3 & 1 \end{pmatrix}-\begin{pmatrix} 3 & 6 & 12 \\ 6 & 3 & -3 \end{pmatrix}=\begin{pmatrix} -2 & -6 & -13 \\ -4 & 0 & 4 \end{pmatrix}$$

三、矩阵的乘法

定义 3 设 $A=(a_{ij})$ 是一个 $m\times s$ 矩阵，$B=(b_{ij})$ 是一个 $s\times m$ 矩阵，规定矩阵 A 与矩阵 B 的乘积是一个 $m\times n$ 矩阵 $C=(c_{ij})$，其中

$$c_{ij}=\sum_{k=1}^{s}a_{ik}b_{kj}\quad(i=1,2,\cdots,m;j=1,2,\cdots,n)\tag{3}$$

并将此乘积记做 $C=AB$.

由定义可知，只有当 A 的列数等于 B 的行数时，AB 才有意义，并且 AB 是 $m\times n$ 矩阵；而乘积 AB 的第 i 行第 j 列元素是矩阵 A 的第 i 行各元素分别与矩阵 B 的第 j 列各对应元素的乘积之和，即

$$\begin{bmatrix} & \vdots & \\ \cdots & c_{ij} & \cdots \\ & \vdots & \end{bmatrix}_{m\times n}=\begin{bmatrix} * & \cdots & * \\ \vdots & & \vdots \\ a_{i1} & \cdots & a_{is} \\ \vdots & & \vdots \\ * & \cdots & * \end{bmatrix}_{m\times s}\begin{bmatrix} * & \cdots & b_{1j} & \cdots & * \\ \vdots & & \vdots & & \vdots \\ * & \cdots & b_{sj} & \cdots & * \end{bmatrix}_{s\times n}$$

例 4 已知 $A=\begin{pmatrix}1&2\\3&1\end{pmatrix}$，$B=\begin{pmatrix}1&3&2\\0&1&-1\end{pmatrix}$，求 AB，并问 B 与 A 是否可以相乘？

解 由于 A 是 2×2 矩阵，B 是 2×3 矩阵，A 的列数与 B 的行数都等于 2，所以 A 与 B 可以相乘，其乘积 AB 是 2×3 矩阵. 按式(3) 有

$$C=AB=\begin{pmatrix}1&2\\3&1\end{pmatrix}\begin{pmatrix}1&3&2\\0&1&-1\end{pmatrix}=(c_{ij})_{2\times3}$$

其中，

$c_{11}=1\times1+2\times0=1$，　　$c_{12}=1\times3+2\times1=5$

$c_{13}=2\times1+2\times(-1)=0$，　　$c_{21}=3\times1+1\times0=3$

$c_{22}=3\times3+1\times1=10$，　　$c_{23}=3\times2+1\times(-1)=5$

故

$$C=\begin{pmatrix}1&5&0\\3&10&5\end{pmatrix}$$

因为 B 的列数是 3，A 的行数是 2，所以 B 与 A 不可相乘.

例 5 已知 $A=(1\quad1\quad1)$，$B=\begin{pmatrix}1\\2\\3\end{pmatrix}$，求 AB 及 BA.

解 $\boldsymbol{AB}=(1\quad 1\quad 1)\begin{pmatrix}1\\2\\3\end{pmatrix}=6$

$$\boldsymbol{BA}=\begin{pmatrix}1\\2\\3\end{pmatrix}(1\quad 1\quad 1)=\begin{pmatrix}1&1&1\\2&2&2\\3&3&3\end{pmatrix}$$

例 6 已知 $\boldsymbol{A}=\begin{pmatrix}-1&1\\1&-1\end{pmatrix}$,$\boldsymbol{B}=\begin{pmatrix}1&1\\-1&-1\end{pmatrix}$,求 $\boldsymbol{AB}$ 及 $\boldsymbol{BA}$.

解 $\boldsymbol{AB}=\begin{pmatrix}-1&1\\1&-1\end{pmatrix}\begin{pmatrix}1&1\\-1&-1\end{pmatrix}=\begin{pmatrix}-2&-2\\2&2\end{pmatrix}$

$$\boldsymbol{BA}=\begin{pmatrix}1&1\\-1&-1\end{pmatrix}\begin{pmatrix}-1&1\\1&-1\end{pmatrix}=\begin{pmatrix}0&0\\0&0\end{pmatrix}$$

从以上几例可以看出,在一般情况下,$\boldsymbol{AB}\neq\boldsymbol{BA}$,即矩阵乘法运算不满足交换律.这是因为,当 $\boldsymbol{AB}$ 有意义时,$\boldsymbol{B}$ 与 $\boldsymbol{A}$ 可能无法相乘;当 $\boldsymbol{AB}$ 与 $\boldsymbol{BA}$ 均有意义时,其型可能不同;当 $\boldsymbol{AB}$ 与 $\boldsymbol{BA}$ 均有意义且同型时,仍可能 $\boldsymbol{AB}\neq\boldsymbol{BA}$.因此作矩阵乘法一定要注意先后次序.从例 6 还可以看到,两个不为 $\boldsymbol{O}$ 的矩阵的乘积可以为 $\boldsymbol{O}$,这一点与数的乘法是不一样的.由此可知,由 $\boldsymbol{AB}=\boldsymbol{O}$,且 $\boldsymbol{A}\neq\boldsymbol{O}$,不能推出 $\boldsymbol{B}=\boldsymbol{O}$,进而即使 $\boldsymbol{AB}=\boldsymbol{AC}$,而 $\boldsymbol{A}\neq 0$,也不一定有 $\boldsymbol{B}=\boldsymbol{C}$.

矩阵的乘法运算满足以下运算规律(假设运算可行,k 是常数):

(1)$(\boldsymbol{AB})\boldsymbol{C}=\boldsymbol{A}(\boldsymbol{BC})$;

(2)$\boldsymbol{A}(\boldsymbol{B}+\boldsymbol{C})=\boldsymbol{AB}+\boldsymbol{AC}$;

(3)$(\boldsymbol{B}+\boldsymbol{C})\boldsymbol{A}=\boldsymbol{BA}+\boldsymbol{CA}$;

(4)$k(\boldsymbol{AB})=(k\boldsymbol{A})\boldsymbol{B}=\boldsymbol{A}(k\boldsymbol{B})$.

在实际应用中,有很多问题可以用矩阵运算表示.

例 7 西安市某户居民 1 ~ 3 月的水(单位:t)、电(单位:度)、天然气(单位:m^3)的用量情况可以用矩阵 $\boldsymbol{A}$ 表示,三项收费(单位:元)标准用矩阵 $\boldsymbol{B}$ 表示:

$$\begin{array}{c} \\ \boldsymbol{A}= \end{array}\begin{array}{c}\begin{array}{ccc}\text{水}&\text{电}&\text{天然气}\end{array}\\ \begin{pmatrix}7&50&9\\8&45&8\\9&43&7\end{pmatrix}\end{array}\begin{array}{l}\\ 1\text{月}\\2\text{月}\\3\text{月}\end{array},\quad \boldsymbol{B}=\begin{pmatrix}1.95\\0.5\\1.7\end{pmatrix}\begin{array}{l}\text{水}\\\text{电}\\\text{天然气}\end{array}$$

求该户 1 ~ 3 月每月开支各是多少?

解 设该户 1 ~ 3 月的开支为 $\boldsymbol{C}=\begin{pmatrix}c_1\\c_2\\c_3\end{pmatrix}$，$c_i$ 表示 i 月的开支，则

$$\boldsymbol{C}=\boldsymbol{AB}=\begin{pmatrix}7 & 50 & 9\\8 & 45 & 8\\9 & 43 & 7\end{pmatrix}\begin{pmatrix}1.95\\0.5\\1.7\end{pmatrix}=\begin{pmatrix}53.95\\51.7\\50.95\end{pmatrix}$$

则 1 ~ 3 月每月开支分别为 53.95 元，51.7 元，50.95 元.

例 8 设线性方程组

$$\begin{cases}a_{11}x_1+a_{12}x_2+\cdots+a_{1n}x_n=b_1\\a_{21}x_1+a_{22}x_2+\cdots+a_{2n}x_n=b_2\\\cdots\cdots\\a_{m1}x_1+a_{m2}x_2+\cdots+a_{mn}x_n=b_m\end{cases}$$

若令

$$\boldsymbol{A}=\begin{pmatrix}a_{11} & a_{12} & \cdots & a_{1n}\\a_{21} & a_{22} & \cdots & a_{2n}\\\vdots & \vdots & & \vdots\\a_{m1} & a_{m2} & \cdots & a_{mn}\end{pmatrix},\quad \boldsymbol{x}=\begin{pmatrix}x_1\\x_2\\\vdots\\x_n\end{pmatrix},\quad \boldsymbol{b}=\begin{pmatrix}b_1\\b_2\\\vdots\\b_n\end{pmatrix}$$

那么线性方程组可表示为矩阵形式

$$\boldsymbol{Ax}=\boldsymbol{b}$$

四、方阵的幂

利用矩阵乘法，可以研究任一方阵的幂的问题.

定义 4 设 $\boldsymbol{A}$ 是一个 n 阶方阵，k 是正整数，则 $\boldsymbol{A}$ 的 k 次幂规定为

$$\boldsymbol{A}^k=\underbrace{\boldsymbol{A}\,\boldsymbol{A}\cdots\boldsymbol{A}}_{k\text{个}} \tag{4}$$

显然只有方阵的幂才有意义.

方阵的幂满足以下运算规律：

$$\boldsymbol{A}^k\boldsymbol{A}^l=\boldsymbol{A}^{k+l},\quad (\boldsymbol{A}^k)^l=\boldsymbol{A}^{kl}$$

式中，k，l 为正整数. 又因为矩阵乘法一般不满足交换律，所以对于两个 n 阶方阵 $\boldsymbol{A}$ 与 $\boldsymbol{B}$，一般来说

$$(\boldsymbol{AB})^k\neq\boldsymbol{A}^k\boldsymbol{B}^k,\quad (\boldsymbol{A}+\boldsymbol{B})^k\neq\boldsymbol{A}^k+\mathrm{C}_k^1\boldsymbol{A}^{k-1}\boldsymbol{A}+\cdots+\mathrm{C}_k^{h-1}\boldsymbol{AB}^{k-1}+\boldsymbol{B}^k$$

式中，$\mathrm{C}_k^i=\dfrac{k!}{i!\,(k-i)!}$. 但是当 $\boldsymbol{AB}=\boldsymbol{BA}$ 时等式却是成立的.

例9 已知 $\boldsymbol{A}=\begin{pmatrix}2&0\\0&3\end{pmatrix}$,求 $\boldsymbol{A}^k$.

解 $\boldsymbol{A}^2=\begin{pmatrix}2&0\\0&3\end{pmatrix}\begin{pmatrix}2&0\\0&3\end{pmatrix}=\begin{pmatrix}2^2&0\\0&3^2\end{pmatrix}$

$\boldsymbol{A}^3=\boldsymbol{A}^2\boldsymbol{A}=\begin{pmatrix}2^2&0\\0&3^2\end{pmatrix}\begin{pmatrix}2&0\\0&3\end{pmatrix}=\begin{pmatrix}2^3&0\\0&3^3\end{pmatrix},\cdots,\boldsymbol{A}^k=\begin{pmatrix}2^k&0\\0&3^k\end{pmatrix}$

一般地,对于对角矩阵 $\boldsymbol{A}=\mathrm{diag}(a_{11},a_{22},\cdots,a_{nn})$,有

$$\boldsymbol{A}^k=\mathrm{diag}(a_{11}^k,a_{22}^k,\cdots,a_{nn}^k)$$

五、矩阵的转置

定义5 设 $\boldsymbol{A}$ 是 $m\times n$ 矩阵,即

$$\boldsymbol{A}=\begin{pmatrix}a_{11}&a_{12}&\cdots&a_{1n}\\a_{21}&a_{22}&\cdots&a_{2n}\\\vdots&\vdots&&\vdots\\a_{m1}&a_{m2}&\cdots&a_{mn}\end{pmatrix}$$

则 $n\times m$ 矩阵

$$\begin{pmatrix}a_{11}&a_{21}&\cdots&a_{m1}\\a_{12}&a_{22}&\cdots&a_{m2}\\\vdots&\vdots&&\vdots\\a_{1n}&a_{2n}&\cdots&a_{mn}\end{pmatrix} \tag{5}$$

称为 $\boldsymbol{A}$ 的转置矩阵,记做 $\boldsymbol{A}^{\mathrm{T}}$.

矩阵的转置满足下述运算规律(假设运算都是可行的):

(1) $(\boldsymbol{A}^{\mathrm{T}})^{\mathrm{T}}=\boldsymbol{A}$;

(2) $(\boldsymbol{A}+\boldsymbol{B})^{\mathrm{T}}=\boldsymbol{A}^{\mathrm{T}}+\boldsymbol{B}^{\mathrm{T}}$;

(3) $(k\boldsymbol{A})^{\mathrm{T}}=k\boldsymbol{A}^{\mathrm{T}}$($k$ 为常数);

(4) $(\boldsymbol{AB})^{\mathrm{T}}=\boldsymbol{B}^{\mathrm{T}}\boldsymbol{A}^{\mathrm{T}}$.

例10 已知

$$\boldsymbol{A}=\begin{pmatrix}2&0&1\\1&-1&0\end{pmatrix},\quad \boldsymbol{B}=\begin{pmatrix}1&2\\-1&1\\2&1\end{pmatrix}$$

求 $(\boldsymbol{AB})^{\mathrm{T}}$.

解法1 因为

$$AB=\begin{pmatrix}2&0&1\\1&-1&0\end{pmatrix}\begin{pmatrix}1&2\\-1&1\\2&1\end{pmatrix}=\begin{pmatrix}4&5\\2&1\end{pmatrix}$$

所以
$$(AB)^{\mathrm{T}}=\begin{pmatrix}4&2\\5&1\end{pmatrix}$$

解法 2

$$(AB)^{\mathrm{T}}=B^{\mathrm{T}}A^{\mathrm{T}}=\begin{pmatrix}1&-1&2\\2&1&1\end{pmatrix}\begin{pmatrix}2&1\\0&-1\\1&0\end{pmatrix}=\begin{pmatrix}4&2\\5&1\end{pmatrix}$$

定义 6 如果 n 阶方阵 $A=(a_{ij})$ 满足 $A^{\mathrm{T}}=A$，即 $a_{ij}=a_{ji}(i,j=1,2,\cdots,n)$，则称 A 为对称矩阵. 如果 n 阶方阵 $A=(a_{ij})$ 满足 $A^{\mathrm{T}}=-A$，即 $a_{ij}=-a_{ji}(i,j=1,2,\cdots,n)$，则称 A 为反对称矩阵.

对称矩阵的特点是：它的元素以主对角线为对称轴对应相等. 例如矩阵

$$\begin{pmatrix}2&0&-1\\0&3&2\\-1&2&1\end{pmatrix},\quad\begin{pmatrix}1&-1&3&2\\-1&4&0&6\\3&0&2&-7\\2&6&-7&5\end{pmatrix}$$

等.

反对称矩阵的特点是：主对角元素全为 0(因为当 $i=j$ 时，$a_{ii}=-a_{ii}$，即 $a_{ii}=0$)，而其他元素以主对角线为对称轴对应相差一个符号，例如矩阵

$$\begin{pmatrix}0&1&-2\\-1&0&3\\2&-3&0\end{pmatrix},\quad\begin{pmatrix}0&2&4&-1\\-2&0&-1&3\\-4&1&0&-5\\1&-3&5&0\end{pmatrix}$$

等.

六、方阵的行列式

定义 7 由方阵 A 的元素按原位置所构成的行列式，称为方阵 A 的行列式，记做 $\det A$ 或 $|A|$.

由 A 确定 $\det A$ 的运算满足下述运算规律(设 A,B 为 n 阶方阵，l 为常数，k 为正整数)：

(1) $\det A^{\mathrm{T}}=\det A$；

(2)$\det(l\boldsymbol{A})=l^n\det\boldsymbol{A}$；

(3)$\det(\boldsymbol{AB})=\det\boldsymbol{A}\det\boldsymbol{B}$；

(4)$\det\boldsymbol{A}^k=(\det\boldsymbol{A})^k$.

对于 n 阶方阵 $\boldsymbol{A},\boldsymbol{B}$，一般说来 $\boldsymbol{AB}\neq\boldsymbol{BA}$，但由规律(3)可知

$$\det(\boldsymbol{AB})=\det(\boldsymbol{BA})$$

例 11 设 $\boldsymbol{A}=\begin{pmatrix}1&2\\3&4\end{pmatrix}$，$\boldsymbol{B}=\begin{pmatrix}2&1\\-1&0\end{pmatrix}$，求 $\det(\boldsymbol{AB})$.

解法 1 因为

$$\boldsymbol{AB}=\begin{pmatrix}1&2\\3&4\end{pmatrix}\begin{pmatrix}2&1\\-1&0\end{pmatrix}=\begin{pmatrix}0&1\\2&3\end{pmatrix}$$

所以

$$\det(\boldsymbol{AB})=\begin{vmatrix}0&1\\2&3\end{vmatrix}=-2$$

解法 2

$$\det(\boldsymbol{AB})=\det\boldsymbol{A}\det\boldsymbol{B}=\begin{vmatrix}1&2\\3&4\end{vmatrix}\begin{vmatrix}2&1\\-1&0\end{vmatrix}=(-2)\times1=-2$$

习 题 9.2

1. 计算下列乘积：

(1)$\begin{pmatrix}2&1\\3&4\end{pmatrix}\begin{pmatrix}1&4&5\\-1&0&3\end{pmatrix}$　　(2)$(1\quad2\quad-3)\begin{pmatrix}1\\0\\-1\end{pmatrix}$

(3)$\begin{pmatrix}1\\2\\-5\end{pmatrix}(1\quad3\quad2)$　　(4)$(1\quad-1\quad-1)\begin{pmatrix}1&2&0\\3&1&1\\2&1&-1\end{pmatrix}\begin{pmatrix}1\\0\\-1\end{pmatrix}$

2. 设 $\boldsymbol{A}=\begin{pmatrix}1&2&1\\-1&0&6\\1&1&-1\end{pmatrix}$，$\boldsymbol{B}=\begin{pmatrix}1&0&2\\2&0&1\\3&1&-1\end{pmatrix}$，求 $3\boldsymbol{AB}-\boldsymbol{B}$ 及 $2\boldsymbol{A}^{\mathrm{T}}-3\boldsymbol{BA}$.

3. 下列命题是否成立？若成立给出证明，若不成立举反例说明.

(1) 若 $\boldsymbol{A}^2=\boldsymbol{O}$，则 $\boldsymbol{A}=\boldsymbol{O}$；

(2) 若 $\boldsymbol{A}^2=\boldsymbol{A}$，则 $\boldsymbol{A}=\boldsymbol{O}$ 或 $\boldsymbol{A}=\boldsymbol{E}$；

(3) 若 $\boldsymbol{AX}=\boldsymbol{AY}$,且 $\boldsymbol{A}\neq\boldsymbol{O}$,则 $\boldsymbol{X}=\boldsymbol{Y}$.

4. 已知 $\boldsymbol{A}=\begin{pmatrix}1 & 2\\0 & 1\end{pmatrix}$,求 $\boldsymbol{A}^2+2\boldsymbol{A}-\boldsymbol{E}$.

5. 解下列矩阵方程:

(1) $\begin{pmatrix}1 & 2\\-1 & 0\end{pmatrix}+2\boldsymbol{X}=3\begin{pmatrix}2 & 1\\-1 & 3\end{pmatrix}$

(2) $2\begin{pmatrix}1 & 2\\3 & 4\end{pmatrix}-\boldsymbol{X}=\begin{pmatrix}1 & 5\\0 & 1\end{pmatrix}$

6. 求下列方阵 $\boldsymbol{X}$ 的行列式 $\det\boldsymbol{X}$:

(1) $\begin{pmatrix}2 & 1\\0 & -1\end{pmatrix}+\boldsymbol{X}=\begin{pmatrix}1 & 0\\0 & 1\end{pmatrix}$

(2) $2\begin{pmatrix}1 & 0\\2 & 1\end{pmatrix}-\boldsymbol{X}=\begin{pmatrix}1 & 4\\-1 & 1\end{pmatrix}$

7. 已知 $\boldsymbol{A}=(a_{ij})_{3\times3}$,$\det\boldsymbol{A}=2$,求 $\det(3\boldsymbol{A})$.

9.3 逆 矩 阵

对于矩阵,已定义了加法、减法、乘法运算,现在讨论矩阵乘法的逆运算.

在数的运算中,如果一个数 $a\neq0$,则存在相应的数 $b=a^{-1}$,使得 $ab=ba=1$. 由于单位矩阵在矩阵乘法中的作用类似于 1 在数的乘法中的作用,因此,相仿地引入逆矩阵的概念.

一、逆矩阵的定义

定义 1 对于 n 阶方阵 $\boldsymbol{A}$,如果存在方阵 $\boldsymbol{B}$,使得

$$\boldsymbol{AB}=\boldsymbol{BA}=\boldsymbol{E}$$

则称 n 阶方阵 $\boldsymbol{A}$ 是可逆的,并将 $\boldsymbol{B}$ 称为 $\boldsymbol{A}$ 的逆矩阵. 记做 $\boldsymbol{B}=\boldsymbol{A}^{-1}$.

定理 1 如果 n 阶方阵可逆,则 $\boldsymbol{A}$ 的逆矩阵唯一.

证明 设 $\boldsymbol{B}$ 和 $\boldsymbol{C}$ 都是 $\boldsymbol{A}$ 的逆矩阵,则有

$$\boldsymbol{AB}=\boldsymbol{BA}=\boldsymbol{E},\quad \boldsymbol{AC}=\boldsymbol{CA}=\boldsymbol{E}$$

又

$$\boldsymbol{B}=\boldsymbol{BE}=\boldsymbol{B}(\boldsymbol{AC})=(\boldsymbol{BA})\boldsymbol{C}=\boldsymbol{EC}=\boldsymbol{C}$$

因此 $\boldsymbol{A}$ 的逆矩阵是唯一的.

显然,单位矩阵 $\boldsymbol{E}$ 是可逆的,且 $\boldsymbol{E}^{-1}=\boldsymbol{E}$.

二、逆矩阵的判别定理与计算

由于采用定义1判断一个矩阵是否可逆且求逆矩阵是非常烦琐的，因此需研究逆矩阵存在的判别定理及求解逆矩阵的算法. 首先引入一个特别的矩阵及相应的理论.

设矩阵 $\boldsymbol{A}=(a_{ij})_{n\times n}$，则

$$\boldsymbol{A}^*=\begin{pmatrix} A_{11} & A_{21} & \cdots & A_{n1} \\ A_{12} & A_{22} & \cdots & A_{n2} \\ \vdots & \vdots & & \vdots \\ A_{1n} & A_{2n} & \cdots & A_{nn} \end{pmatrix} \tag{1}$$

称为 $\boldsymbol{A}$ 的伴随矩阵，其中 A_{ij} 是 $\det\boldsymbol{A}$ 中的元素 a_{ij} 的代数余子式.

注 $\boldsymbol{A}$ 的伴随矩阵 $\boldsymbol{A}^*$ 的 i 行 j 列元素为 A_{ji}.

例1 求 $\boldsymbol{A}=\begin{pmatrix} 1 & 2 \\ 3 & 4 \end{pmatrix}$ 的伴随矩阵 $\boldsymbol{A}^*$.

解 因为 $A_{11}=4, A_{12}=-3, A_{21}=-2, A_{22}=1$，所以

$$\boldsymbol{A}^*=\begin{pmatrix} A_{11} & A_{21} \\ A_{12} & A_{22} \end{pmatrix}=\begin{pmatrix} 4 & -2 \\ -3 & 1 \end{pmatrix}$$

例2 设 $\boldsymbol{A}=\begin{pmatrix} 1 & 2 & 0 \\ 0 & 1 & -1 \\ 3 & 2 & 1 \end{pmatrix}$，求 $\boldsymbol{A}^*$.

解 因为

$$A_{11}=\begin{vmatrix} 1 & -1 \\ 2 & -1 \end{vmatrix}=1, \qquad A_{12}=(-1)^{1+2}\begin{vmatrix} 0 & -1 \\ 3 & -1 \end{vmatrix}=-3$$

$$A_{13}=(-1)^{1+3}\begin{vmatrix} 0 & 1 \\ 3 & 2 \end{vmatrix}=-3, \qquad A_{21}=(-1)^{2+1}\begin{vmatrix} 2 & 0 \\ 2 & -1 \end{vmatrix}=2$$

$$A_{22}=(-1)^{2+2}\begin{vmatrix} 1 & 0 \\ 3 & -1 \end{vmatrix}=-1, \qquad A_{23}=(-1)^{2+3}\begin{vmatrix} 1 & 2 \\ 3 & 2 \end{vmatrix}=4$$

$$A_{31}=(-1)^{3+1}\begin{vmatrix} 2 & 0 \\ 1 & -1 \end{vmatrix}=-2, \qquad A_{32}=(-1)^{3+2}\begin{vmatrix} 1 & 0 \\ 0 & -1 \end{vmatrix}=1$$

$$A_{33}=(-1)^{3+3}\begin{vmatrix} 1 & 2 \\ 0 & 1 \end{vmatrix}=1$$

所以

$$A^* = \begin{pmatrix} A_{11} & A_{21} & A_{31} \\ A_{12} & A_{22} & A_{32} \\ A_{13} & A_{23} & A_{33} \end{pmatrix} = \begin{pmatrix} 1 & 2 & -2 \\ -3 & -1 & 1 \\ -3 & 4 & 1 \end{pmatrix}$$

引理 1　设 $\boldsymbol{A}$ 是 n 阶方阵，则 $\boldsymbol{AA}^* = \boldsymbol{A}^*\boldsymbol{A} = (\det\boldsymbol{A})\boldsymbol{E}$.

由此引理，可以得到以下定理：

定理 2　设 $\boldsymbol{A}$ 是 n 阶方阵，则 $\boldsymbol{A}$ 可逆的充分必要条件是 $\det\boldsymbol{A} \neq 0$，且

$$\boldsymbol{A}^{-1} = \frac{1}{\det\boldsymbol{A}}\boldsymbol{A}^* \tag{2}$$

定理 2 不仅给出了矩阵可逆的充分必要条件，而且还给出了一个求逆矩阵的方法，称之为求逆矩阵的公式法或伴随矩阵法；同时也可得到如下推论：

推论　若 $\boldsymbol{AB} = \boldsymbol{E}$(或 $\boldsymbol{BA} = \boldsymbol{E}$)，则 $\boldsymbol{B} = \boldsymbol{A}^{-1}$.

这个推论表明，检验 $\boldsymbol{B}$ 是 $\boldsymbol{A}$ 的逆矩阵，只须验证 $\boldsymbol{AB} = \boldsymbol{E}$ 或 $\boldsymbol{BA} = \boldsymbol{E}$ 成立，而不必验证两者都成立.

方阵的逆矩阵满足下述运算规律：

(1) 若 $\boldsymbol{A}$ 可逆，则 $\boldsymbol{A}^{-1}$ 也可逆，且 $(\boldsymbol{A}^{-1})^{-1} = \boldsymbol{A}$；

(2) 若 $\boldsymbol{A}$ 可逆，数 $k \neq 0$，则 $k\boldsymbol{A}$ 也可逆，且 $(k\boldsymbol{A})^{-1} = \frac{1}{k}\boldsymbol{A}^{-1}$；

(3) 若 $\boldsymbol{A}, \boldsymbol{B}$ 为同阶方阵且均可逆，则 $\boldsymbol{AB}$ 也可逆，且 $(\boldsymbol{AB})^{-1} = \boldsymbol{B}^{-1}\boldsymbol{A}^{-1}$；

(4) 若 $\boldsymbol{A}$ 可逆，则 $\boldsymbol{A}^{\mathrm{T}}$ 可逆，且 $(\boldsymbol{A}^{\mathrm{T}})^{-1} = (\boldsymbol{A}^{-1})^{\mathrm{T}}$；

(5) 若 $\boldsymbol{A}$ 可逆，则 $\det\boldsymbol{A}^{-1} = (\det\boldsymbol{A})^{-1}$.

例 3　求例 1 中 $\boldsymbol{A}$ 的逆矩阵 $\boldsymbol{A}^{-1}$.

解　因为 $\det\boldsymbol{A} = 4 - 3 \times 2 = -2 \neq 0$，所以 $\boldsymbol{A}$ 可逆，又由例 1 可知 $\boldsymbol{A}^* = \begin{pmatrix} 4 & -2 \\ -3 & 1 \end{pmatrix}$，因此

$$\boldsymbol{A}^{-1} = \frac{1}{\det\boldsymbol{A}}\boldsymbol{A}^* = \begin{pmatrix} -2 & 1 \\ \frac{3}{2} & -\frac{1}{2} \end{pmatrix}$$

例 4　求例 2 中 $\boldsymbol{A}$ 的逆矩阵 $\boldsymbol{A}^{-1}$.

解　因为

$$\det\boldsymbol{A} = \begin{vmatrix} 1 & 2 & 0 \\ 0 & 1 & -1 \\ 3 & 2 & -1 \end{vmatrix} = \begin{vmatrix} 1 & 2 & 0 \\ 0 & 0 & -1 \\ 3 & 1 & -1 \end{vmatrix} = (-1)(-1)^{2+3}\begin{vmatrix} 1 & 2 \\ 3 & 1 \end{vmatrix} = -5 \neq 0$$

所以 $\boldsymbol{A}$ 可逆.

由例 2 可知 $\boldsymbol{A}^{*}=\begin{pmatrix}1 & 2 & -2\\ -3 & -1 & 1\\ 3 & 4 & 1\end{pmatrix}$,所以

$$\boldsymbol{A}^{-1}=\frac{1}{-5}\begin{pmatrix}1 & 2 & -2\\ -3 & -1 & 1\\ 3 & 4 & 1\end{pmatrix}=\begin{pmatrix}-\frac{1}{5} & -\frac{2}{5} & \frac{2}{5}\\ \frac{3}{5} & \frac{1}{5} & -\frac{1}{5}\\ -\frac{3}{5} & -\frac{4}{5} & -\frac{1}{5}\end{pmatrix}$$

例 5　设线性方程组

$$\begin{cases}a_{11}x_1+a_{12}x_2+\cdots+a_{1n}x_n=b_1\\ a_{21}x_1+a_{22}x_2+\cdots+a_{2n}x_n=b_2\\ \cdots\cdots\\ a_{n1}x_1+a_{n2}x_2+\cdots+a_{nn}x_n=b_n\end{cases}$$

若 $D\neq 0$,则该方程组有唯一解.

证明　将方程组表示成矩阵形式,有

$$\boldsymbol{Ax}=\boldsymbol{b}$$

式中,$\boldsymbol{A}=\begin{pmatrix}a_{11} & a_{12} & \cdots & a_{1n}\\ a_{21} & a_{22} & \cdots & a_{2n}\\ \vdots & \vdots & & \vdots\\ a_{n1} & a_{n2} & \cdots & a_{nn}\end{pmatrix}$,$\boldsymbol{x}=\begin{pmatrix}x_1\\ x_2\\ \vdots\\ x_n\end{pmatrix}$,$\boldsymbol{b}=\begin{pmatrix}b_1\\ b_2\\ \vdots\\ b_n\end{pmatrix}$.

因为 $\det\boldsymbol{A}=D\neq 0$,所以 $\boldsymbol{A}$ 可逆且

$$\boldsymbol{x}=\boldsymbol{A}^{-1}\boldsymbol{b}$$

由于 $\boldsymbol{A}^{-1}$ 是唯一的,因此 $\boldsymbol{x}=\boldsymbol{A}^{-1}\boldsymbol{b}$ 是唯一的.

这样又利用逆矩阵唯一性证明了上一章克拉默法则中关于解的唯一性.

例 6　解线性方程组

$$\begin{cases}x_1+x_2+x_3=1\\ x_1+x_3=2\\ -x_1+2x_2+x_3=3\end{cases}$$

解　将方程组表示成 $\boldsymbol{Ax}=\boldsymbol{b}$ 的矩阵形式,其中

$$\boldsymbol{A}=\begin{pmatrix}1 & 1 & 1\\ 1 & 0 & 1\\ -1 & 2 & 1\end{pmatrix},\quad \boldsymbol{x}=\begin{pmatrix}x_1\\ x_2\\ x_3\end{pmatrix},\quad \boldsymbol{b}=\begin{pmatrix}1\\ 2\\ 3\end{pmatrix}$$

因为 $\det\boldsymbol{A}=\begin{vmatrix}1&1&1\\1&0&1\\-1&2&1\end{vmatrix}=-2\neq0$，所以 $\boldsymbol{A}^{-1}$ 存在且 $\boldsymbol{x}=\boldsymbol{A}^{-1}\boldsymbol{b}$. 又因为

$A_{11}=-2,A_{12}=-2,A_{13}=2,A_{21}=1,A_{22}=2,A_{23}=-3,A_{31}=1,A_{32}=0,A_{33}=-1$，所以

$$\boldsymbol{A}^{*}=\begin{pmatrix}-2&1&1\\-2&2&0\\2&-3&-1\end{pmatrix}$$

因而
$$\boldsymbol{A}^{-1}=\begin{pmatrix}1&-\frac{1}{2}&-\frac{1}{2}\\1&-1&0\\-1&\frac{3}{2}&\frac{1}{2}\end{pmatrix},\quad \boldsymbol{x}=\begin{pmatrix}-\frac{3}{2}\\-1\\\frac{7}{2}\end{pmatrix}$$

即此方程组的解为

$$x_1=-\frac{3}{2},\quad x_2=-1,\quad x_3=\frac{7}{2}$$

例 7　求解矩阵方程 $\boldsymbol{XA}=\boldsymbol{B}$，其中

$$\boldsymbol{A}=\begin{pmatrix}1&2&0\\2&1&1\\1&0&1\end{pmatrix},\quad \boldsymbol{B}=\begin{pmatrix}1&2&1\\0&1&-1\end{pmatrix}$$

解　因为 $\det\boldsymbol{A}=\begin{vmatrix}1&2&0\\2&1&1\\1&0&1\end{vmatrix}=-1\neq0$，所以 $\boldsymbol{A}$ 可逆，$\boldsymbol{X}=\boldsymbol{BA}^{-1}$. 又因为

$A_{11}=1,A_{12}=-1,A_{13}=-1,A_{21}=-2,A_{22}=1,A_{23}=2,A_{31}=2,A_{32}=-1,$
$A_{33}=-3$，所以

$$\boldsymbol{A}^{-1}=\begin{pmatrix}1&-2&-2\\-1&1&-1\\-1&2&-3\end{pmatrix}\times\frac{1}{-1}=\begin{pmatrix}-1&2&2\\1&-1&1\\1&-2&3\end{pmatrix}$$

故
$$\boldsymbol{X}=\boldsymbol{BA}^{-1}=\begin{pmatrix}1&2&1\\0&1&-1\end{pmatrix}\begin{pmatrix}-1&2&2\\1&-1&1\\1&-2&3\end{pmatrix}=\begin{pmatrix}2&-2&7\\0&1&-2\end{pmatrix}$$

例 8　若方阵 $\boldsymbol{A}$ 满足 $\boldsymbol{A}^2+3\boldsymbol{A}+\boldsymbol{E}=\boldsymbol{O}$，证明 $\boldsymbol{A}+2\boldsymbol{E}$ 可逆并求 $(\boldsymbol{A}+2\boldsymbol{E})^{-1}$.

证明　设 $(\boldsymbol{A}+2\boldsymbol{E})(\boldsymbol{A}+a\boldsymbol{E})=b\boldsymbol{E}$，$a,b$ 为待定系数，则有

$$\boldsymbol{A}^2+(2+a)\boldsymbol{A}+(2a-b)\boldsymbol{E}=\boldsymbol{O}$$

又 $$A^2+3A+E=O$$

所以 $2+a=3, 2a-b=1$，即 $a=1, b=1$，因而有

$$(A+2E)(A+E)=E$$

由推论可知 $A+2E$ 可逆且 $(A+2E)^{-1}=A+E$.

习 题 9.3

1. 计算下列方阵的伴随矩阵：

(1) $A=\begin{pmatrix}1 & -2\\ -3 & 4\end{pmatrix}$　　(2) $A=\begin{pmatrix}1 & 0\\ 2 & -3\end{pmatrix}$

2. 判断下列矩阵是否可逆：

(1) $A=\begin{pmatrix}1 & 2\\ 0 & 1\end{pmatrix}$　　(2) $A=\begin{pmatrix}1 & 1\\ 1 & 1\end{pmatrix}$

(3) $A=\begin{pmatrix}1 & 2 & 2\\ 2 & 1 & 2\\ 2 & 2 & 1\end{pmatrix}$　　(4) $A=\begin{pmatrix}1 & 1 & 1\\ 2 & 2 & 2\\ 1 & 0 & 1\end{pmatrix}$

3. 求下列矩阵的逆矩阵：

(1) $A=\begin{pmatrix}1 & -2\\ -3 & 4\end{pmatrix}$　　(2) $A=\begin{pmatrix}1 & 0\\ 2 & -3\end{pmatrix}$

(3) $A=\begin{pmatrix}1 & 2 & 2\\ 2 & 1 & 2\\ 2 & 2 & 1\end{pmatrix}$　　(4) $A=\begin{pmatrix}1 & 0 & 0\\ 0 & 2 & 0\\ 0 & 0 & 3\end{pmatrix}$

4. 解下列矩阵方程：

(1) $AX=B$，其中 $A=\begin{pmatrix}1 & 2\\ 3 & 4\end{pmatrix}, B=\begin{pmatrix}1 & 0\\ 0 & 2\end{pmatrix}$.

(2) $XA=B$，其中 $A=\begin{pmatrix}2 & 1\\ 0 & 1\end{pmatrix}, B=\begin{pmatrix}1 & 0\\ 1 & -1\\ 1 & 1\end{pmatrix}$.

(3) $BXA=C$，其中 $A=\begin{pmatrix}1 & 2\\ 0 & 1\end{pmatrix}, B=\begin{pmatrix}2 & 1\\ 1 & 2\end{pmatrix}, C=\begin{pmatrix}1 & 0\\ 2 & 3\end{pmatrix}$.

5. 若方阵 A 满足 $A^2+2A-E=O$，证明 A 可逆并求 A^{-1}.

9.4 矩阵的初等变换与初等矩阵

在 9.3 节,介绍了逆矩阵的概念及利用伴随矩阵求解逆矩阵的方法.由于该方法计算量大,为了更方便快捷地求解逆矩阵,故而引入本节的内容.

一、矩阵的初等变换

定义 1 下面三种变换称为矩阵的行初等变换:

(1) 对换两行(对换第 i,j 两行,记做 $r_i \leftrightarrow r_j$);

(2) 以数 $k \neq 0$ 乘某行(第 i 行乘 k,记做 kr_i);

(3) 用一个数 k 乘某行加到另一行上(第 j 行的 k 倍加到第 i 行上,记做 $r_i + kr_j$).

将定义中的“行”换成“列”即得矩阵的列初等变换的定义(所用记号是将“r”换成“c”).

矩阵的初等行变换与初等列变换,统称矩阵的初等变换.

定义 2 如果矩阵 $\boldsymbol{A}$ 经过有限次初等变换变成矩阵 $\boldsymbol{B}$,则称矩阵 $\boldsymbol{A}$ 与矩阵 $\boldsymbol{B}$ 等价,记做 $\boldsymbol{A} \cong \boldsymbol{B}$.

矩阵等价关系具有下列性质:

(1) 反身性:$\boldsymbol{A} \cong \boldsymbol{A}$;

(2) 对称性:如果 $\boldsymbol{A} \cong \boldsymbol{B}$,则 $\boldsymbol{B} \cong \boldsymbol{A}$;

(3) 传递性:如果 $\boldsymbol{A} \cong \boldsymbol{B}, \boldsymbol{B} \cong \boldsymbol{C}$,则 $\boldsymbol{A} \cong \boldsymbol{C}$.

进一步,可以证明,任何一个矩阵 $\boldsymbol{A}$,经过有限次初等行变换,均可以化为行阶梯形矩阵.所谓行阶梯形矩阵,是指满足下列两个条件的矩阵:

(1) 矩阵的 0 行(元素全为 0 的行)在矩阵的最下方;

(2) 各个非 0 行(元素不全为 0 的行)首非 0 元素(即第一个非 0 元素)的列标随着行标的递增而严格增大.

例如 $\begin{pmatrix} 1 & 2 & 3 & 1 \\ 0 & 0 & 1 & 2 \\ 0 & 0 & 0 & 1 \\ 0 & 0 & 0 & 0 \end{pmatrix}$, $\begin{pmatrix} 1 & 2 & 0 & 1 \\ 0 & 1 & 1 & 0 \\ 0 & 0 & 0 & 0 \end{pmatrix}$ 是行阶梯形矩阵,而 $\begin{pmatrix} 1 & 1 & 3 & 1 \\ 0 & 0 & 1 & 2 \\ 0 & 0 & 1 & 1 \end{pmatrix}$, $\begin{pmatrix} 0 & 0 & 0 & 0 \\ 1 & 2 & 1 & 0 \\ 0 & 0 & 1 & 3 \end{pmatrix}$ 不是行阶梯形矩阵.

例1 用初等行变换将矩阵 $\boldsymbol{A}$ 化成行阶梯形矩阵，其中 $\boldsymbol{A}=\begin{pmatrix}1&2&3&1\\2&4&1&5\\3&6&4&6\end{pmatrix}$.

解 $\boldsymbol{A}\xrightarrow[r_3-3r_1]{r_2-2r_1}\begin{pmatrix}1&2&3&1\\0&0&-5&3\\0&0&-5&3\end{pmatrix}\xrightarrow{r_3-r_2}\begin{pmatrix}1&2&3&1\\0&0&-5&3\\0&0&0&0\end{pmatrix}$

所以行阶梯形矩阵为

$$\begin{pmatrix}1&2&3&1\\0&0&-5&3\\0&0&0&0\end{pmatrix}$$

进一步作初等行变换可化为行最简形矩阵.所谓行最简形矩阵,是指满足下列三个条件的矩阵:

(1) 它是行阶梯形矩阵;

(2) 它每行第1个非0元素都是1;

(3) 每行第1个非0元素所在的列的其他元素全为0.

例如 $\begin{pmatrix}1&0&5&0&3\\0&1&2&0&1\\0&0&0&1&3\\0&0&0&0&0\end{pmatrix}$，$\begin{pmatrix}1&0&0&2&3\\0&0&1&1&2\\0&0&0&0&0\end{pmatrix}$ 是行最简形矩阵，而 $\begin{pmatrix}1&0&3&1&4\\0&1&1&0&2\\0&0&0&1&0\\0&0&0&0&0\end{pmatrix}$, $\begin{pmatrix}1&0&0&2&3\\0&0&0&1&1\\0&0&0&0&0\end{pmatrix}$ 不是行最简形矩阵.将例1继续作初等行变换化成行最简形矩阵,即

$$\begin{pmatrix}1&2&3&1\\0&0&-5&3\\0&0&0&0\end{pmatrix}\xrightarrow{\frac{1}{-5}r_2}\begin{pmatrix}1&2&3&1\\0&0&1&-\frac{3}{5}\\0&0&0&0\end{pmatrix}\xrightarrow{r_1-3r_2}$$

$$\begin{pmatrix}1&2&0&\frac{14}{5}\\0&0&1&-\frac{3}{5}\\0&0&0&0\end{pmatrix}\text{(行最简形矩阵)}.$$

一般地,矩阵的等价行阶梯形矩阵不唯一,而等价行最简形矩阵是唯一的.

定义 3 矩阵 $\boldsymbol{A}$ 经过有限次初等变换化为行阶梯形矩阵,则该行阶梯形矩阵的非 0 行数 r 称为矩阵 $\boldsymbol{A}$ 的秩,记做 $\operatorname{rank}\boldsymbol{A}=r$.

显然例 1 中矩阵 $\boldsymbol{A}$ 的秩为 2.

例 2 求矩阵 $\boldsymbol{A}=\begin{pmatrix}1&2&3\\2&1&4\\1&5&0\end{pmatrix}$ 的秩.

解 $\boldsymbol{A}\xrightarrow[r_3-r_1]{r_2-2r_1}\begin{pmatrix}1&2&3\\0&-3&-2\\0&3&-3\end{pmatrix}\xrightarrow{r_3+r_2}\begin{pmatrix}1&2&3\\0&-3&-2\\0&0&-5\end{pmatrix}$

所以 $\operatorname{rank}\boldsymbol{A}=3$.

对于 $m\times n$ 矩阵 $\boldsymbol{A}$,如果 $\operatorname{rank}\boldsymbol{A}=m$,则称 $\boldsymbol{A}$ 是行满秩矩阵;如果 $\operatorname{rank}\boldsymbol{A}=n$,则称 $\boldsymbol{A}$ 是列满秩矩阵;如果 $m=n$ 且 $\operatorname{rank}\boldsymbol{A}=n$,则称 $\boldsymbol{A}$ 为满秩矩阵.

由行列式的性质可知,方阵 $\boldsymbol{A}$ 进行初等变换得到 $\boldsymbol{B}$,则一定有 $\det\boldsymbol{A}\neq 0$ 的充要条件是 $\det\boldsymbol{B}\neq 0$,所以 $\boldsymbol{A}$ 是满秩矩阵的充要条件就是 $\boldsymbol{A}$ 是可逆矩阵.

二、初等矩阵

前面讨论了矩阵的初等变换,下面将矩阵的初等变换与矩阵乘法联系起来,并在此基础上给出用初等变换求逆矩阵的方法.

定义 4 由单位矩阵 $\boldsymbol{E}$ 经过一次初等变换得到的矩阵称为初等矩阵.

对应三种初等变换,有三种初等矩阵.

(1) 交换单位矩阵 $\boldsymbol{E}$ 的第 i 行(列)与第 j 行(列)得到的初等矩阵,记做 $\boldsymbol{E}(i,j)$,即

$$
\boldsymbol{E}(i,j)=\begin{pmatrix}
1 &&&&&&&&& \\
& \ddots &&&&&&&& \\
&& 1 &&&&&&& \\
&&& 0 && \cdots && 1 && \\
&&&& 1 &&&&& \\
&&& \vdots && \ddots && \vdots && \\
&&&&&& 1 &&& \\
&&& 1 && \cdots && 0 && \\
&&&&&&&& 1 & \\
&&&&&&&&& \ddots \\
&&&&&&&&&& 1
\end{pmatrix}\begin{matrix} \\ \\ \\ 第\,i\,行 \\ \\ \\ \\ 第\,j\,行 \\ \\ \\ \\ \end{matrix}
$$

第 i 列　　第 j 列

(2) 用 $k(k\neq 0)$ 乘以单位矩阵 $\boldsymbol{E}$ 的第 i 行(列)得到的初等矩阵,记做 $\boldsymbol{E}(i(k))$,即

$$
\boldsymbol{E}(i(k))=\begin{pmatrix}
1 &&&&&& \\
& \ddots &&&&& \\
&& 1 &&&& \\
&&& k &&& \\
&&&& 1 && \\
&&&&& \ddots & \\
&&&&&& 1
\end{pmatrix}\begin{matrix} \\ \\ \\ 第\,i\,行 \\ \\ \\ \\ \end{matrix}
$$

例如将单位矩阵

$$
\boldsymbol{E}=\begin{pmatrix} 1 && \\ & 1 & \\ && 1 \end{pmatrix}
$$

的第 1 行乘以 k,得到的初等矩阵为

$$
\boldsymbol{E}(1(k))=\begin{pmatrix} k && \\ & 1 & \\ && 1 \end{pmatrix}
$$

(3) 将单位矩阵 $\boldsymbol{E}$ 的第 j 行的 k 倍加到第 i 行(或将第 i 列的 k 倍加到第 j 列)得到的初等矩阵,记做 $\boldsymbol{E}(i,j(k))$,即

$$\boldsymbol{E}(i,j(k))=\begin{pmatrix}1 & & & & & & \\ & \ddots & & & & & \\ & & 1 & \cdots & k & & \\ & & & \ddots & & & \\ & & & & 1 & & \\ & & & & & \ddots & \\ & & & & & & 1\end{pmatrix}\begin{matrix} \\ \\ 第\ i\ 行 \\ \\ 第\ j\ 行 \\ \\ \\ \end{matrix}$$

例如将单位矩阵

$$\boldsymbol{E}=\begin{pmatrix}1 & & \\ & 1 & \\ & & 1\end{pmatrix}$$

的第 2 行的 k 倍加到第 1 行得到初等矩阵为

$$\boldsymbol{E}(1,2(k))=\begin{pmatrix}1 & k & 0\\ 0 & 1 & 0\\ 0 & 0 & 1\end{pmatrix}$$

而将第 2 列的 k 倍加到第 1 列得到初等矩阵为

$$\boldsymbol{E}(2,1(k))=\begin{pmatrix}1 & 0 & 0\\ k & 1 & 0\\ 0 & 0 & 1\end{pmatrix}$$

初等矩阵有如下作用:

定理 1 设 $\boldsymbol{A}$ 是 $m\times n$ 矩阵,对 $\boldsymbol{A}$ 施以一次初等行变换,其结果等于在 $\boldsymbol{A}$ 的左边乘以相应的 m 阶初等矩阵;对 $\boldsymbol{A}$ 施以一次初等列变换,其结果等于在 $\boldsymbol{A}$ 的右边乘上相应的 n 阶初等矩阵.

例 3 设 $\boldsymbol{A}=\begin{pmatrix}a_{11} & a_{12} & a_{13} & a_{14}\\ a_{21} & a_{22} & a_{23} & a_{24}\\ a_{31} & a_{32} & a_{33} & a_{34}\end{pmatrix}$, $\boldsymbol{E}(1,3)=\begin{pmatrix}0 & 0 & 1\\ 0 & 1 & 0\\ 1 & 0 & 0\end{pmatrix}$,

$$\boldsymbol{E}(2+4(k))=\begin{pmatrix}1 & & & \\ & 1 & & k\\ & & 1 & \\ & & & 1\end{pmatrix}$$

求 $\boldsymbol{E}(1,3)\boldsymbol{A},\boldsymbol{A}\boldsymbol{E}(2+4k)$

解

$$
\boldsymbol{E}(1,3)\boldsymbol{A}=\begin{pmatrix}0&0&1\\0&1&0\\1&0&0\end{pmatrix}\begin{pmatrix}a_{11}&a_{12}&a_{13}&a_{14}\\a_{21}&a_{22}&a_{23}&a_{24}\\a_{31}&a_{32}&a_{33}&a_{34}\end{pmatrix}=\begin{pmatrix}a_{31}&a_{32}&a_{33}&a_{34}\\a_{21}&a_{22}&a_{23}&a_{24}\\a_{11}&a_{12}&a_{13}&a_{14}\end{pmatrix}
$$

$$
\boldsymbol{AE}(2+4(k))=\begin{pmatrix}a_{11}&a_{12}&a_{13}&a_{14}\\a_{21}&a_{22}&a_{23}&a_{24}\\a_{31}&a_{32}&a_{33}&a_{34}\end{pmatrix}\begin{pmatrix}1&&&\\&1&&k\\&&1&\\&&&1\end{pmatrix}=
$$

$$
\begin{pmatrix}a_{11}&a_{12}&a_{13}&a_{14}+ka_{12}\\a_{21}&a_{22}&a_{23}&a_{24}+ka_{22}\\a_{31}&a_{32}&a_{33}&a_{34}+ka_{32}\end{pmatrix}
$$

例3表明用 $\boldsymbol{E}(1,3)$ 左乘 $\boldsymbol{A}$，相当于将 $\boldsymbol{A}$ 的第1行与第3行交换位置；用 $\boldsymbol{E}(2,4(k))$ 右乘 $\boldsymbol{A}$，相当于将 $\boldsymbol{A}$ 的第2列乘 k 加到第4列上去.

三、逆矩阵的初等变换算法

由于初等矩阵的引入，关于可逆矩阵有下面的充分必要条件.

定理2 n 阶方阵可逆的充分必要条件是 $\boldsymbol{A}$ 能表示为若干个初等矩阵的乘积.

因为当 $\det\boldsymbol{A}\neq 0$ 时，由定理2有 $\boldsymbol{A}=\boldsymbol{P}_1\boldsymbol{P}_2\cdots\boldsymbol{P}_s$，其中 $\boldsymbol{P}_i(i=1,2,\cdots,s)$ 是初等矩阵，于是

$$
\begin{cases}\boldsymbol{P}_s^{-1}\cdots\boldsymbol{P}_2^{-1}\boldsymbol{P}_1^{-1}\boldsymbol{A}=\boldsymbol{E}\\\boldsymbol{P}_s^{-1}\cdots\boldsymbol{P}_2^{-1}\boldsymbol{P}_1^{-1}\boldsymbol{E}=\boldsymbol{A}^{-1}\end{cases}
$$

上面第一式表明，可逆矩阵 $\boldsymbol{A}$ 经过一系列初等行变换变成单位矩阵 $\boldsymbol{E}$；而第二式表明，把 $\boldsymbol{A}$ 化成单位矩阵 $\boldsymbol{E}$ 的那些初等行变换可以把 $\boldsymbol{E}$ 化成 $\boldsymbol{A}$ 的逆矩阵 $\boldsymbol{A}^{-1}$. 由此得到下述用初等变换求逆矩阵的方法：

$$
(\boldsymbol{A}\,\vdots\,\boldsymbol{E})\xrightarrow{\text{初等行变换}}(\boldsymbol{E}\,\vdots\,\boldsymbol{A}^{-1})
$$

即以 $\boldsymbol{A}$ 和 $\boldsymbol{E}$ 这两个 n 阶方阵组成一个 $n\times 2n$ 的矩阵 $(\boldsymbol{A}\,\vdots\,\boldsymbol{E})$，对这个矩阵作初等行变换，当其左边一半 $\boldsymbol{A}$ 变成单位矩阵 $\boldsymbol{E}$ 时，右边一半 $\boldsymbol{E}$ 就变成 $\boldsymbol{A}^{-1}$.

这个方法和以前通过伴随矩阵求逆矩阵的方法相比较，当阶数较大时，计算量要小得多，因此求逆矩阵常用初等变换的方法. 另外，用初等变换求逆矩阵时，不必先考虑逆矩阵是否存在，只要注意在初等变换过程中，如果发现矩阵不是满秩的，它就没有逆矩阵了.

例 4 已知 $A=\begin{pmatrix}1&2&2\\2&1&2\\2&2&1\end{pmatrix}$,求 A^{-1}.

解
$$(A\,\vdots\,E)=\left(\begin{array}{ccc:ccc}1&2&2&1&0&0\\2&1&2&0&1&0\\2&2&1&0&0&1\end{array}\right)\xrightarrow{r_1+r_2+r_3}$$

$$\begin{pmatrix}5&5&5&1&1&1\\2&1&2&0&1&0\\2&2&1&0&0&1\end{pmatrix}\xrightarrow{\frac{1}{5}r_1}$$

$$\begin{pmatrix}1&1&1&\frac{1}{5}&\frac{1}{5}&\frac{1}{5}\\2&1&2&0&1&0\\2&2&1&0&0&1\end{pmatrix}\xrightarrow[r_3-2r_1]{r_2-2r_1}$$

$$\begin{pmatrix}1&1&1&\frac{1}{5}&\frac{1}{5}&\frac{1}{5}\\0&-1&0&-\frac{2}{5}&\frac{3}{5}&-\frac{2}{5}\\0&0&-1&-\frac{2}{5}&-\frac{2}{5}&\frac{3}{5}\end{pmatrix}\xrightarrow[\substack{-r_2\\-r_3}]{r_1+r_2+r_3}$$

$$\begin{pmatrix}1&0&0&-\frac{3}{5}&\frac{2}{5}&\frac{2}{5}\\0&1&0&\frac{2}{5}&-\frac{3}{5}&\frac{2}{5}\\0&0&1&\frac{2}{5}&\frac{2}{5}&-\frac{3}{5}\end{pmatrix}$$

所以
$$A^{-1}=\begin{pmatrix}-\frac{3}{5}&\frac{2}{5}&\frac{2}{5}\\\frac{2}{5}&-\frac{3}{5}&\frac{2}{5}\\\frac{2}{5}&\frac{2}{5}&-\frac{3}{5}\end{pmatrix}$$

例 5 求 4 阶方阵 $A=\begin{pmatrix}1&&&\\-1&1&&\\&-1&1&\\&&-1&1\end{pmatrix}$ 的逆矩阵.

解 $(\boldsymbol{A} \vdots \boldsymbol{E})=\left(\begin{array}{cccc:cccc}1 & & & & 1 & & & \\ -1 & 1 & & & & 1 & & \\ & -1 & 1 & & & & 1 & \\ & & -1 & 1 & & & & 1\end{array}\right) \xrightarrow[\substack{r_3+r_2 \\ r_4+r_3}]{r_2+r_1}$

$$\left(\begin{array}{cccc:cccc}1 & & & & 1 & & & \\ & 1 & & & 1 & 1 & & \\ & & 1 & & & 1 & 1 & \\ & & & 1 & & & 1 & 1\end{array}\right)$$

所以
$$\boldsymbol{A}^{-1}=\begin{pmatrix}1 & & & \\ 1 & 1 & & \\ & 1 & 1 & \\ & & 1 & 1\end{pmatrix}$$

习 题 9.4

1. 用初等行变换将下列矩阵化为行阶梯形：

(1)$\boldsymbol{A}=\begin{pmatrix}1 & 2 & 1 \\ 2 & 4 & 2 \\ 1 & 2 & 1\end{pmatrix}$ (2)$\boldsymbol{A}=\begin{pmatrix}1 & 3 & 0 \\ 2 & 6 & 1 \\ 1 & 1 & 1\end{pmatrix}$

2. 用初等行变换将题1的矩阵化为行最简形矩阵.

3. 求题1矩阵的秩.

4. (1) 若 2×3 矩阵 $\boldsymbol{B}$ 是 2×3 矩阵 $\boldsymbol{A}$ 的第1行与第2行交换位置得到的，即 $\boldsymbol{PA}=\boldsymbol{B}$，求 $\boldsymbol{P}$.

(2) 若 2×3 矩阵 $\boldsymbol{B}$ 是 2×3 矩阵 $\boldsymbol{A}$ 的第2列乘3得到的，即 $\boldsymbol{AQ}=\boldsymbol{B}$，求 $\boldsymbol{Q}$.

5. 求下列矩阵的逆矩阵：

(1)$\boldsymbol{A}=\begin{pmatrix}2 & 1 & 1 \\ 1 & 2 & 1 \\ 1 & 1 & 2\end{pmatrix}$ (2)$\boldsymbol{A}=\begin{pmatrix}1 & 0 & 3 \\ 2 & 1 & 1 \\ 0 & 3 & 1\end{pmatrix}$

(3)$\boldsymbol{A}=\begin{pmatrix}1 & 0 & 0 & 0 \\ 1 & 1 & 0 & 0 \\ 1 & 1 & 1 & 0 \\ 1 & 1 & 1 & 1\end{pmatrix}$ (4)$\boldsymbol{A}=\begin{pmatrix}1 & 0 & 0 & 0 \\ 1 & 1 & 0 & 0 \\ 0 & 1 & 1 & 0 \\ 0 & 0 & 1 & 1\end{pmatrix}$

9.5 分块矩阵及运算

一、分块矩阵的概念

矩阵的行数、列数较多时,运算比较烦琐,本节介绍针对这类矩阵常采用的技巧 —— 矩阵的分块.通过矩阵的适当分块,高阶矩阵的运算可转化为低阶矩阵的运算,从而能够大大简化运算步骤,同时给矩阵的理论推导带来方便.

定义 1 将矩阵 $\boldsymbol{A}$ 用一些横线与纵线分成若干小块,每一小块称为 $\boldsymbol{A}$ 的子块(或子矩阵),以子块为元素的形式上的矩阵称为分块矩阵.

由于横线与纵线划分都是任意的,因此同一个矩阵可以有多种不同的分块矩阵,例如:

$$\boldsymbol{A}=\left(\begin{array}{cc:cc}1 & 2 & 0 & 0\\ 2 & 4 & 0 & 0\\ \hdashline 1 & 1 & 1 & 0\\ 3 & 5 & -1 & 0\end{array}\right)=\begin{pmatrix}\boldsymbol{A}_{11} & \boldsymbol{A}_{12}\\ \boldsymbol{A}_{21} & \boldsymbol{A}_{22}\end{pmatrix}$$

就是 2×2 分块矩阵,它的四个子块为

$$\boldsymbol{A}_{11}=\begin{pmatrix}1 & 2\\ 2 & 4\end{pmatrix},\boldsymbol{A}_{12}=\begin{pmatrix}0 & 0\\ 0 & 0\end{pmatrix},\boldsymbol{A}_{21}=\begin{pmatrix}1 & 1\\ 3 & 5\end{pmatrix},\boldsymbol{A}_{22}=\begin{pmatrix}1 & 0\\ -1 & 0\end{pmatrix}$$

矩阵 $\boldsymbol{A}$ 还有其他的分法,如

$$\boldsymbol{A}=\left(\begin{array}{c:c:c:c}1 & 2 & 0 & 0\\ 2 & 4 & 0 & 0\\ 1 & 1 & 1 & 0\\ 3 & 5 & -1 & 0\end{array}\right)=\left(\begin{array}{cccc}1 & 2 & 0 & 0\\ \hdashline 2 & 4 & 0 & 0\\ \hdashline 1 & 1 & 1 & 0\\ \hdashline 3 & 5 & -1 & 0\end{array}\right)=\left(\begin{array}{cc:cc}1 & 2 & 0 & 0\\ \hdashline 2 & 4 & 0 & 0\\ 1 & 1 & 1 & 0\\ 3 & 5 & -1 & 0\end{array}\right)$$

二、分块矩阵的运算

对分块矩阵进行运算时,把每一子块当做一个元素处理.分块矩阵的运算与普通矩阵的运算规律相类似,分别说明如下:

1. 分块矩阵的加法

设 $\boldsymbol{A}$ 与 $\boldsymbol{B}$ 是同型矩阵,采用相同的分块法,有

$$\boldsymbol{A}=\begin{pmatrix}\boldsymbol{A}_{11} & \cdots & \boldsymbol{A}_{1r}\\ \vdots & & \vdots\\ \boldsymbol{A}_{s1} & \cdots & \boldsymbol{A}_{sr}\end{pmatrix}\qquad \boldsymbol{B}=\begin{pmatrix}\boldsymbol{B}_{11} & \cdots & \boldsymbol{B}_{1r}\\ \vdots & & \vdots\\ \boldsymbol{B}_{s1} & \cdots & \boldsymbol{B}_{sr}\end{pmatrix}$$

式中，$\boldsymbol{A}_{ij}$ 与 $\boldsymbol{B}_{ij}$ 的行数和列数相同，则

$$\boldsymbol{A}+\boldsymbol{B}=\begin{pmatrix}\boldsymbol{A}_{11}+\boldsymbol{B}_{11} & \cdots & \boldsymbol{A}_{1r}+\boldsymbol{B}_{1r}\\ \vdots & & \vdots\\ \boldsymbol{A}_{s1}+\boldsymbol{B}_{s1} & \cdots & \boldsymbol{A}_{sr}+\boldsymbol{B}_{sr}\end{pmatrix}$$

例 1 设 $\boldsymbol{A}=(\boldsymbol{A}_{11}\quad \boldsymbol{A}_{12})\qquad \boldsymbol{B}=(\boldsymbol{B}_{11}\quad \boldsymbol{B}_{12})$

其中 $\boldsymbol{A}_{11}=\begin{pmatrix}1 & 2\\ 0 & 1\end{pmatrix}$，$\boldsymbol{A}_{12}=\begin{pmatrix}2 & 1\\ 3 & 0\end{pmatrix}$，$\boldsymbol{B}_{11}=\begin{pmatrix}1 & 1\\ 0 & -1\end{pmatrix}$，$\boldsymbol{B}_{12}=\begin{pmatrix}1 & 1\\ 1 & 0\end{pmatrix}$，求 $\boldsymbol{A}+\boldsymbol{B}$.

解 $\boldsymbol{A}+\boldsymbol{B}=(\boldsymbol{A}_{11}+\boldsymbol{B}_{11}\quad \boldsymbol{A}_{12}+\boldsymbol{B}_{12})$

因为 $\boldsymbol{A}_{11}+\boldsymbol{B}_{11}=\begin{pmatrix}1 & 2\\ 0 & 1\end{pmatrix}+\begin{pmatrix}2 & 1\\ 3 & 0\end{pmatrix}=\begin{pmatrix}3 & 3\\ 3 & 1\end{pmatrix}$

$$\boldsymbol{A}_{12}+\boldsymbol{B}_{12}=\begin{pmatrix}1 & 1\\ 0 & -1\end{pmatrix}+\begin{pmatrix}1 & 1\\ 1 & 0\end{pmatrix}=\begin{pmatrix}2 & 2\\ 1 & -1\end{pmatrix}$$

所以
$$\boldsymbol{A}+\boldsymbol{B}=\begin{pmatrix}3 & 3 & 2 & 2\\ 3 & 1 & 1 & -1\end{pmatrix}$$

2. 分块矩阵的乘法

设 $\boldsymbol{A}$ 为 $m\times l$ 矩阵，$\boldsymbol{B}$ 为 $l\times n$ 矩阵，分块成

$$\boldsymbol{A}=\begin{pmatrix}\boldsymbol{A}_{11} & \cdots & \boldsymbol{A}_{1t}\\ \vdots & & \vdots\\ \boldsymbol{A}_{s1} & \cdots & \boldsymbol{A}_{st}\end{pmatrix},\boldsymbol{B}=\begin{pmatrix}\boldsymbol{B}_{11} & \cdots & \boldsymbol{B}_{1r}\\ \vdots & & \vdots\\ \boldsymbol{B}_{t1} & \cdots & \boldsymbol{B}_{tr}\end{pmatrix}$$

式中，$\boldsymbol{A}_{i1},\boldsymbol{A}_{i2},\cdots,\boldsymbol{A}_{it}$ 的列数分别等于 $\boldsymbol{B}_{1j},\boldsymbol{B}_{2j},\cdots,\boldsymbol{B}_{tj}$ 的行数，即矩阵 $\boldsymbol{A}$ 的列的分法必须与 $\boldsymbol{B}$ 的行的分法一致，则

$$\boldsymbol{AB}=\begin{pmatrix}\boldsymbol{C}_{11} & \cdots & \boldsymbol{C}_{1r}\\ \vdots & & \vdots\\ \boldsymbol{C}_{s1} & \cdots & \boldsymbol{C}_{sr}\end{pmatrix}$$

式中，$\boldsymbol{C}_{ij}=\sum\limits_{k=1}^{t}\boldsymbol{A}_{ik}\boldsymbol{B}_{kj}\,(i=1,2,\cdots,s;j=1,2,\cdots,r)$.

在某些情形，对矩阵进行适当分块可以简化计算

例 2 设

$$A=\begin{pmatrix}1&0&0&0\\0&1&0&0\\-1&2&1&0\\1&-1&0&1\end{pmatrix},\quad B=\begin{pmatrix}1&0&1&0\\-1&2&0&1\\1&0&4&1\\-1&-1&2&0\end{pmatrix}$$

求 AB.

解 将 A,B 分块成

$$A=\begin{pmatrix}1&0&0&0\\0&1&0&0\\-1&2&1&0\\1&-1&0&1\end{pmatrix}=\begin{pmatrix}E&O\\A_1&E\end{pmatrix}$$

$$B=\begin{pmatrix}1&0&1&0\\-1&2&0&1\\1&0&4&1\\-1&-1&2&0\end{pmatrix}=\begin{pmatrix}B_{11}&E\\B_{21}&B_{22}\end{pmatrix}$$

$$AB=\begin{pmatrix}E&O\\A_1&E\end{pmatrix}\begin{pmatrix}B_{11}&E\\B_{21}&B_{22}\end{pmatrix}=\begin{pmatrix}B_{11}&E\\A_1B_{11}+B_{21}&A_1+B_{22}\end{pmatrix}$$

因为 $A_1B_{11}+B_{21}=\begin{pmatrix}-1&2\\1&-1\end{pmatrix}\begin{pmatrix}1&0\\-1&2\end{pmatrix}+\begin{pmatrix}1&0\\-1&-1\end{pmatrix}=$

$$\begin{pmatrix}-3&4\\2&-2\end{pmatrix}+\begin{pmatrix}1&0\\-1&-1\end{pmatrix}=\begin{pmatrix}-2&4\\1&-3\end{pmatrix}$$

$$A_1+B_{22}=\begin{pmatrix}-1&2\\1&-1\end{pmatrix}+\begin{pmatrix}4&1\\2&0\end{pmatrix}=\begin{pmatrix}3&3\\3&-1\end{pmatrix}$$

所以
$$AB=\begin{pmatrix}1&0&1&0\\-1&2&0&1\\-2&4&3&3\\1&-3&3&-1\end{pmatrix}$$

3. 分块对角阵的运算

设 A 为 n 阶方阵，若 A 的分块矩阵为

$$A=\begin{pmatrix}A_1&&&\\&A_2&&\\&&\ddots&\\&&&A_s\end{pmatrix}$$

其中，$A_i(i=1,2,\cdots,s)$ 都是方阵，则称 A 为分块对角矩阵. 显然对角矩阵是分块对角矩阵的特殊情形.

分块对角矩阵的行列式具有下列性质：

$$\det A=\det A_1\det A_2\cdots\det A_s$$

由此性质可知，若 $\det A_i\neq 0(i=1,2,\cdots,s)$，则 $\det A\neq 0$，并有

$$A^{-1}=\begin{pmatrix}A_1^{-1}&&&\\&A_2^{-1}&&\\&&\ddots&\\&&&A_s^{-1}\end{pmatrix}$$

例 3　已知 $A=\begin{pmatrix}1&2&0&0\\3&5&0&0\\0&0&2&3\\0&0&1&2\end{pmatrix}$，求 A^{-1}.

解　A 可划分成块对角矩阵.

$$A=\begin{pmatrix}A_1&O\\O&A_2\end{pmatrix}$$

式中，$A_1=\begin{pmatrix}1&2\\3&5\end{pmatrix}$，$A_2=\begin{pmatrix}2&3\\1&2\end{pmatrix}$. 可求得

$$A_1^{-1}=\begin{pmatrix}-5&2\\3&-1\end{pmatrix},\quad A_2^{-1}=\begin{pmatrix}2&-3\\-1&2\end{pmatrix}$$

所以

$$A^{-1}=\begin{pmatrix}-5&2&0&0\\3&-1&0&0\\0&0&2&-3\\0&0&-1&2\end{pmatrix}$$

习　题　9.5

1. 已知 $A=\begin{pmatrix}1&0&0\\0&2&1\\0&3&-1\end{pmatrix}$，$B=\begin{pmatrix}2&0&0\\0&1&0\\0&0&1\end{pmatrix}$，采用分块矩阵求 AB.

2. 已知 $A=\begin{pmatrix}1&2&0&0\\2&1&0&0\\0&0&1&0\\0&0&2&-1\end{pmatrix}$,求 A^{-1},$\det A$.

3. 设 A_1,A_2,A_3 均为 3×1 矩阵,记矩阵 $A=(A_1\quad A_2\quad A_3)$,$B=(A_1+2A_2-A_3\quad 2A_2\quad A_2-A_3)$,如果 $\det A=1$,求 $\det B$.

4. 设4阶方阵 $A=(A_1\quad A_2\quad A_3\quad A_4)=B=(A_1\quad A_2\quad A_3\quad A_5)$,其中 A_i 均为 4×1 矩阵,且 $\det A=5$,$\det B=2$,试求 $\det(A+B)$.

总习题 9

1. 判断题(设 A,B 都是 n 阶方阵)(对的打 √,错的打 ×)

(1) $\det(A+B)=\det A+\det B$. ( )

(2) $\det(AB^{\mathrm{T}})=\det A\det B$. ( )

(3) $\det((\det A)B)=(\det A)^n\det B$. ( )

(4) $\det(A+B)\det(A-B)=\det(A-B)\det(A+B)$. ( )

(5) $(A+B)(A-B)=(A-B)(A+B)$. ( )

(6) $(A+B)(A-B)=A^2-B^2$. ( )

(7) $A^2-E^2=(A+E)(A-E)$. ( )

(8) $(AB)^2=A^2B^2$. ( )

(9) 若 $AB=O$,则 $A=O$ 或 $B=O$. ( )

(10) 若 $A^2=O$,则 $A=O$. ( )

(11) 若 $AX=AY$,则 $X=Y$. ( )

(12) $(A+B)^{-1}=A^{-1}+B^{-1}$ ( )

2. 选择题

(1) 设 A,B 分别为 $m\times n$ 与 $n\times l$ 矩阵,$C=AB$,则 C 是( )矩阵.

A. $m\times n$　　B. $m\times l$　　C. $n\times l$　　D. $l\times m$

(2) 设 A,B 均为 n 阶方阵且 A 可逆,如果 $AB=O$,则必有( ).

A. $A=O$　　B. $B=O$　　C. $\mathrm{rank}A<n$　　D. 不确定

(3) 设 A,B 均为 n 阶方阵,下面正确的式子为( ).

A. $\det(A+B)=\det A+\det B$　　B. $\det(AB)=\det A\det B$

C. $AB=BA$　　D. $(AB)^{\mathrm{T}}=A^{\mathrm{T}}B^{\mathrm{T}}$

(4) A 为 n 阶方阵,下面不正确的式子为( ).

A. $\det(2\boldsymbol{A})=2^n\det\boldsymbol{A}$　　B. $\det(2\boldsymbol{A})=2\det\boldsymbol{A}$

C. $\det(\boldsymbol{A}^{\mathrm{T}}+\boldsymbol{B}^{\mathrm{T}})=\det(\boldsymbol{A}+\boldsymbol{B})$　　D. $\det(\boldsymbol{A}^{-1})=(\det\boldsymbol{A})^{-1}$

(5) 设 $\boldsymbol{A},\boldsymbol{B}$ 均为 n 阶方阵，则下面不正确的式子为(　　).

A. $(\boldsymbol{A}+\boldsymbol{B})^{\mathrm{T}}=\boldsymbol{A}^{\mathrm{T}}+\boldsymbol{B}^{\mathrm{T}}$　　B. $(\boldsymbol{AB})^{\mathrm{T}}=\boldsymbol{A}^{\mathrm{T}}\boldsymbol{B}^{\mathrm{T}}$

C. $(\boldsymbol{A}^{\mathrm{T}})^{\mathrm{T}}=\boldsymbol{A}$　　D. $\det\boldsymbol{A}^{\mathrm{T}}=\det\boldsymbol{A}$

(6) 设 $\boldsymbol{A},\boldsymbol{B}$ 均为 n 阶可逆矩阵，$\boldsymbol{C}$ 为 n 阶方阵，$\boldsymbol{X}$ 满足 $\boldsymbol{AXB}=\boldsymbol{C}$，则 $\boldsymbol{X}=$(　　).

A. $\boldsymbol{CB}^{-1}\boldsymbol{A}^{-1}$　　B. $\boldsymbol{A}^{-1}\boldsymbol{B}^{-1}\boldsymbol{C}$

C. $\boldsymbol{A}^{-1}\boldsymbol{CB}^{-1}$　　D. $\boldsymbol{B}^{-1}\boldsymbol{CA}^{-1}$

(7) 设 $\boldsymbol{A},\boldsymbol{B},\boldsymbol{C}$ 均为 n 阶方阵，且 $\boldsymbol{ABC}=\boldsymbol{E}$，则(　　).

A. $\boldsymbol{CAB}=\boldsymbol{E}$　　B. $\boldsymbol{BAC}=\boldsymbol{E}$

C. $\boldsymbol{CBA}=\boldsymbol{E}$　　D. $\boldsymbol{ACB}=\boldsymbol{E}$

3. 填空题

(1) 如果 $\det\boldsymbol{A}=2,\det\boldsymbol{B}=3$，那么 $\det(\boldsymbol{AB})=$______，$\det(\boldsymbol{A}^{\mathrm{T}})=$______.

(2) $\boldsymbol{A}$ 是 3 阶方阵，又 $\det\boldsymbol{A}=2$，则 $\det(3\boldsymbol{A})=$______.

(3) 设 $\boldsymbol{A}=\begin{pmatrix}1&2&0\\2&1&1\\1&0&1\end{pmatrix}$，则 $\boldsymbol{A}$ 的秩 $\operatorname{rank}\boldsymbol{A}=$______.

(4) 若 3 阶方阵第 1 行与第 3 行交换，得到矩阵 $\boldsymbol{B}$，即 $\boldsymbol{PA}=\boldsymbol{B}$，则 $\boldsymbol{P}=$______.

(5) 已知 $\boldsymbol{A}=\begin{pmatrix}1&2&0\\2&a&0\end{pmatrix}$，$\boldsymbol{B}=\begin{pmatrix}1&b&0\\c&1&1\end{pmatrix}$，$\boldsymbol{A}=\boldsymbol{B}$，则 $a=$______，$b=$______，$c=$______.

(6) 设 $\boldsymbol{A}=\begin{pmatrix}2&1\\1&1\end{pmatrix}$，$\boldsymbol{B}=\begin{pmatrix}3&2\\4&3\end{pmatrix}$，$\boldsymbol{C}=\begin{pmatrix}1&2\\3&7\end{pmatrix}$，若 $\boldsymbol{AXB}=\boldsymbol{C}$，则 $\det\boldsymbol{X}=$______.

(7) 设 $\boldsymbol{A}=\begin{pmatrix}2&1\\1&1\end{pmatrix}$，则 $\det\boldsymbol{A}^*=$______.

(8) 若矩阵 $\boldsymbol{A}=\begin{pmatrix}1&1&1\\0&1&-1\\2&3&a\end{pmatrix}$ 且 $\operatorname{rank}\boldsymbol{A}=2$，则 $a=$______.

(9) 设 $\boldsymbol{A}=\begin{pmatrix}1&2\\4&3\end{pmatrix}$，$\boldsymbol{B}=\begin{pmatrix}x&1\\2&y\end{pmatrix}$ 且 $\boldsymbol{AB}=\boldsymbol{BA}$，则 x,y 满足______.

(10) 设 $\boldsymbol{A}$ 是 $m\times n$ 矩阵，$\boldsymbol{B}$ 是 n 阶可逆矩阵，$\mathrm{rank}\boldsymbol{A}=r$，则 $\mathrm{rank}(\boldsymbol{AB})=$ ______.

4. 设 $\boldsymbol{A}=\begin{pmatrix}1&3\\2&1\end{pmatrix}$，$\boldsymbol{B}=\begin{pmatrix}2&1\\0&3\end{pmatrix}$，求：(1) $2\boldsymbol{A}-3\boldsymbol{B}$；(2) $\boldsymbol{AB}-\boldsymbol{BA}$.

5. 设 $\boldsymbol{A}=\begin{pmatrix}1&2&0&1\\1&-1&1&1\end{pmatrix}$，$\boldsymbol{B}=\begin{pmatrix}2&1&-1&0\\1&2&0&1\end{pmatrix}$，若 $\boldsymbol{X}$ 满足 $2\boldsymbol{A}-\boldsymbol{X}+2(\boldsymbol{B}-\boldsymbol{X})=0$，求 $\boldsymbol{X}$.

6. 设 $\boldsymbol{A}=\begin{pmatrix}1&2\\0&0\end{pmatrix}$，试求所有可与 $\boldsymbol{A}$ 交换的，即满足 $\boldsymbol{AX}=\boldsymbol{XA}$ 的矩阵 $\boldsymbol{X}$.

7. 解下列矩阵方程：

(1) $\begin{pmatrix}2&5\\1&3\end{pmatrix}\boldsymbol{X}=\begin{pmatrix}4&-1\\2&1\end{pmatrix}$

(2) $\begin{bmatrix}0&1&0\\1&0&0\\0&0&1\end{bmatrix}\boldsymbol{X}\begin{bmatrix}1&0&0\\0&0&1\\0&1&0\end{bmatrix}=\begin{bmatrix}1&-1&1\\2&0&1\\1&3&2\end{bmatrix}$

8. 证明 $\boldsymbol{AA}^{\mathrm{T}}$，$\boldsymbol{A}^{\mathrm{T}}\boldsymbol{A}$ 都是对称矩阵.

第10章 线性方程组

本章讨论向量组的线性相关性，向量组的秩与极大无关组，在此基础上研究线性方程组在什么条件下有解、如何求解及所求解的结构问题.

一、教学内容

向量：n 维向量的定义及其表示法，向量的线性运算，线性方程组的向量表示法，向量的线性组合的定义，向量组线性相关性的定义，线性相关性的判别，向量组的秩和最大无关组的定义及其求法.

线性方程组：解线性方程组的消元法，线性方程组解的判定，线性方程组解的结构，初等行变换求线性方程组全部解的方法.

二、重要概念、结论与公式

1. 向量组线性相关的等价条件

向量组线性相关的等价条件如图 10.1 所示.

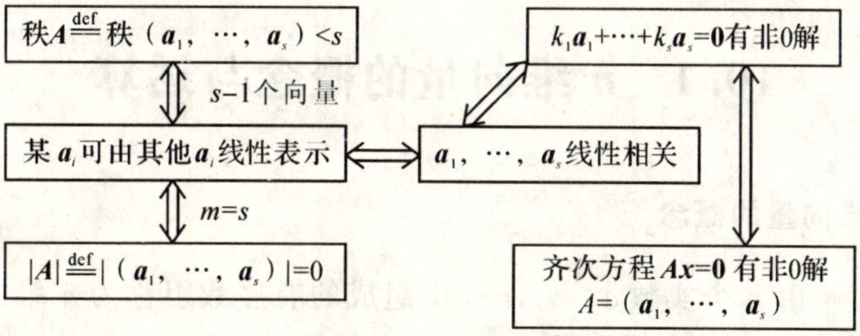

图 10.1

2. 齐次、非齐次线性方程组有关结论

设 $\boldsymbol{A}=(a_{ij})_{m\times n}$，$\boldsymbol{A}=(\boldsymbol{a}_1,\boldsymbol{a}_2,\cdots,\boldsymbol{a}_n)$，$\hat{\boldsymbol{A}}=(\boldsymbol{A}\ \vdots\ \boldsymbol{b})$，$R(\boldsymbol{A})=r$，有关齐次、非齐次方程组的结论见表 10.1.

表 10.1

		齐次线性方程组 $\boldsymbol{Ax}=\boldsymbol{0}$	非齐次线性方程组 $\boldsymbol{Ax}=\boldsymbol{b}$
解的个数	无解	(总有解)	$\Leftrightarrow R(\hat{\boldsymbol{A}})>R(\boldsymbol{A})$
	唯一解	$\Leftrightarrow R(\boldsymbol{A})=n$ $\Leftrightarrow \boldsymbol{\alpha}_1,\boldsymbol{\alpha}_2,\cdots,\boldsymbol{\alpha}_n$ 线性无关 $\overset{m=n时}{\Leftrightarrow}$ $\lvert\boldsymbol{A}\rvert\neq 0$	$\Leftrightarrow R(\hat{\boldsymbol{A}})=R(\boldsymbol{A})=n$ $\Leftrightarrow \boldsymbol{\alpha}_1,\boldsymbol{\alpha}_2,\cdots,\boldsymbol{\alpha}_n$ 线性无关(有解时) $\overset{m=n时}{\Leftrightarrow}$ $\lvert\boldsymbol{A}\rvert\neq 0$
	无穷多解	$\Leftrightarrow R(\boldsymbol{A})<n$ $\Leftrightarrow \boldsymbol{\alpha}_1,\boldsymbol{\alpha}_2,\cdots,\boldsymbol{\alpha}_m$ 线性相关 $\overset{m=n时}{\Leftrightarrow}$ $\lvert\boldsymbol{A}\rvert=0$ $\Leftarrow m<n$	$\Leftrightarrow \boldsymbol{R}(\hat{\boldsymbol{A}})=\boldsymbol{R}(\boldsymbol{A})<n$ $\Leftrightarrow \boldsymbol{\alpha}_1,\boldsymbol{\alpha}_2,\cdots,\boldsymbol{\alpha}_n$ 线性相关(有解时) $\overset{m=n时}{\Leftrightarrow}$ $\lvert\boldsymbol{A}\rvert=0$(有解时)
解向量的性质		若 $\boldsymbol{\xi}_1,\boldsymbol{\xi}_2$ 是 $\boldsymbol{Ax}=\boldsymbol{0}$ 的解,则 $\boldsymbol{\xi}_1+\boldsymbol{\xi}_2,k\boldsymbol{\xi}_1$ 均为 $\boldsymbol{Ax}=\boldsymbol{0}$ 的解	(1) 若 $\boldsymbol{\eta}_1,\boldsymbol{\eta}_2$ 是 $\boldsymbol{Ax}=\boldsymbol{b}$ 的解,则 $\boldsymbol{\eta}_1-\boldsymbol{\eta}_2$ 是 $\boldsymbol{Ax}=\boldsymbol{0}$ 的解 (2) 若 $\boldsymbol{\eta}$ 是 $\boldsymbol{Ax}=\boldsymbol{b}$ 的解,$\boldsymbol{\xi}$ 是 $\boldsymbol{Ax}=\boldsymbol{0}$ 的解,则 $\boldsymbol{\eta}+\boldsymbol{\xi}$ 是 $\boldsymbol{Ax}=\boldsymbol{b}$ 的解.
通解结构		通解 $\boldsymbol{x}=k_1\boldsymbol{\xi}_1+k_2\boldsymbol{\xi}_2+\cdots+k_{n-r}\boldsymbol{\xi}_{n-r}$ 其中 $\boldsymbol{\xi}_1,\boldsymbol{\xi}_2,\cdots,\boldsymbol{\xi}_{n-r}$ 为 $\boldsymbol{Ax}=\boldsymbol{0}$ 的基础解系	通解 $\boldsymbol{x}=(k_1\boldsymbol{\xi}_1+\cdots+k_{n-r}\boldsymbol{\xi}_{n-r})+\boldsymbol{\eta}^*$ 其中 $\boldsymbol{\xi}_1,\boldsymbol{\xi}_2,\cdots,\boldsymbol{\xi}_{n-r}$ 是 $\boldsymbol{Ax}=\boldsymbol{0}$ 的基础解系,$\boldsymbol{\eta}^*$ 是 $\boldsymbol{Ax}=\boldsymbol{b}$ 的特解

10.1 n 维向量的概念与运算

一、n 维向量的概念

定义 1 由 n 个实数 $a_1,a_2,\cdots,a_n$ 组成的有序数组称为 n 维向量,记做 $\boldsymbol{\alpha}=(a_1,a_2,\cdots,a_n)$,$a_i$ 称为向量 $\boldsymbol{\alpha}$ 的第 i 个分量($i=1,2,\cdots,n$).

在引入空间坐标系后,空间几何向量就与三元有序数值一一对应,因此空间几何向量可以认为是 n 维向量的特殊情形,即 $n=3$.

后面常用黑体小写希腊字母 $\boldsymbol{\alpha},\boldsymbol{\beta},\boldsymbol{\gamma},\cdots$ 表示向量.

许多问题可以和向量对应,例如,次数小于 n 的多项式 $f(x)=a_1+a_ax+\cdots+a_nx^{n-1}$ 与 n 维向量 $\boldsymbol{\alpha}=(a_1,a_2,\cdots,a_n)$ 一一对应.

向量也可以写成列的形式，例如：

$$\boldsymbol{\beta}=\begin{pmatrix}a_1\\a_2\\\vdots\\a_n\end{pmatrix}$$

写成行形式的向量称为行向量，写成列形式的向量称为列向量，如果将向量看做矩阵，那么 n 维行向量可理解成 $1\times n$ 矩阵，n 维列向量可理解成 $n\times 1$ 矩阵，用矩阵的转置可将它们相互转化，即

$$(a_1,a_2,\cdots,a_n)^{\mathrm{T}}=\begin{pmatrix}a_1\\a_2\\\vdots\\a_n\end{pmatrix}\text{ 或 }\begin{pmatrix}a_1\\a_2\\\vdots\\a_n\end{pmatrix}^{\mathrm{T}}=(a_1,a_2,\cdots,a_n)$$

所有分量都为 0 的向量称为 0 向量，记为 $\mathbf{0}$，即

$$\mathbf{0}=(0,0,\cdots,0)$$

二、n 维向量的运算

定义 2 如果两个 n 维向量 $\boldsymbol{\alpha}=(a_1,a_2,\cdots,a_n)$ 与 $\boldsymbol{\beta}=(b_1,b_2,\cdots,b_n)$ 对应的分量相等，即 $a_i=b_i(i=1,2,\cdots,n)$，则称这两个向量相等，记做 $\boldsymbol{\alpha}=\boldsymbol{\beta}$.

定义 3 设 $\boldsymbol{\alpha}=(a_1,a_2,\cdots,a_n)$，$\boldsymbol{\beta}=(b_1,b_2,\cdots,b_n)$ 是两个 n 维向量，它们的对应分量的和所构成的向量 $(a_1+b_1,a_2+b_2,\cdots,a_n+b_n)$ 称为两向量 $\boldsymbol{\alpha}$ 与 $\boldsymbol{\beta}$ 的和，记为 $\boldsymbol{\alpha}+\boldsymbol{\beta}$.

由 n 维向量 $\boldsymbol{\alpha}=(a_1,a_2,\cdots,a_n)$ 的各分量的相反数构成的向量，称为 $\boldsymbol{\alpha}$ 的负向量，记为 $-\boldsymbol{\alpha}$，即

$$-\boldsymbol{\alpha}=(-a_1,-a_2,\cdots,-a_n)$$

由向量的加法及负向量的定义，可定义向量的减法：

$$\boldsymbol{\alpha}-\boldsymbol{\beta}=\boldsymbol{\alpha}+(-\boldsymbol{\beta})=(a_1-b_1,a_2-b_2,\cdots,a_n-b_n)$$

定义 4 数 k 与向量 $\boldsymbol{\alpha}=(a_1,a_2,\cdots,a_n)$ 的乘积称为数乘运算，记为 $k\boldsymbol{\alpha}$ 或 $\boldsymbol{\alpha}k$，即

$$\boldsymbol{\alpha}k=k\boldsymbol{\alpha}=(ka_1,ka_2,\cdots,ka_n)$$

向量的加法及数乘运算统称为向量的线性运算，它满足以下 8 条运算规律（设 $\boldsymbol{\alpha},\boldsymbol{\beta},\boldsymbol{\gamma}$ 都是 n 维向量，k,l 是实数）：

(1) $\boldsymbol{\alpha}+\boldsymbol{\beta}=\boldsymbol{\beta}+\boldsymbol{\alpha}$；

(2) $(\boldsymbol{\alpha}+\boldsymbol{\beta})+\boldsymbol{\gamma}=\boldsymbol{\alpha}+(\boldsymbol{\beta}+\boldsymbol{\gamma})$；

(3)$\mathbf{0}+\boldsymbol{\alpha}=\boldsymbol{\alpha}$；

(4)$\boldsymbol{\alpha}+(-\boldsymbol{\alpha})=\mathbf{0}$；

(5)$k(\boldsymbol{\alpha}+\boldsymbol{\beta})=k\boldsymbol{\alpha}+k\boldsymbol{\beta}$；

(6)$(kl)\boldsymbol{\alpha}=k(l\boldsymbol{\alpha})$；

(7)$(k+l)\boldsymbol{\alpha}=k\boldsymbol{\alpha}+l\boldsymbol{\alpha}$；

(8)$1\times\boldsymbol{\alpha}=\boldsymbol{\alpha}$.

例 1 已知 $\boldsymbol{\alpha}=(1,2,-1)$，$\boldsymbol{\beta}=(3,10,-15)$，求 $3\boldsymbol{\alpha}+\boldsymbol{\beta}$.

解 $3\boldsymbol{\alpha}+\boldsymbol{\beta}=3(1,2,-1)+(3,10,-15)=$

$$(3,6,-3)+(3,10,-15)=(6,16,-18)$$

三、线性方程组的向量形式

对于一般的线性方程组

$$\boldsymbol{A}\boldsymbol{x}=\boldsymbol{b} \tag{1}$$

其中，$\boldsymbol{A}$ 是 $m\times n$ 矩阵，$\boldsymbol{b}$ 是 m 维列向量，$\boldsymbol{x}$ 是未知 n 维列向量.

设

$$\boldsymbol{\alpha}_1=\begin{bmatrix}a_{11}\\a_{21}\\\vdots\\a_{m1}\end{bmatrix},\boldsymbol{\alpha}_2=\begin{bmatrix}a_{12}\\a_{22}\\\vdots\\a_{m2}\end{bmatrix},\cdots,\boldsymbol{\alpha}_n=\begin{bmatrix}a_{1n}\\a_{2n}\\\vdots\\a_{mn}\end{bmatrix}$$

则线性方程组(1) 的向量形式为

$$\boldsymbol{\alpha}_1x_1+\boldsymbol{\alpha}_2x_2+\cdots+\boldsymbol{\alpha}_nx_n=\boldsymbol{b}$$

例 2 将线性方程组

$$\begin{cases}x_1+x_2+x_3-x_4=1\\2x_1+x_2-2x_3+x_4=2\\3x_1-x_2+2x_3-x_4=3\end{cases}$$

写成向量方程的形式.

解 令

$$\boldsymbol{\alpha}_1=\begin{bmatrix}1\\2\\3\end{bmatrix}\quad\boldsymbol{\alpha}_2=\begin{bmatrix}1\\1\\-1\end{bmatrix}\quad\boldsymbol{\alpha}_3=\begin{bmatrix}1\\-2\\2\end{bmatrix}\quad\boldsymbol{\alpha}_4=\begin{bmatrix}-1\\1\\-1\end{bmatrix}\quad\boldsymbol{\beta}=\begin{bmatrix}1\\2\\3\end{bmatrix}$$

则线性方程组的向量形式为

$$x_1\boldsymbol{\alpha}_1+x_2\boldsymbol{\alpha}_2+x_3\boldsymbol{\alpha}_3+x_4\boldsymbol{\alpha}_4=\boldsymbol{\beta}$$

习　题　10.1

1. 已知向量 $\boldsymbol{\alpha}=(1,-1,3)$，$\boldsymbol{\beta}=(2,4,3)$，求 $2\boldsymbol{\alpha}-3\boldsymbol{\beta}$，$4\boldsymbol{\alpha}+\boldsymbol{\beta}$.

2. 已知向量 $\boldsymbol{\alpha}=(a,0,1)$，$\boldsymbol{\beta}=(1,b,c)$，$\boldsymbol{\alpha}=\boldsymbol{\beta}$，求 a,b,c.

3. 已知线性方程组

$$\begin{cases}x_1-2x_2+x_3=1\\2x_1+x_2-x_3=-1\\x_1+2x_2+3x_3=0\end{cases}$$

将其表示成向量形式.

10.2　向量组的线性相关性

一、向量组的线性相关性概念

1. 向量组的线性组合

定义 1　设 $\boldsymbol{\alpha}_1,\boldsymbol{\alpha}_2,\cdots,\boldsymbol{\alpha}_m$ 为 m 个 n 维向量，$k_1,k_2,\cdots,k_m$ 为 m 个数，若向量

$$\boldsymbol{\beta}=k_1\boldsymbol{\alpha}_1+k_2\boldsymbol{\alpha}_2+\cdots+k_m\boldsymbol{\alpha}_m$$

则称 $\boldsymbol{\beta}$ 为 $\boldsymbol{\alpha}_1,\boldsymbol{\alpha}_2,\cdots,\boldsymbol{\alpha}_m$ 的一个线性组合，或称 $\boldsymbol{\beta}$ 可由 $\boldsymbol{\alpha}_1,\boldsymbol{\alpha}_2,\cdots,\boldsymbol{\alpha}_m$ 线性表示.

例如，设向量 $\boldsymbol{\alpha}_1=(2,1,0,1)$，$\boldsymbol{\alpha}_2=(1,2,-1,0)$，$\boldsymbol{\alpha}_3=(4,5,-2,1)$，不难发现 $\boldsymbol{\alpha}_3=\boldsymbol{\alpha}_1+2\boldsymbol{\alpha}_2$，所以 $\boldsymbol{\alpha}_3$ 是 $\boldsymbol{\alpha}_1,\boldsymbol{\alpha}_2$ 的线性组合，或 $\boldsymbol{\alpha}_3$ 可由 $\boldsymbol{\alpha}_1,\boldsymbol{\alpha}_2$ 线性表示.

由上节的线性方程组的向量形式可知，若存在一组数 $x_1,x_2,\cdots,x_n$ 是线性方程组(1) 的解，则方程组(1) 的常数列构成的向量 $\boldsymbol{b}$ 就可由方程的系数构成的列向量 $\boldsymbol{\alpha}_1,\boldsymbol{\alpha}_2,\cdots,\boldsymbol{\alpha}_n$ 线性表示. 反之，若方程组(1) 的常数列构成的向量 $\boldsymbol{b}$ 可由 $\boldsymbol{\alpha}_1,\boldsymbol{\alpha}_2,\cdots,\boldsymbol{\alpha}_n$ 线性表示，即

$$\boldsymbol{b}=\boldsymbol{\alpha}_1x_1+\boldsymbol{\alpha}_2x_2+\cdots+\boldsymbol{\alpha}_nx_n$$

则数组 $x_1,x_2,\cdots,x_n$ 必是线性方程组(1) 的解. 这就是说，线性方程组解的存在性问题，可以归结为向量的线性组合问题.

例 1　设 $\boldsymbol{\beta}(1,2,-1)$，$\boldsymbol{\varepsilon}_1=(1,0,0)$，$\boldsymbol{\varepsilon}_2=(0,1,0)$，$\boldsymbol{\varepsilon}_3=(0,0,1)$，试判断 $\boldsymbol{\beta}$ 是否是 $\boldsymbol{\varepsilon}_1,\boldsymbol{\varepsilon}_2,\boldsymbol{\varepsilon}_3$ 的线性组合.

解　因为 $\boldsymbol{\beta}=\boldsymbol{\varepsilon}_1+2\boldsymbol{\varepsilon}_2-\boldsymbol{\varepsilon}_3$，所以 $\boldsymbol{\beta}$ 是 $\boldsymbol{\varepsilon}_1,\boldsymbol{\varepsilon}_2,\boldsymbol{\varepsilon}_3$ 的线性组合.

例 2 设 $\boldsymbol{\beta}=(1,2,-1)$，$\boldsymbol{\alpha}_1=(1,0,2)$，$\boldsymbol{\alpha}_2=(-1,1,0)$，$\boldsymbol{\alpha}_3=(1,4,2)$，试判断 $\boldsymbol{\beta}$ 是否是 $\boldsymbol{\alpha}_1,\boldsymbol{\alpha}_2,\boldsymbol{\alpha}_3$ 的线性组合.

解 设 $\boldsymbol{\beta}=k_1\boldsymbol{\alpha}_1+k_2\boldsymbol{\alpha}_2+k_3\boldsymbol{\alpha}_3$，即有

$$(1,2,-1)=k_1(1,0,2)+k_2(-1,1,0)+k_3(1,4,2)$$

由向量的线性运算和相等的定义，得线性方程组

$$\begin{cases}k_1-k_2+k_3=1\\k_2+4k_3=2\\2k_1+2k_3=1\end{cases}$$

由克拉默法则，得方程组的解为

$$k_1=-\frac{11}{8},\quad k_2=-\frac{3}{2},\quad k_3=\frac{7}{8}$$

于是
$$\boldsymbol{\beta}=-\frac{11}{8}\boldsymbol{\alpha}_1-\frac{3}{2}\boldsymbol{\alpha}_2+\frac{7}{8}\boldsymbol{\alpha}_3$$

所以 $\boldsymbol{\beta}$ 是 $\boldsymbol{\alpha}_1,\boldsymbol{\alpha}_2,\boldsymbol{\alpha}_3$ 的线性组合.

2. 线性相关与线性无关

定义 2 设 $\boldsymbol{\alpha}_1,\boldsymbol{\alpha}_2,\cdots,\boldsymbol{\alpha}_m$ 为 m 个 n 维向量，若存在一组不全为 0 的数 $k_1,k_2,\cdots,k_m$ 使

$$k_1\boldsymbol{\alpha}_1+k_2\boldsymbol{\alpha}_2+\cdots+k_m\boldsymbol{\alpha}_m=\mathbf{0}$$

则称向量组 $\boldsymbol{\alpha}_1,\boldsymbol{\alpha}_2,\cdots,\boldsymbol{\alpha}_m$ 线性相关，否则，即只有当 $k_1=k_2=\cdots=k_m=0$ 时，才有

$$k_1\boldsymbol{\alpha}_1+k_2\boldsymbol{\alpha}_2+\cdots+k_m\boldsymbol{\alpha}_m=\mathbf{0}$$

成立，则称向量组 $\boldsymbol{\alpha}_1,\boldsymbol{\alpha}_2,\cdots,\boldsymbol{\alpha}_m$ 线性无关.

任何一个向量组，不是线性相关，就是线性无关，二者必居其一. 研究向量组线性相关或线性无关的问题统称为向量组的线性相关性.

由定义 2 可以推出：

(1) 单独一个零向量线性相关；

(2) 含有零向量的向量组线性相关；

(3) 单独一个非零向量线性无关.

例 3 证明 n 维向量组 $\boldsymbol{\varepsilon}_1=(1,0,\cdots,0)$，$\boldsymbol{\varepsilon}_2=(0,1,\cdots,0)$，$\cdots$，$\boldsymbol{\varepsilon}_n=(0,0,\cdots,1)$ 线性无关.

证明 设 $k_1\boldsymbol{\varepsilon}_1+k_2\boldsymbol{\varepsilon}_2+\cdots k_n\boldsymbol{\varepsilon}_n=\mathbf{0}$，由于

$k_1\varepsilon_1+k_2\varepsilon_2+\cdots+k_n\varepsilon_n=k_1(1,0,\cdots,0)+k_2(0,1,0,\cdots,0)+\cdots+k_n(0,0,\cdots,1)=(k_1,k_2,\cdots,k_n)=(0,0,\cdots,0)$

因此 $k_1=k_2=\cdots=k_n=0$，所以 $\boldsymbol{\varepsilon}_1,\boldsymbol{\varepsilon}_2,\cdots,\boldsymbol{\varepsilon}_n$ 线性无关.

例 4　判别向量组 $\boldsymbol{\alpha}_1=(1,2,2),\boldsymbol{\alpha}_2=(2,1,2),\boldsymbol{\alpha}_3=(2,2,1)$ 的线性相关性.

解　设　$k_1\boldsymbol{\alpha}_1+k_2\boldsymbol{\alpha}_2+k_3\boldsymbol{\alpha}_3=\mathbf{0}$，即

$$k_1(1,2,2)+k_2(2,1,2)+k_3(2,2,1)=(0,0,0)$$

得线性方程组

$$\begin{cases}k_1+2k_2+2k_3=0\\2k_1+k_2+2k_3=0\\2k_1+2k_2+k_3=0\end{cases}$$

由于方程组的系数行列式

$$\begin{vmatrix}1&2&2\\2&1&2\\2&2&1\end{vmatrix}=5\neq 0$$

因此，由克拉默法则知方程组只有 0 解，即

$$k_1=k_2=k_3=0$$

所以向量组 $\boldsymbol{\alpha}_1,\boldsymbol{\alpha}_2,\boldsymbol{\alpha}_3$ 线性无关.

例 5　设 $\boldsymbol{\alpha}_1=(1,2,-1),\boldsymbol{\alpha}_2=(2,5,6),\boldsymbol{\alpha}_3=(2,3,-10)$，试讨论它们的线性相关性.

解　设 $k_1\boldsymbol{\alpha}_1+k_2\boldsymbol{\alpha}_2+k_3\boldsymbol{\alpha}_3=\mathbf{0}$，即

$$k_1(1,2,-1)+k_2(2,5,6)+k_3(2,3,-10)=\mathbf{0}$$

得线性方程组

$$\begin{cases}k_1+2k_2+2k_3=0\\2k_1+5k_2+3k_3=0\\-k_1+6k_2-10k_3=0\end{cases}$$

由于方程组的系数行列式

$$\begin{vmatrix}1&2&2\\2&5&3\\-1&6&-10\end{vmatrix}=0$$

因此，由克拉默法则知方程组有非 0 解，即存在一组不全为 0 的数，使得

$$k_1\boldsymbol{\alpha}_1+k_2\boldsymbol{\alpha}_2+k_3\boldsymbol{\alpha}_3=\mathbf{0}$$

成立，所以向量组 $\boldsymbol{\alpha}_1,\boldsymbol{\alpha}_2,\boldsymbol{\alpha}_3$ 线性相关.

例 6　设向量组 $\boldsymbol{\alpha}_1,\boldsymbol{\alpha}_2,\boldsymbol{\alpha}_3$ 线性无关，又向量组 $\boldsymbol{\beta}_1=2\boldsymbol{\alpha}_1+\boldsymbol{\alpha}_2+\boldsymbol{\alpha}_3,\boldsymbol{\beta}_2=\boldsymbol{\alpha}_1+2\boldsymbol{\alpha}_2+\boldsymbol{\alpha}_3,\boldsymbol{\beta}_3=\boldsymbol{\alpha}_1+\boldsymbol{\alpha}_2+2\boldsymbol{\alpha}_3$，证明向量组 $\boldsymbol{\beta}_1,\boldsymbol{\beta}_2,\boldsymbol{\beta}_3$ 线性无关.

证明 设有 k_1,k_2,k_3 使得

$$k_1\boldsymbol{\beta}_1+k_2\boldsymbol{\beta}_2+k_3\boldsymbol{\beta}_3=\mathbf{0} \tag{1}$$

即 $k_1(2\boldsymbol{\alpha}_1+\boldsymbol{\alpha}_2+\boldsymbol{\alpha}_3)+k_2(\boldsymbol{\alpha}_1+2\boldsymbol{\alpha}_2+\boldsymbol{\alpha}_3)+k_3(\boldsymbol{\alpha}_1+\boldsymbol{\alpha}_2+2\boldsymbol{\alpha}_3)=\mathbf{0}$

则有

$$(2k_1+k_2+k_3)\boldsymbol{\alpha}_1+(k_1+2k_2+k_3)\boldsymbol{\alpha}_2+(k_1+k_2+2k_3)\boldsymbol{\alpha}_3=\mathbf{0} \tag{2}$$

因为 $\boldsymbol{\alpha}_1,\boldsymbol{\alpha}_2,\boldsymbol{\alpha}_3$ 线性无关,所以(2) 式成立必有

$$\begin{cases}2k_1+k_2+k_3=0\\k_1+2k_2+k_3=0\\k_1+k_2+2k_3=0\end{cases}$$

因为

$$\begin{vmatrix}2&1&1\\1&2&1\\1&1&2\end{vmatrix}=4\neq 0$$

由克拉默法则知方程组只有 0 解,即 $k_1=k_2=k_3=0$,所以 $\boldsymbol{\beta}_1,\boldsymbol{\beta}_2,\boldsymbol{\beta}_3$ 线性无关.

一般地,判断一个向量组 $\boldsymbol{\alpha}_1,\boldsymbol{\alpha}_2,\cdots,\boldsymbol{\alpha}_m$ 的线性相关性的基本方法是:

(1) 假定存在一组数 $k_1,k_2,\cdots,k_m$,使

$$k_1\boldsymbol{\alpha}_1+k_2\boldsymbol{\alpha}_2+\cdots+k_m\boldsymbol{\alpha}_m=\mathbf{0}$$

(2) 应用向量的线性运算和向量相等的定义,找出未知数 $k_1,k_2,\cdots,k_m$ 的齐次线性方程组.

(3) 判断方程组有无非 0 解.

(4) 如有非 0 解,则 $\boldsymbol{\alpha}_1,\boldsymbol{\alpha}_2,\cdots,\boldsymbol{\alpha}_m$ 线性相关;如仅有 0 解,则 $\boldsymbol{\alpha}_1,\boldsymbol{\alpha}_2,\cdots,\boldsymbol{\alpha}_m$ 线性无关.

二、线性相关性的判定

为了判别向量组的线性相关性,给出几个重要的结论.

结论 1 n 个 n 维向量 $\boldsymbol{\alpha}_i=(a_{i1},a_{i2},\cdots,a_{in})(i=1,2,\cdots,n)$ 线性相关的充要条件是

$$\det\boldsymbol{A}\xlongequal{\text{def}}\begin{vmatrix}a_{11}&a_{12}&\cdots&a_{1n}\\a_{21}&a_{22}&\cdots&a_{2n}\\\vdots&\vdots&&\vdots\\a_{n1}&a_{n2}&\cdots&a_{nn}\end{vmatrix}=0$$

结论 1 也可描述成:n 维向量组 $\boldsymbol{\alpha}_1,\boldsymbol{\alpha}_2,\cdots,\boldsymbol{\alpha}_n$ 线性无关的充要条件是 $\det\boldsymbol{A}\neq 0$.

由结论 1 可判定例 4 中向量组的线性相关性. 因为

$$\det\begin{pmatrix}\boldsymbol{\alpha}_1\\ \boldsymbol{\alpha}_2\\ \boldsymbol{\alpha}_3\end{pmatrix}=\begin{vmatrix}1&2&2\\2&1&2\\2&2&1\end{vmatrix}=5\neq 0$$

所以 $\boldsymbol{\alpha}_1,\boldsymbol{\alpha}_2,\boldsymbol{\alpha}_3$ 线性无关.

结论 2 向量组 $\boldsymbol{\alpha}_1,\boldsymbol{\alpha}_2,\cdots,\boldsymbol{\alpha}_m(m\geqslant 2)$ 线性相关的充分必要条件是其中有一个向量可由其余 $m-1$ 个向量线性表示.

证明 必要性：因为 $\boldsymbol{\alpha}_1,\boldsymbol{\alpha}_2,\cdots,\boldsymbol{\alpha}_m$ 线性相关，所以存在不全为 0 的数 $k_1,k_2,\cdots,k_m$，使

$$k_1\boldsymbol{\alpha}_1+k_2\boldsymbol{\alpha}_2+\cdots+k_m\boldsymbol{\alpha}_m=\mathbf{0}$$

不妨设 $k_1\neq 0$，则

$$\boldsymbol{\alpha}_1=-\frac{k_2}{k_1}\boldsymbol{\alpha}_2-\cdots-\frac{k_m}{k_1}\boldsymbol{\alpha}_m$$

所以，$\boldsymbol{\alpha}_1$ 可由 $\boldsymbol{\alpha}_2,\cdots,\boldsymbol{\alpha}_m$ 线性表示.

充分性：设 $\boldsymbol{\alpha}_1$ 可由 $\boldsymbol{\alpha}_2,\cdots,\boldsymbol{\alpha}_m$ 线性表示，即

$$\boldsymbol{\alpha}_1=l_2\boldsymbol{\alpha}_2+\cdots+l_m\boldsymbol{\alpha}_m$$

于是

$$1\times\boldsymbol{\alpha}_1-l_2\boldsymbol{\alpha}_2-\cdots-l_m\boldsymbol{\alpha}_m=\mathbf{0}$$

$1,-l_2,\cdots,-l_m$ 不全为 0，所以 $\boldsymbol{\alpha}_1,\boldsymbol{\alpha}_2,\cdots,\boldsymbol{\alpha}_m$ 线性相关.

由结论 2 可得，两个向量线性相关的充分必要条件是两个向量共线.

结论 3 (1) 如果一个向量组的一部分向量线性相关，那么这个向量组线性相关.

(2) 如果一个向量组线性无关，那么它的任一部分向量也线性无关.

结论 3 可简述为：对于向量组，“部分相关，则整体相关”；“整体无关，则部分无关”.

例如，向量组 $\boldsymbol{\alpha}_1=(1,2,3),\boldsymbol{\alpha}_2=(2,4,6),\boldsymbol{\alpha}_3=(1,0,1)$，由 $\boldsymbol{\alpha}_2=2\boldsymbol{\alpha}_1$ 知 $\boldsymbol{\alpha}_1,\boldsymbol{\alpha}_2$ 线性相关，由结论 3 知 $\boldsymbol{\alpha}_1,\boldsymbol{\alpha}_2,\boldsymbol{\alpha}_3$ 亦线性相关.

结论 4 设向量组 $\boldsymbol{\alpha}_1,\boldsymbol{\alpha}_2,\cdots,\boldsymbol{\alpha}_m$ 线性无关，而向量组 $\boldsymbol{\alpha}_1,\boldsymbol{\alpha}_2,\cdots,\boldsymbol{\alpha}_m,\boldsymbol{\beta}$ 线性相关，则向量 $\boldsymbol{\beta}$ 可由向量组 $\boldsymbol{\alpha}_1,\boldsymbol{\alpha}_2,\cdots,\boldsymbol{\alpha}_m$ 线性表示，且表示式唯一.

利用矩阵的秩也可以判断向量组的线性相关性. 首先给出矩阵与向量组的关系.

定义 3 设矩阵 $\mathbf{A}=(a_{ij})_{m\times n}$，称

$$\boldsymbol{a}_i=(a_{i1},a_{i2},\cdots,a_{in})\quad(i=1,2,\cdots,m)$$

和

$$\boldsymbol{b}_j=(a_{1j},a_{2j},\cdots,a_{mj})^{\mathrm{T}}\quad(j=1,2,\cdots,n)$$

分别为 $\mathbf{A}$ 的行向量组和列向量组.

结论 5　设矩阵 $\boldsymbol{A}=(a_{ij})_{m\times n}$,则

(1)$\boldsymbol{A}$ 的行向量组线性相关的充分必要条件是 $\text{rank}\boldsymbol{A}<m$.

(2)$\boldsymbol{A}$ 的列向量组线性相关的充分必要条件是 $\text{rank}\boldsymbol{A}<n$.

由结论 5 可推得:若向量组所含向量的个数大于向量的维数,则该向量组线性相关.

例 7　判断向量组 $\boldsymbol{\alpha}_1=(1,2,3,-1,0)$,$\boldsymbol{\alpha}_2=(2,1,-2,4,0)$,$\boldsymbol{\alpha}_3=(1,1,0,1,1)$ 的线性相关性.

解　构造 3×5 矩阵并作初等行变换

$$\boldsymbol{A}=\begin{pmatrix}\boldsymbol{\alpha}_1\\ \boldsymbol{\alpha}_2\\ \boldsymbol{\alpha}_3\end{pmatrix}=\begin{pmatrix}1 & 2 & 3 & -1 & 0\\ 2 & 1 & -2 & 4 & 0\\ 1 & 1 & 0 & 1 & 1\end{pmatrix}\xrightarrow[r_3-r_1]{r_2-2r_1}$$

$$\begin{pmatrix}1 & 2 & 3 & -1 & 0\\ 0 & -3 & -8 & 6 & 0\\ 0 & -1 & -3 & 2 & 0\end{pmatrix}\xrightarrow{r_2\leftrightarrow r_3}\begin{pmatrix}1 & 2 & 3 & -1 & 0\\ 0 & -1 & -3 & 2 & 1\\ 0 & -3 & -8 & 6 & 0\end{pmatrix}\xrightarrow{r_3-3r_2}$$

$$\begin{pmatrix}1 & 2 & 3 & -1 & 0\\ 0 & -1 & -3 & 2 & 1\\ 0 & 0 & 1 & 0 & -3\end{pmatrix}$$

可见 $\text{rank}\boldsymbol{A}=3$,故 $\boldsymbol{\alpha}_1,\boldsymbol{\alpha}_2,\boldsymbol{\alpha}_3$ 线性无关.

例 8　判断向量组 $\boldsymbol{\alpha}_1=(1,2,1)$,$\boldsymbol{\alpha}_2=(2,1,4)$,$\boldsymbol{\alpha}_3=(1,0,1)$,$\boldsymbol{\alpha}_4=(-1,1,3)$ 的线性相关性.

解　因为向量的个数是 4,而向量的维数是 3,$4>3$,所以向量组 $\boldsymbol{\alpha}_1,\boldsymbol{\alpha}_2,\boldsymbol{\alpha}_3,\boldsymbol{\alpha}_4$ 线性相关.

三、向量组的极大无关组与秩

在一个线性相关的向量组中,只要所含的向量不全是 0 向量,就一定存在线性无关的一部分向量,那么,线性无关的一部分向量最多有几个向量呢?下面就讨论这个问题.

定义 4　设有向量组

$$\boldsymbol{\alpha}_1,\boldsymbol{\alpha}_2,\cdots,\boldsymbol{\alpha}_m \tag{Ⅰ}$$

而

$$\boldsymbol{\alpha}_{i_1},\boldsymbol{\alpha}_{i_2},\cdots,\boldsymbol{\alpha}_{i_r}\quad (r\leqslant m) \tag{Ⅱ}$$

是向量组(Ⅰ)的一个部分向量组,如果

(1) 向量组(Ⅱ)线性无关.

(2) 向量组(Ⅰ)中任意 $r+1$ 个向量线性相关,则称向量组(Ⅱ)是向量组

(Ⅰ)的一个极大线性无关组，简称为极大无关组；极大无关组所含向量的个数称为向量组(Ⅰ)的秩，记做 $r(\boldsymbol{\alpha}_1,\boldsymbol{\alpha}_2,\cdots,\boldsymbol{\alpha}_m)$.

例 9 设向量组为 $\boldsymbol{\alpha}_1=(1,0,0)$，$\boldsymbol{\alpha}_2=(0,1,0)$，$\boldsymbol{\alpha}_3=(0,0,1)$，$\boldsymbol{\alpha}_4=(1,2,1)$，求向量组的极大无关组和向量组的秩.

解 因为①$\boldsymbol{\alpha}_1,\boldsymbol{\alpha}_2,\boldsymbol{\alpha}_3$ 线性无关；②$\boldsymbol{\alpha}_1+2\boldsymbol{\alpha}_2+\boldsymbol{\alpha}_3-\boldsymbol{\alpha}_4=\boldsymbol{0}$，即 $\boldsymbol{\alpha}_1,\boldsymbol{\alpha}_2,\boldsymbol{\alpha}_3,\boldsymbol{\alpha}_4$ 线性相关. 所以 $\boldsymbol{\alpha}_1,\boldsymbol{\alpha}_2,\boldsymbol{\alpha}_3$ 是 $\boldsymbol{\alpha}_1,\boldsymbol{\alpha}_2,\boldsymbol{\alpha}_3,\boldsymbol{\alpha}_4$ 的一个极大无关组，向量组 $\boldsymbol{\alpha}_1,\boldsymbol{\alpha}_2,\boldsymbol{\alpha}_3,\boldsymbol{\alpha}_4$ 的秩为 3.

实际上 $\boldsymbol{\alpha}_1,\boldsymbol{\alpha}_2,\boldsymbol{\alpha}_4$ 也是 $\boldsymbol{\alpha}_1,\boldsymbol{\alpha}_2,\boldsymbol{\alpha}_3,\boldsymbol{\alpha}_4$ 的一个极大无关组，且 $\boldsymbol{\alpha}_1,\boldsymbol{\alpha}_2,\boldsymbol{\alpha}_3,\boldsymbol{\alpha}_4$ 中的任意 3 个向量都是 $\boldsymbol{\alpha}_1,\boldsymbol{\alpha}_2,\boldsymbol{\alpha}_3,\boldsymbol{\alpha}_4$ 的极大无关组.

例 9 表明，一般地，极大无关组不是唯一的，但可以看到，各极大无关组中所含向量个数是相等的.

由定义可知，一个线性无关的向量组，它的极大无关组就是它本身，其秩就是所含向量的个数. 特别地，规定全部为 0 向量组成的向量组的秩为 0.

关于极大无关组有如下结论：

结论 6 (1) 如果向量组的秩为 r，则该向量组中的任意 r 个线性无关的向量均是该向量组的极大无关组.

(2) 向量组中任意向量都可由其极大无关组线性表示.

由于一个向量组的极大无关组与秩利用定义求解是非常复杂的，因此下面研究其算法.

定理 1 设 $\boldsymbol{A}$ 是 $m\times n$ 矩阵，且 $\operatorname{rank}\boldsymbol{A}=r(\geqslant 1)$，则 $\boldsymbol{A}$ 的行(或列)向量组的秩等于 r.

定理 1 表明，向量组的秩就等于其形成的矩阵的秩.

例如，可利用求矩阵秩的方法求例 9 中向量组的秩. 由向量组构造矩阵

$$\boldsymbol{A}=\begin{pmatrix}\boldsymbol{\alpha}_1\\ \boldsymbol{\alpha}_2\\ \boldsymbol{\alpha}_3\\ \boldsymbol{\alpha}_4\end{pmatrix}=\begin{pmatrix}1&0&0\\0&1&0\\0&0&1\\1&2&1\end{pmatrix}\rightarrow\begin{pmatrix}1&0&0\\0&1&0\\0&0&1\\0&0&0\end{pmatrix}$$

因为 $\operatorname{rank}\boldsymbol{A}=3$，所以 $r(\boldsymbol{\alpha}_1,\boldsymbol{\alpha}_2,\boldsymbol{\alpha}_3,\boldsymbol{\alpha}_4)=3$.

定理 2 设 $\boldsymbol{A}$ 是 $m\times n$ 矩阵，若 $\boldsymbol{A}\xrightarrow{\text{初等行变换}}\boldsymbol{B}$，则 $\boldsymbol{A}$ 的任意 s 个列向量与 $\boldsymbol{B}$ 中对应的 s 个列向量有相同的线性相关性.

由于矩阵 $\boldsymbol{A}$ 可经初等行变换变成行阶梯形矩阵 $\boldsymbol{B}$，而关于行阶梯形矩阵 $\boldsymbol{B}$ 的每行第一个非 0 元素所在列的列向量 $\boldsymbol{b}_{j_1},\boldsymbol{b}_{j_2},\cdots,\boldsymbol{b}_{j_r}$ 构成的向量组线性无

关,且向量的个数等于矩阵$\boldsymbol{A}$的秩,由定理2可得$\boldsymbol{A}$的对应列向量$\boldsymbol{\alpha}_{j_1},\boldsymbol{\alpha}_{j_2},\cdots,\boldsymbol{\alpha}_{j_r}$也线性无关,所以由结论6便可求矩阵$\boldsymbol{A}$的列向量组的极大无关组$\boldsymbol{\alpha}_{j_1},\boldsymbol{\alpha}_{j_2},\cdots,\boldsymbol{\alpha}_{j_r}$,这样由定理1、定理2和结论6可得求向量组的秩与极大无关组的步骤如下:

(1) 将向量组按列构成矩阵$\boldsymbol{A}$.

(2) 将矩阵$\boldsymbol{A}$进行初等行变换,化成行阶梯形矩阵$\boldsymbol{B}$.

(3)$\boldsymbol{B}$的非0行数r是向量组的秩;如果$\boldsymbol{B}$对应于每行第1个非0元的列标为$j_1,j_2,\cdots,j_r$,则$\boldsymbol{A}$的第$j_1,j_2,\cdots,j_r$列构成的向量组就是向量组的极大无关组.

例 10 求向量组$\boldsymbol{\alpha}_1=(1,2,3,1),\boldsymbol{\alpha}_2=(2,3,1,1),\boldsymbol{\alpha}_3=(1,1,-2,0)$的极大无关组与秩.

解 构造矩阵

$$\boldsymbol{A}=(\boldsymbol{\alpha}_1^{\mathrm{T}}\quad\boldsymbol{\alpha}_2^{\mathrm{T}}\quad\boldsymbol{\alpha}_3^{\mathrm{T}})=\begin{pmatrix}1&2&1\\2&3&1\\3&1&-2\\1&1&0\end{pmatrix}\xrightarrow[\substack{r_3-3r_1\\r_4-r_1}]{r_2-2r_1}$$

$$\begin{pmatrix}1&2&1\\0&-1&-1\\0&-5&-5\\0&-1&-1\end{pmatrix}\xrightarrow[\substack{r_4-r_2\\(-1)r_2}]{r_3-5r_2}\begin{pmatrix}1&2&1\\0&1&1\\0&0&0\\0&0&0\end{pmatrix}=\boldsymbol{B}$$

所以$r(\boldsymbol{\alpha}_1,\boldsymbol{\alpha}_2,\boldsymbol{\alpha}_3)=2$;由于$\boldsymbol{B}$中的第1列与第2列线性无关,因此$\boldsymbol{\alpha}_1,\boldsymbol{\alpha}_2$是向量组的极大无关组.

例 11 求向量组$\boldsymbol{\alpha}_1=(1,1,1,3)^{\mathrm{T}},\boldsymbol{\alpha}_2=(1,2,3,1)^{\mathrm{T}},\boldsymbol{\alpha}_3=(0,1,2,-2)^{\mathrm{T}},\boldsymbol{\alpha}_4=(1,2,3,4)^{\mathrm{T}}$的极大无关组与秩.

解 构造矩阵

$$\boldsymbol{A}=(\boldsymbol{\alpha}_1\quad\boldsymbol{\alpha}_2\quad\boldsymbol{\alpha}_3\quad\boldsymbol{\alpha}_4)=\begin{pmatrix}1&1&0&1\\1&2&1&2\\1&3&2&3\\3&1&-2&4\end{pmatrix}\xrightarrow[\substack{r_3-r_1\\r_4-3r_1}]{r_2-r_1}$$

$$\begin{pmatrix}1&1&0&1\\0&1&1&1\\0&2&2&2\\0&-2&-2&1\end{pmatrix}\xrightarrow[r_4+2r_2]{r_3-2r_2}$$

$$\begin{pmatrix}1&1&0&1\\0&1&1&1\\0&0&0&0\\0&0&0&3\end{pmatrix}\xrightarrow{r_3\leftrightarrow r_4}\begin{pmatrix}1&1&0&1\\0&1&1&1\\0&0&0&3\\0&0&0&0\end{pmatrix}=\boldsymbol{B}$$

所以 $r(\boldsymbol{\alpha}_1,\boldsymbol{\alpha}_2,\boldsymbol{\alpha}_3,\boldsymbol{\alpha}_4)=3$；由于 $\boldsymbol{B}$ 中第1,2,4列线性无关，因此 $\boldsymbol{\alpha}_1,\boldsymbol{\alpha}_2,\boldsymbol{\alpha}_4$ 是向量组的极大无关组.

注　求向量组的极大无关组的步骤中，应注意前两步：按列构成矩阵，再作行初等变换，简述为“列拼，行变换”.

习　题　10.2

1. 将向量 $\boldsymbol{\alpha}=(1,2,4,1)$ 表示成 $\boldsymbol{\alpha}_1=(1,0,0,0)$，$\boldsymbol{\alpha}_2=(0,1,0,0)$，$\boldsymbol{\alpha}_3=(0,0,1,0)$，$\boldsymbol{\alpha}_4=(0,0,0,1)$ 的线性组合.

2. 判断下列向量组的线性相关性：

(1) $\boldsymbol{\alpha}_1=(1,1,1,1)$，$\boldsymbol{\alpha}_2=(1,2,1,2)$，$\boldsymbol{\alpha}_3=(0,1,0,1)$；

(2) $\boldsymbol{\alpha}_1=(1,2,1)$，$\boldsymbol{\alpha}_2=(1,1,2)$，$\boldsymbol{\alpha}_3=(2,1,1)$；

(3) $\boldsymbol{\alpha}_1=\begin{pmatrix}1\\1\\-1\\-1\end{pmatrix}$，$\boldsymbol{\alpha}_2=\begin{pmatrix}2\\2\\-2\\-2\end{pmatrix}$，$\boldsymbol{\alpha}_3=\begin{pmatrix}0\\1\\1\\0\end{pmatrix}$.

3. 求下列向量组的秩和一个极大无关组：

(1) $\boldsymbol{\alpha}_1=(1,0,1,0,1)$，$\boldsymbol{\alpha}_2=(0,1,0,1,0)$，$\boldsymbol{\alpha}_3=(1,2,1,2,1)$，$\boldsymbol{\alpha}_4=(2,1,0,1,2)$；

(2) $\boldsymbol{\alpha}_1=(1,1,1,1)$，$\boldsymbol{\alpha}_2=(1,-1,-1,1)$，$\boldsymbol{\alpha}_3=(1,0,0,1)$，$\boldsymbol{\alpha}_4=(1,0,1,0)$；

(3) $\boldsymbol{\alpha}_1=(1,2,3,4)$，$\boldsymbol{\alpha}_2=(2,4,3,1)$，$\boldsymbol{\alpha}_3=(1,0,1,1)$，$\boldsymbol{\alpha}_4=(-1,-2,0,3)$.

4. 确定向量 $\boldsymbol{\beta}_3=(2,a,0)$，使向量组，$\boldsymbol{\beta}_1=(1,1,0)$，$\boldsymbol{\beta}_2=(1,0,1)$，$\boldsymbol{\beta}_3$ 与向量组 $\boldsymbol{\alpha}_1=(0,1,1)$，$\boldsymbol{\alpha}_2=(1,2,1)$，$\boldsymbol{\alpha}_3=(1,0,-1)$ 的秩相同.

5. 设向量组 $\boldsymbol{\alpha}_1=(1,2,1)$，$\boldsymbol{\alpha}_2=(0,1,4)$，$\boldsymbol{\alpha}_3=(1,2,k)$，当 k 取何值时向量组 $\boldsymbol{\alpha}_1,\boldsymbol{\alpha}_2,\boldsymbol{\alpha}_3$ 线性相关？

6. 已知向量组 $\boldsymbol{\alpha}_1,\boldsymbol{\alpha}_2,\boldsymbol{\alpha}_3$ 线性无关. 向量组 $\boldsymbol{\beta}_1=2\boldsymbol{\alpha}_3$，$\boldsymbol{\beta}_2=\boldsymbol{\alpha}_2+\boldsymbol{\alpha}_3$，$\boldsymbol{\beta}_3=\boldsymbol{\alpha}_1+\boldsymbol{\alpha}_2+\boldsymbol{\alpha}_3$，证明向量组 $\boldsymbol{\beta}_1,\boldsymbol{\beta}_2,\boldsymbol{\beta}_3$ 线性无关.

10.3 线性方程组

在第 8 章中,利用克拉默法则,讨论了关于 n 个未知数 n 个线性方程组成的线性方程组解的情形,即线性方程组

$$\boldsymbol{Ax}=\boldsymbol{b}$$

其中,$\boldsymbol{A}$ 为 n 阶方阵,$\boldsymbol{x}$ 与 $\boldsymbol{b}$ 分别为 n 维列向量. 当系数行列式 $\det\boldsymbol{A}\neq 0$ 时,该方程组有唯一解,但是在实际问题中,当 $\det\boldsymbol{A}=0$ 时,方程组的解是什么情形?当方程的个数与未知数的个数不相等时,方程组的解又是什么情形?这些问题克拉默法则是无法解决的. 本章讨论一般形式的线性方程组解的情形.

线性方程组的一般形式为

$$\boldsymbol{Ax}=\boldsymbol{b} \tag{1}$$

式中,$\boldsymbol{A}$ 是 $m\times n$ 矩阵,$\boldsymbol{x}$ 与 $\boldsymbol{b}$ 分别为 n 维未知向量与 m 维已知列向量.

当 $\boldsymbol{b}=\boldsymbol{0}$ 时,线性方程组(1) 称为齐次线性方程组. 因为 $\boldsymbol{x}=\boldsymbol{0}$ 一定是齐次线性方程组的解,所以齐次线性方程组一定有解. 关于齐次线性方程组主要讨论下面两个问题:

(1) 齐次线性方程组有非 0 解的条件;

(2) 在有非 0 解时,解的结构.

当 $\boldsymbol{b}\neq\boldsymbol{0}$ 时,线性方程组(1) 称为非齐次线性方程组. 关于非齐次线性方程组,主要讨论下面 3 个问题:

(1) 非齐次线性方程组是否有解,在什么条件下有解;

(2) 若有解,解是否唯一,如何求解;

(3) 若解不唯一,通解的结构.

一、高斯消元法

在中学代数里已经介绍了用加减消元法和代入消元法解二元一次和三元一次方程组. 下面就来介绍如何用消元法解一般线性方程组.

先看一个例子.

例 1 解方程组

$$\begin{cases}2x_1-x_2+x_3=1\\2x_1+x_2+2x_3=2\\x_1+x_3=3\end{cases}$$

解 第二个方程减去第一个方程,第三个方程乘以 2 再减去第一个方

程，变成

$$\begin{cases}2x_1 - x_2 + x_3 = 1\\2x_2 + x_3 = 1\\x_2 + x_3 = 5\end{cases}$$

第三个方程乘以 2 再减去第二个方程，变成阶梯形方程组：

$$\begin{cases}2x_1 - x_2 + x_3 = 1\\\quad\quad 2x_2 + x_3 = 1\\\quad\quad\quad\quad x_3 = 9\end{cases}$$

这样，由后向前可依次得到 $x_3 = 9, x_2 = -4, x_1 = -6$，故方程组的解为 $x_1 = -6, x_2 = -4, x_3 = 9$.

分析一下消元法不难看出，它实质上是反复地对方程组进行变换，而所作的变换也只是由以下三种基本的变换所构成：

(1) 互换两个方程的位置；

(2) 用非 0 数乘某一方程；

(3) 某一方程的若干倍加到另一个方程上去.

称变换(1)，(2)，(3) 为线性方程组的初等变换.

定理 1 线性方程组的初等变换总是将方程组变成同解的方程组.

从上面的例子的求解过程可以看出，用初等变换化简方程组时，只是对其中方程的系数和常数进行变换，为简明起见，可以将未知数和等号略去(默认其存在)，而将系数和常数项排成一个数表 —— 线性方程组(1) 的增广矩阵

$$\hat{\mathbf{A}} = (\mathbf{A} \mid \mathbf{b}) = \begin{pmatrix} a_{11} & a_{12} & \cdots & a_{1n} & b_1 \\ a_{21} & a_{22} & \cdots & a_{2n} & b_2 \\ \vdots & \vdots & & \vdots & \vdots \\ a_{m1} & a_{m2} & \cdots & a_{mn} & b_m \end{pmatrix}$$

来进行计算，这样不但简单明了，而且由于强调了元素的相对位置，还可以避免出错.

对方程组(1) 用初等变换化为阶梯形方程组，等同于用矩阵的初等行变换化 $\hat{\mathbf{A}}$ 为阶梯形矩阵. 例如对例 1 有

$$\hat{\mathbf{A}} = \begin{pmatrix} 2 & -1 & 1 & 1 \\ 2 & 1 & 2 & 2 \\ 1 & 0 & 1 & 3 \end{pmatrix} \xrightarrow[2r_3]{r_2 - r_1} \begin{pmatrix} 2 & -1 & 1 & 1 \\ 0 & 2 & 1 & 1 \\ 2 & 0 & 2 & 6 \end{pmatrix} \xrightarrow{r_3 - r_1}$$

$$\begin{pmatrix}2&-1&1&1\\0&2&1&1\\0&1&1&5\end{pmatrix}\xrightarrow{r_2\leftrightarrow r_3}\begin{pmatrix}2&-1&1&1\\0&1&1&5\\0&2&1&1\end{pmatrix}\xrightarrow{r_3-2r_2}$$

$$\begin{pmatrix}2&-1&1&1\\0&1&1&5\\0&0&-1&-9\end{pmatrix}=\hat{\boldsymbol{B}}\text{(行阶梯形矩阵)}$$

化成阶梯形矩阵$\hat{\boldsymbol{B}}$,$\hat{\boldsymbol{B}}$所对应的线性方程组与$\hat{\boldsymbol{A}}$同解. 对$\hat{\boldsymbol{B}}$继续作初等行变换，化成行最简形矩阵.

$$\hat{\boldsymbol{B}}\xrightarrow{-r_3}\begin{pmatrix}2&-1&1&1\\0&1&1&5\\0&0&1&9\end{pmatrix}\xrightarrow[r_1-r_3]{r_2-r_3}\begin{pmatrix}2&-1&0&-8\\0&1&0&-4\\0&0&1&9\end{pmatrix}\xrightarrow{r_1+r_2}$$

$$\begin{pmatrix}2&0&0&-12\\0&1&0&-4\\0&0&1&9\end{pmatrix}\xrightarrow{\frac{1}{2}r_1}\begin{pmatrix}1&0&0&-6\\0&1&0&-4\\0&0&1&9\end{pmatrix}=\hat{\boldsymbol{C}}\quad\text{(行最简形矩阵)}$$

$\hat{\boldsymbol{C}}$所对应的线性方程组与$\hat{\boldsymbol{A}}$同解,而由$\hat{\boldsymbol{C}}$立即可得$x_1=-6,x_2=-4,x_3=9$.

二、线性方程组解的存在性

定理 2 线性方程组(1)有解的充分必要条件是 $\operatorname{rank}\boldsymbol{A}=\operatorname{rank}\hat{\boldsymbol{A}}$；若 $\operatorname{rank}\boldsymbol{A}=\operatorname{rank}\hat{\boldsymbol{A}}=n$,有唯一解,若 $\operatorname{rank}\boldsymbol{A}=\operatorname{rank}\hat{\boldsymbol{A}}<n$,有无穷多解.

例 2 讨论线性方程组

$$\begin{cases}x_1+x_2+x_3=1\\x_1-2x_2+x_3=2\\2x_1+2x_2+x_3=3\end{cases}$$

解的情况.

解 判断该线性方程组是否有解,即需要分别求出系数矩阵$\boldsymbol{A}$和增广矩阵$\hat{\boldsymbol{A}}$的秩. 对增广矩阵$\hat{\boldsymbol{A}}$进行初等行变换

$$\hat{\boldsymbol{A}}=\begin{pmatrix}1&1&1&1\\1&-2&1&2\\2&2&1&3\end{pmatrix}\xrightarrow[r_3-2r_1]{r_2-r_1}\begin{pmatrix}1&1&1&1\\0&-3&0&1\\0&0&-1&1\end{pmatrix}\quad\text{(行阶梯形矩阵)}$$

显然,$\operatorname{rank}\boldsymbol{A}=\operatorname{rank}\hat{\boldsymbol{A}}=3$,所以该方程组有唯一解.

例 3 讨论线性方程组

$$\begin{cases} x_1 + x_2 + x_3 = 1 \\ x_1 - 2x_2 + x_3 = 2 \\ 2x_1 + 2x_2 + 2x_3 = 3 \end{cases}$$

解的情况.

解　对方程组的增广矩阵 $\hat{\boldsymbol{A}}$ 进行初等行变换

$$\hat{\boldsymbol{A}} = \begin{pmatrix} 1 & 1 & 1 & 1 \\ 1 & -2 & 1 & 2 \\ 2 & -1 & 2 & 3 \end{pmatrix} \xrightarrow[r_3 - 2r_1]{r_2 - r_1} \begin{pmatrix} 1 & 1 & 1 & 1 \\ 0 & -3 & 0 & 1 \\ 0 & -3 & 0 & 1 \end{pmatrix} \xrightarrow{r_3 - r_2}$$

$$\begin{pmatrix} 1 & 1 & 1 & 1 \\ 0 & -3 & 0 & 1 \\ 0 & 0 & 0 & 0 \end{pmatrix}\text{（行阶梯形矩阵）}$$

因为 $\mathrm{rank}\boldsymbol{A} = \mathrm{rank}\hat{\boldsymbol{A}} = 2 < 3$,所以方程组有无穷多解.

例 4　讨论线性方程组

$$\begin{cases} x_1 + x_2 + x_3 = 1 \\ x_1 - 2x_2 + x_3 = 2 \\ 2x_1 - x_2 + 2x_3 = 3 \end{cases}$$

解的情况.

解　对方程组的增广矩阵 $\hat{\boldsymbol{A}}$ 进行初等行变换

$$\hat{\boldsymbol{A}} = \begin{pmatrix} 1 & 1 & 1 & 1 \\ 1 & -2 & 1 & 2 \\ 2 & -1 & 2 & 3 \end{pmatrix} \xrightarrow[r_3 - 2r_1]{r_2 - r_1} \begin{pmatrix} 1 & 1 & 1 & 1 \\ 0 & -3 & 0 & 1 \\ 0 & -3 & 0 & 1 \end{pmatrix} \xrightarrow{r_3 - r_2}$$

$$\begin{pmatrix} 1 & 1 & 1 & 1 \\ 0 & -3 & 0 & 1 \\ 0 & 0 & 0 & 0 \end{pmatrix}\text{（行阶梯形矩阵）}$$

因为 $\mathrm{rank}\boldsymbol{A} = \mathrm{rank}\hat{\boldsymbol{A}} = 2 < 3$,所以方程组有无穷多解.

三、齐次线性方程组通解的结构

首先讨论齐次线性方程组解的性质.

1. 齐次线性方程组解的性质

性质 1　若 $\boldsymbol{y},\boldsymbol{z}$ 是齐次线性方程组 $\boldsymbol{Ax} = \boldsymbol{0}$ 的解,则 $\boldsymbol{y} + \boldsymbol{z}$ 也是齐次线性方程组 $\boldsymbol{Ax} = \boldsymbol{0}$ 的解.

这是因为,$\boldsymbol{Ay} = \boldsymbol{0}, \boldsymbol{Az} = \boldsymbol{0}$,则有 $\boldsymbol{A}(\boldsymbol{y} + \boldsymbol{z}) = \boldsymbol{0}$,即 $\boldsymbol{y} + \boldsymbol{z}$ 是齐次线性方程组

$\boldsymbol{Ax}=\boldsymbol{0}$ 的解.

性质 2 若 $\boldsymbol{y}$ 是齐次线性方程组 $\boldsymbol{Ax}=\boldsymbol{0}$ 的解，k 是常数，则 $k\boldsymbol{y}$ 也是齐次线性方程组 $\boldsymbol{Ax}=\boldsymbol{0}$ 的解.

这是因为，$\boldsymbol{Ay}=\boldsymbol{0}$，则有 $\boldsymbol{A}(k\boldsymbol{y})=k(\boldsymbol{Ay})=\boldsymbol{0}$，即 $k\boldsymbol{y}$ 也是齐次线性方程组 $\boldsymbol{Ax}=\boldsymbol{0}$ 的解.

综合性质 1 与性质 2 可知，若向量 $\boldsymbol{z}_1,\boldsymbol{z}_2,\cdots,\boldsymbol{z}_t$ 都是齐次线性方程组 $\boldsymbol{Ax}=\boldsymbol{0}$ 的解，则线性组合

$$k_1\boldsymbol{z}_1+k_2\boldsymbol{z}_2+\cdots+k_t\boldsymbol{z}_t$$

仍是齐次线性方程组 $\boldsymbol{Ax}=\boldsymbol{0}$ 的解.

由此可知，若齐次线性方程组 $\boldsymbol{Ax}=\boldsymbol{0}$ 有非 0 解，则它必有无穷多解. 这无穷多个解构成一个向量组，求出该向量组的一个极大无关组，该极大无关组的一切线性组合便是齐次线性方程组 $\boldsymbol{Ax}=\boldsymbol{0}$ 的全部解(即通解).

2. 齐次线性方程组通解的结构

定义 1 若向量 $\boldsymbol{\eta}_1,\boldsymbol{\eta}_2,\cdots,\boldsymbol{\eta}_t$ 是齐次线性方程组 $\boldsymbol{Ax}=\boldsymbol{0}$ 的解的向量组的极大无关组，则称 $\boldsymbol{\eta}_1,\boldsymbol{\eta}_2,\cdots,\boldsymbol{\eta}_t$ 为该方程组的一个基础解系.

由于极大无关组不唯一，因此齐次线性方程组 $\boldsymbol{Ax}=\boldsymbol{0}$ 的基础解系不唯一，但基础解系中所含向量的个数是确定的.

定理 3(齐次线性方程组通解的结构) 若 n 元齐次线性方程组 $\boldsymbol{Ax}=\boldsymbol{0}$ 的系数矩阵 $\boldsymbol{A}$ 的秩 $\text{rank}\boldsymbol{A}=r<n$，则该方程组的通解为

$$\boldsymbol{x}=k_1\boldsymbol{\zeta}_1+k_2\boldsymbol{\zeta}_2+\cdots+k_{n-r}\boldsymbol{\zeta}_{n-r}$$

其中，$\boldsymbol{\zeta}_1,\boldsymbol{\zeta}_2,\cdots,\boldsymbol{\zeta}_{n-r}$ 为该齐次线性方程组的基础解系.

定理 3 表明，对于齐次线性方程组，当系数矩阵的秩 r 小于变量的个数 n 时，方程组有无穷多解，其全部解可表示为基础解系的线性组合，而基础解系含有 $n-r$ 个向量.

下面通过例题介绍求齐次线性方程组基础解系及通解的方法.

例 5 求齐次线性方程组

$$\begin{cases}x_1-2x_2+x_3+x_4=0\\x_1-2x_2+x_3-x_4=0\\x_1-2x_2+x_3+4x_4=0\end{cases}$$

的基础解系及通解.

解 对系数矩阵 $\boldsymbol{A}$ 作初等行变换

$$A=\begin{pmatrix}1&-2&1&1\\1&-2&1&-1\\1&-2&1&4\end{pmatrix}\xrightarrow[r_3-r_1]{r_2-r_1}\begin{pmatrix}1&-2&1&1\\0&0&0&-2\\0&0&0&3\end{pmatrix}\xrightarrow[r_3-3r_2]{\left(-\frac{1}{2}\right)r_2}$$

$$\begin{pmatrix}1&-2&1&1\\0&0&0&1\\0&0&0&0\end{pmatrix}\xrightarrow{r_1-r_2}\begin{pmatrix}1&-2&1&0\\0&0&0&1\\0&0&0&0\end{pmatrix}\text{（行最简形矩阵）}$$

得 $\text{rank}\boldsymbol{A}=2<4$，故所给方程组基础解系含 $n-\text{rank}\boldsymbol{A}=4-2=2$ 个解向量，同解方程组为

$$\begin{cases}x_1=2x_2-x_3\\x_4=0\end{cases}$$

即

$$\begin{cases}x_1=2x_2-x_3\\x_2=x_2\\x_3=x_3\\x_4=0\end{cases}$$

所以通解为

$$\begin{pmatrix}x_1\\x_2\\x_3\\x_4\end{pmatrix}=x_2\begin{pmatrix}2\\1\\0\\0\end{pmatrix}+x_3\begin{pmatrix}-1\\0\\1\\0\end{pmatrix}$$

基础解系为

$$\boldsymbol{\zeta}_1=\begin{pmatrix}2\\1\\0\\0\end{pmatrix},\quad \boldsymbol{\zeta}_2=\begin{pmatrix}-1\\0\\1\\0\end{pmatrix}$$

通解可表示为 $\boldsymbol{\zeta}=k_1\boldsymbol{\zeta}_1+k_2\boldsymbol{\zeta}_2$，其中 k_1,k_2 为任意常数.

例 6 求齐次线性方程组

$$\begin{cases}x_1+x_2+x_3+x_4=0\\x_1-x_2+x_3-x_4=0\\2x_1+2x_3=0\end{cases}$$

的通解.

解 对方程组系数矩阵 $\boldsymbol{A}$ 作初等行变换化成行最简形矩阵

$$A=\begin{pmatrix}1&1&1&1\\1&-1&1&-1\\2&0&2&0\end{pmatrix}\xrightarrow[r_3-2r_1]{r_2-r_1}\begin{pmatrix}1&1&1&1\\0&-2&0&-2\\0&-2&0&-2\end{pmatrix}\xrightarrow[\left(-\frac{1}{2}\right)r_2]{r_3-r_2}$$

$$\begin{pmatrix}1&1&1&1\\0&1&0&1\\0&0&0&0\end{pmatrix}\xrightarrow{r_1-r_2}\begin{pmatrix}1&0&1&0\\0&1&0&1\\0&0&0&0\end{pmatrix}\quad(\text{行最简形矩阵})$$

得 $\text{rank}\boldsymbol{A}=2<n=4$,所以方程组的基础解系含有 $n-r=4-2=2$ 个解向量,同解方程组为

$$\begin{cases}x_1=-x_3\\x_2=-x_4\end{cases}$$

即

$$\begin{cases}x_1=-x_3\\x_2=-x_4\\x_3=x_3\\x_4=x_4\end{cases}$$

所以通解为 $\begin{pmatrix}x_1\\x_2\\x_3\\x_4\end{pmatrix}=x_3\begin{pmatrix}-1\\0\\1\\0\end{pmatrix}+x_4\begin{pmatrix}0\\-1\\0\\1\end{pmatrix}$,基础解系为

$$\boldsymbol{\zeta}_1=\begin{pmatrix}-1\\0\\1\\0\end{pmatrix},\quad\boldsymbol{\zeta}_2=\begin{pmatrix}0\\-1\\0\\1\end{pmatrix}$$

通解可表示为 $\boldsymbol{\zeta}=k_1\boldsymbol{\zeta}_1+k_2\boldsymbol{\zeta}_2$,其中 k_1,k_2 为任意常数.

例 7 求当 λ 取何值时,齐次线性方程组

$$\begin{cases}\lambda x_1+x_2+x_3=0\\x_1+\lambda x_2+x_3=0\\x_1+x_2+\lambda x_3=0\end{cases}$$

有非 0 解,并求其通解.

解 由于 $\det\boldsymbol{A}=\begin{vmatrix}\lambda&1&1\\1&\lambda&1\\1&1&\lambda\end{vmatrix}=(\lambda+2)(\lambda-1)^2$

当 $\det\boldsymbol{A}=0$,即 $(\lambda+2)(\lambda-1)^2=0$ 时有非 0 解,因此当 $\lambda=-2$ 或 $\lambda=1$ 时有非 0 解.

当 $\lambda=-2$ 时,有

$$A=\begin{pmatrix}-2&1&1\\1&-2&1\\1&1&-2\end{pmatrix}\xrightarrow{r_3+r_2+r_1}\begin{pmatrix}-2&1&1\\1&-2&1\\0&0&0\end{pmatrix}\xrightarrow{r_2\leftrightarrow r_1}$$

$$\begin{pmatrix}1&-2&1\\-2&1&1\\0&0&0\end{pmatrix}\xrightarrow{r_2+2r_1}\begin{pmatrix}1&-2&1\\0&-3&3\\0&0&0\end{pmatrix}\xrightarrow[r_1+2r_2]{(-\frac{1}{3})r_2}$$

$$\begin{pmatrix}1&0&-1\\0&1&-1\\0&0&0\end{pmatrix}\quad（行最简形矩阵）$$

$\mathrm{rank}\boldsymbol{A}=2<n=3$，有非 0 解，同解方程组为

$$\begin{cases}x_1=x_3\\x_2=x_3\end{cases}$$

即

$$\begin{cases}x_1=x_3\\x_2=x_3\\x_3=x_3\end{cases}$$

通解为

$$\begin{pmatrix}x_1\\x_2\\x_3\end{pmatrix}=k\begin{pmatrix}1\\1\\1\end{pmatrix}\quad（k\text{ 为任意常数}）$$

当 $\lambda=1$ 时，$A=\begin{pmatrix}1&1&1\\1&1&1\\1&1&1\end{pmatrix}\xrightarrow[r_3-r_1]{r_2-r_1}\begin{pmatrix}1&1&1\\0&0&0\\0&0&0\end{pmatrix}$　（行最简形矩阵）

$\mathrm{rank}\boldsymbol{A}=1<n=3$，有非 0 解，基础解系含有 $3-1=2$ 个向量，同解方程组为

$$x_1=-x_2-x_3$$

即

$$\begin{cases}x_1=-x_2-x_3\\x_2=x_2\\x_3=x_3\end{cases}$$

通解为

$$\begin{pmatrix}x_1\\x_2\\x_3\end{pmatrix}=k_1\begin{pmatrix}-1\\1\\0\end{pmatrix}+k_2\begin{pmatrix}-1\\0\\1\end{pmatrix}\quad（k_1,k_2\text{ 为任意常数}）$$

四、非齐次线性方程组通解的结构

1. 非齐次线性方程组解的性质

设非齐次线性方程组

$$\boldsymbol{Ax}=\boldsymbol{b} \tag{2}$$

其中,$\boldsymbol{A}$ 是 $m\times n$ 矩阵,$\boldsymbol{x},\boldsymbol{b}$ 分别为 n 维列向量与 m 维列向量,$\boldsymbol{b}\neq\boldsymbol{0}$.

将非齐次线性方程组 $\boldsymbol{Ax}=\boldsymbol{b}$ 的常数项 $\boldsymbol{b}$ 换成 $\boldsymbol{0}$,得对应齐次线性方程组(1).

方程组(2) 与(1) 的解之间有着密切的关系:

性质 1 非齐次线性方程组(2) 的两个解向量的差,是它的对应的齐次线性方程组(1) 的解向量.

证明 设 $\boldsymbol{\eta}_1$ 与 $\boldsymbol{\eta}_2$ 是方程组(2) 的两个解向量.

因为

$$\boldsymbol{A}(\boldsymbol{\eta}_1-\boldsymbol{\eta}_2)=\boldsymbol{A\eta}_1-\boldsymbol{A\eta}_2=\boldsymbol{b}-\boldsymbol{b}=\boldsymbol{0}$$

所以 $\boldsymbol{\eta}_1-\boldsymbol{\eta}_2$ 是方程组(1) 的解向量.

性质 2 非齐次线性方程组(2) 的一个解向量和它对应的齐次线性方程组(1) 的一个解向量之和是方程组(2) 的解向量.

证明 设 $\boldsymbol{\eta}$ 是方程组(2) 的一个解向量,$\boldsymbol{\zeta}$ 是方程组(1) 的一个解向量,有 $\boldsymbol{A\eta}=\boldsymbol{b},\boldsymbol{A\xi}=\boldsymbol{0}$,从而

$$\boldsymbol{A}(\boldsymbol{\eta}+\boldsymbol{\zeta})=\boldsymbol{A\eta}+\boldsymbol{A\zeta}=\boldsymbol{b}+\boldsymbol{0}=\boldsymbol{b}$$

所以 $\boldsymbol{\eta}+\boldsymbol{\zeta}$ 是方程组(2) 的解向量.

2. 非齐次线性方程组通解的结构

根据上面两点可知,如果 $\boldsymbol{\eta}_0$ 是非齐次线性方程组(2) 的一个解向量(也称特解),那么方程组(2) 的任一解向量都可以写成

$$\boldsymbol{\eta}=\boldsymbol{\eta}_0+\boldsymbol{\zeta}$$

其中,$\boldsymbol{\zeta}$ 是对应齐次线性方程组(1) 的一个解向量.

于是,要求方程组(2) 的全部解向量,只要找出方程组(2) 的一个解向量(即特解) 和方程组(2) 对应齐次线性方程组(1) 的全部解向量就行了,而方程组(1) 的全部解向量都能由它的基础解系 $\boldsymbol{\zeta}_1,\boldsymbol{\zeta}_2,\cdots,\boldsymbol{\zeta}_{n-r}$ 线性表示,这样我们就有方程组(2) 的通解结构定理.

定理 4(非齐次线性方程组通解的结构) 非齐次线性方程组 $\boldsymbol{Ax}=\boldsymbol{b}$ 的通解为

$$\boldsymbol{x}=(k_1\boldsymbol{\xi}_1+k_2\boldsymbol{\xi}_2+\cdots+k_{n-r}\boldsymbol{\xi}_{n-r})+\boldsymbol{\eta}^*$$

其中，$\boldsymbol{\eta}^*$ 为 $\boldsymbol{Ax}=\boldsymbol{b}$ 的某特解，$\boldsymbol{\xi}_1,\boldsymbol{\xi}_2,\cdots,\boldsymbol{\xi}_{n-r}$ 为对应齐次方程组(1)的基础解系，$k_1,k_2,\cdots,k_{n-r}$ 为任意常数.

事实上，非齐次线性方程组 $\boldsymbol{Ax}=\boldsymbol{b}$ 的通解由两项组成，一项是 $\boldsymbol{X}=k_1\boldsymbol{\xi}_1+k_2\boldsymbol{\xi}_2+\cdots+k_{n-r}\boldsymbol{\xi}_{n-r}$，这是对应齐次方程组的通解；另一项是原非齐次线性方程组的特解 $\boldsymbol{\eta}^*$. 因此，非齐次线性方程组的通解可简记成

$$\boldsymbol{x}=\boldsymbol{X}+\boldsymbol{\eta}^*$$

简述成　　　　　　　　“非齐通”＝“齐通”＋“非齐特”

例 8　求方程组

$$\begin{cases}x_1+x_2+x_3-x_4=1\\2x_1+3x_2-x_3+x_4=2\\x_1+2x_2+2x_3-x_4=3\end{cases}$$

的通解.

解

$$\hat{\boldsymbol{A}}=\begin{pmatrix}1&1&1&-1&1\\2&3&-1&1&2\\1&2&2&-1&3\end{pmatrix}\xrightarrow[r_3-r_1]{r_2-2r_1}\begin{pmatrix}1&1&1&-1&1\\0&1&-3&3&0\\0&1&1&0&2\end{pmatrix}\xrightarrow{r_3-r_2}$$

$$\begin{pmatrix}1&1&1&-1&1\\0&1&-3&3&0\\0&0&4&-3&2\end{pmatrix}\xrightarrow{\left(\frac{1}{4}\right)r_3}\begin{pmatrix}1&1&1&-1&1\\0&1&-3&3&0\\0&0&1&-\frac{3}{4}&\frac{1}{2}\end{pmatrix}\xrightarrow[r_2+3r_3]{r_1-r_2}$$

$$\begin{pmatrix}1&0&4&-4&1\\0&1&0&\frac{3}{4}&\frac{3}{2}\\0&0&1&-\frac{3}{4}&\frac{1}{2}\end{pmatrix}\xrightarrow{r_1-4r_3}\begin{pmatrix}1&0&0&-1&-1\\0&1&0&-\frac{3}{4}&\frac{3}{2}\\0&0&1&-\frac{3}{4}&\frac{1}{2}\end{pmatrix}$$（行最简形矩阵）

因为 $\mathrm{rank}\boldsymbol{A}=\mathrm{rank}\hat{\boldsymbol{A}}=3<n=4$，所以方程组有无穷多解. 其同解方程组为

$$\begin{cases}x_1=x_4-1\\x_2=\dfrac{-3}{4}x_4+\dfrac{3}{2}\\x_3=\dfrac{3}{4}x_4+\dfrac{1}{2}\end{cases}$$

即
$$\begin{cases} x_1 = x_4 - 1 \\ x_2 = -\dfrac{3}{4}x_4 + \dfrac{3}{2} \\ x_3 = \dfrac{3}{4}x_4 + \dfrac{1}{2} \\ x_4 = x_4 \end{cases}$$

通解为
$$\begin{bmatrix} x_1 \\ x_2 \\ x_3 \\ x_4 \end{bmatrix} = k\begin{bmatrix} 1 \\ -\dfrac{3}{4} \\ \dfrac{3}{4} \\ 1 \end{bmatrix} + \begin{bmatrix} -1 \\ \dfrac{3}{2} \\ \dfrac{1}{2} \\ 0 \end{bmatrix}$$

式中,k 为任意常数.

例 9 求线性方程组
$$\begin{cases} x_1 + x_2 + x_3 + x_4 = 1 \\ x_1 + x_2 - x_3 - x_4 = 2 \\ x_1 + x_2 + 3x_3 + 3x_4 = 0 \end{cases}$$
的通解.

解 因为
$$\hat{\mathbf{A}} = \begin{bmatrix} 1 & 1 & 1 & 1 & 1 \\ 1 & 1 & -1 & -1 & 2 \\ 1 & 1 & 3 & 3 & 0 \end{bmatrix} \xrightarrow[r_3 - r_1]{r_2 - r_1} \begin{bmatrix} 1 & 1 & 1 & 1 & 1 \\ 0 & 0 & -2 & -2 & 1 \\ 0 & 0 & 2 & 2 & -1 \end{bmatrix} \xrightarrow{r_3 + r_2}$$
$$\begin{bmatrix} 1 & 1 & 1 & 1 & 1 \\ 0 & 0 & -2 & -2 & 1 \\ 0 & 0 & 0 & 0 & 0 \end{bmatrix} \xrightarrow[r_1 - r_2]{(-\frac{1}{2})r_2} \begin{bmatrix} 1 & 1 & 0 & 0 & \dfrac{3}{2} \\ 0 & 0 & 1 & 1 & -\dfrac{1}{2} \\ 0 & 0 & 0 & 0 & 0 \end{bmatrix} \text{(行最简形矩阵)}$$

同解方程组为
$$\begin{cases} x_1 = -x_2 + \dfrac{3}{2} \\ x_3 = -x_4 - \dfrac{1}{2} \end{cases}$$

即
$$\begin{cases}x_1=-x_2+\dfrac{3}{2}\\ x_2=x_2\\ x_3=-x_4-\dfrac{1}{2}\\ x_4=x_4\end{cases}$$

所以通解为

$$\begin{pmatrix}x_1\\x_2\\x_3\\x_4\end{pmatrix}=k_1\begin{pmatrix}-1\\1\\0\\0\end{pmatrix}+k_2\begin{pmatrix}0\\0\\-1\\1\end{pmatrix}+\begin{pmatrix}\dfrac{3}{2}\\0\\-\dfrac{1}{2}\\0\end{pmatrix}$$

其中，k_1,k_2 为任意常数.

例 10　当 λ 为何值时，线性方程组

$$\begin{cases}\lambda x_1+x_2+x_3=1\\ x_1+\lambda x_2+x_3=\lambda\\ x_1+x_2+\lambda x_3=\lambda^2\end{cases}$$

无解？有唯一解？有无穷多解？在有无穷多解时求出通解.

解　由克拉默法则

$$\det\boldsymbol{A}=\begin{vmatrix}\lambda&1&1\\1&\lambda&1\\1&1&\lambda\end{vmatrix}=(\lambda+2)(\lambda-1)^2\neq 0$$

方程组有唯一解，即当 $\lambda\neq-2$ 且 $\lambda\neq1$ 时，方程组有唯一解.

当 $\lambda=-2$ 时，

$$\hat{\boldsymbol{A}}=\begin{pmatrix}-2&1&1&1\\1&-2&1&-2\\1&1&-2&4\end{pmatrix}\xrightarrow{r_3+r_2+r_1}\begin{pmatrix}-2&1&1&1\\1&-2&1&-2\\0&0&0&3\end{pmatrix}$$

显然 $\mathrm{rank}\boldsymbol{A}=2$，$\mathrm{rank}\hat{\boldsymbol{A}}=3$，$\mathrm{rank}\boldsymbol{A}\neq\mathrm{rank}\hat{\boldsymbol{A}}$，方程组无解.

当 $\lambda=1$ 时，

$$\hat{\boldsymbol{A}}=\begin{pmatrix}1&1&1&1\\1&1&1&1\\1&1&1&1\end{pmatrix}\xrightarrow[r_3-r_1]{r_2-r_1}\begin{pmatrix}1&1&1&1\\0&0&0&0\\0&0&0&0\end{pmatrix}$$

$\mathrm{rank}\boldsymbol{A}=\mathrm{rank}\boldsymbol{A}=1<3$，有无穷多解，同解方程组为

$$\begin{cases} x_1 = -x_2 - x_3 + 1 \\ x_2 = x_2 \\ x_3 = x_3 \end{cases}$$

所以通解为

$$\begin{pmatrix} x_1 \\ x_2 \\ x_3 \end{pmatrix} = k_1 \begin{pmatrix} -1 \\ 1 \\ 0 \end{pmatrix} + k_2 \begin{pmatrix} -1 \\ 0 \\ 1 \end{pmatrix} + \begin{pmatrix} 1 \\ 0 \\ 0 \end{pmatrix} \quad (k_1, k_2 \text{ 为任意常数})$$

综上:当 $\lambda \neq -2$ 且 $\lambda \neq 1$ 时,方程组有唯一解;当 $\lambda = -2$ 时,方程组无解;当 $\lambda = 1$ 时,方程组有无穷多解,且通解为

$$\boldsymbol{x} = k_1 \begin{pmatrix} -1 \\ 1 \\ 0 \end{pmatrix} + k_2 \begin{pmatrix} -1 \\ 0 \\ 1 \end{pmatrix} + \begin{pmatrix} 1 \\ 0 \\ 0 \end{pmatrix} \quad (k_1, k_2 \text{ 为任意常数})$$

习　题　10.3

1. 求下列齐次线性方程组的基础解系:

(1) $\begin{cases} x_1 - x_2 + x_3 - x_4 = 0 \\ x_1 + 2x_2 + 2x_3 - x_4 = 0 \\ x_1 - 2x_2 + x_3 - x_4 = 0 \end{cases}$

(2) $\begin{cases} x_1 + x_2 + x_3 + x_4 = 0 \\ x_1 + 2x_2 + x_3 + 2x_4 = 0 \\ x_1 + x_3 = 0 \end{cases}$

(3) $\begin{cases} x_1 + 2x_2 + 2x_3 + 2x_4 = 0 \\ 2x_1 + x_2 + 2x_3 + 2x_4 = 0 \\ 2x_1 + 2x_2 + x_3 + 2x_4 = 0 \end{cases}$

2. 求出题 1 中的线性方程组的通解.

3. 下列非齐次线性方程组是否有解?若有解,求出它们的通解.

(1) $\begin{cases} x_1 + x_2 + x_3 = 1 \\ 2x_1 + x_2 + 2x_3 = 2 \\ x_1 - 2x_2 - x_3 = 3 \\ 2x_1 + 4x_2 + 4x_3 = 0 \end{cases}$

(2) $\begin{cases} 2x_1 + x_2 - x_3 - x_4 = 1 \\ 3x_1 + x_2 + x_3 + 2x_4 = 2 \\ x_1 + 2x_3 + 3x_4 = 2 \end{cases}$

(3) $\begin{cases} x_1 + 2x_2 + x_3 + x_4 = 1 \\ x_1 - x_2 - x_3 + x_4 = 2 \\ 2x_1 + x_2 + 2x_4 = 3 \end{cases}$

4. λ 取何值时，非齐次线性方程组

$$\begin{cases} \lambda x_1 + 2x_2 + 2x_3 = 2 \\ 2x_1 + \lambda x_2 + 2x_3 = \lambda \\ 2x_1 + 2x_2 + \lambda x_3 = 2 \end{cases}$$

有唯一解？无解？有无穷多个解？

5. a 取何值时，非齐次线性方程组

$$\begin{cases} x_1 + x_2 + x_3 + x_4 = 1 \\ 2x_1 + 2x_2 + x_3 + x_4 = 2 \\ x_1 + x_2 + 2x_3 + 2x_4 = a \end{cases}$$

有解？无解？有解时求其通解.

总习题 10

1. 判断题(对的打 √，错的打 ×)

(1) 若当数 $k_1 = k_2 = \cdots = k_m = 0$ 时，

$$k_1\boldsymbol{\alpha}_1 + k_2\boldsymbol{\alpha}_2 + \cdots + k_m\boldsymbol{\alpha}_m = \mathbf{0}$$

成立，则向量组 $\boldsymbol{\alpha}_1, \boldsymbol{\alpha}_2, \cdots, \boldsymbol{\alpha}_m$ 线性无关.　(　)

(2) 若有 m 个不全为 0 的数 $k_1, k_2, \cdots, k_m$，使得

$$k_1\boldsymbol{\alpha}_1 + k_2\boldsymbol{\alpha}_2 + \cdots + k_m\boldsymbol{\alpha}_m \neq \mathbf{0}$$

则向量组 $\boldsymbol{\alpha}_1, \boldsymbol{\alpha}_2, \cdots, \boldsymbol{\alpha}_m$ 线性无关.　(　)

(3) 若向量组 $\boldsymbol{\alpha}_1, \boldsymbol{\alpha}_2, \cdots, \boldsymbol{\alpha}_r$ 线性无关，而向量 $\boldsymbol{\alpha}_{r+1}$ 不能由向量组 $\boldsymbol{\alpha}_1, \boldsymbol{\alpha}_2, \cdots, \boldsymbol{\alpha}_r$ 线性表示，则向量组 $\boldsymbol{\alpha}_1, \boldsymbol{\alpha}_2, \cdots, \boldsymbol{\alpha}_r, \boldsymbol{\alpha}_{r+1}$ 线性无关.　(　)

(4) 若向量组 $\boldsymbol{\alpha}_1, \boldsymbol{\alpha}_2, \cdots, \boldsymbol{\alpha}_r$ 线性相关，则其中每一个向量都可由其余向量线性表示.　(　)

(5) 若向量组 $\boldsymbol{\alpha}_1, \boldsymbol{\alpha}_2, \cdots, \boldsymbol{\alpha}_m$ 中有两个向量成比例，则该向量组线性相关.　(　)

(6) 若向量组 $\boldsymbol{\alpha}_1, \boldsymbol{\alpha}_2, \cdots, \boldsymbol{\alpha}_m$ 线性相关，则该向量组中必有两个向量成

比例. ( )

(7) 线性方程组 $\boldsymbol{A}\boldsymbol{x}=\boldsymbol{b}$ 有解的充分必要条件是 $\mathrm{rank}\boldsymbol{A}=\mathrm{rank}\hat{\boldsymbol{A}}$,其中 $\hat{\boldsymbol{A}}$ 是 $\boldsymbol{A}\boldsymbol{x}=\boldsymbol{b}$ 的增广矩阵. ( )

(8) 设线性方程组 $\boldsymbol{A}\boldsymbol{x}=\boldsymbol{b}$,$\boldsymbol{A}$ 是 $m\times n$ 矩阵,若 $\mathrm{rank}\boldsymbol{A}=n$,则 $\boldsymbol{A}\boldsymbol{x}=\boldsymbol{b}$ 有唯一解. ( )

(9) 设线性方程组 $\boldsymbol{A}\boldsymbol{x}=\boldsymbol{b}$,$\boldsymbol{\eta}_1$ 与 $\boldsymbol{\eta}_2$ 是它的两个解向量,则 $k_1\boldsymbol{\eta}_1+k_2\boldsymbol{\eta}_2$($k_1$,$k_2$ 为任意常数)也是 $\boldsymbol{A}\boldsymbol{x}=\boldsymbol{b}$ 的解向量. ( )

(10) 设线性方程组 $\boldsymbol{A}\boldsymbol{x}=\boldsymbol{b}$,$\boldsymbol{\eta}_1$ 与 $\boldsymbol{\eta}_2$ 是它的两个解向量,如果 $k_1+k_2=1$,则 $k_1\boldsymbol{\eta}_1+k_2\boldsymbol{\eta}_2$ 也是 $\boldsymbol{A}\boldsymbol{x}=\boldsymbol{b}$ 的解向量. ( )

(11) 设齐次线性方程组 $\boldsymbol{A}\boldsymbol{x}=\boldsymbol{0}$,$\boldsymbol{\xi}_1$ 与 $\boldsymbol{\xi}_2$ 是它的两个解向量,则 $k_1\boldsymbol{\xi}_1+k_2\boldsymbol{\xi}_2$($k_1$,$k_2$ 为任意常数)也是 $\boldsymbol{A}\boldsymbol{x}=\boldsymbol{0}$ 的解向量. ( )

(12) 设齐次线性方程组 $\boldsymbol{A}\boldsymbol{x}=\boldsymbol{0}$,$\boldsymbol{A}$ 是 4×3 矩阵,$\mathrm{rank}\boldsymbol{A}=1$,则 $\boldsymbol{A}\boldsymbol{x}=\boldsymbol{0}$ 的基础解系含有 2 个向量. ( )

2. 选择题

(1) 设 2 个 3 维向量 $\boldsymbol{\alpha}=(1,a,b)$,$\boldsymbol{\beta}=(c,2,4)$. 又 $\boldsymbol{\alpha}+\boldsymbol{\beta}=(5,1,4)$,则 a,b,c 分别为( ).

A. $4,-1,0$ B. $-1,0,4$

C. $1,0,-4$ D. $-1,0,-4$

(2) 设 3 个 3 维向量 $\boldsymbol{\alpha}=(1,2,0)$,$\boldsymbol{\beta}=(3,2,1)$,$\boldsymbol{r}$,又 $\boldsymbol{\alpha}+2\boldsymbol{r}=\boldsymbol{\beta}$,则 $\boldsymbol{r}=$( ).

A. $\left(1,0,\frac{1}{2}\right)$ B. $\left(-1,0,-\frac{1}{2}\right)$

C. $(2,0,1)$ D. $\left(1,0,-\frac{1}{2}\right)$

(3) 若向量组 $\boldsymbol{\alpha}_1,\boldsymbol{\alpha}_2,\boldsymbol{\alpha}_3,\boldsymbol{\alpha}_4$ 线性无关,k_1,k_2,k_3,k_4 是不等于 0 的数,则 $k_1\boldsymbol{\alpha}_1,k_2\boldsymbol{\alpha}_2,k_3\boldsymbol{\alpha}_3,k_4\boldsymbol{\alpha}_4$ 是( ).

A. 线性相关 B. 线性无关

C. 不确定

(4) 若向量组 $\boldsymbol{\alpha}_1,\boldsymbol{\alpha}_2,\boldsymbol{\alpha}_3$ 线性无关,则 $\boldsymbol{\alpha}_1,\boldsymbol{\alpha}_2$ 一定( ).

A. 线性相关 B. 线性无关

C. 不确定

(5) 若向量组 $\boldsymbol{\alpha}_1,\boldsymbol{\alpha}_2,\boldsymbol{\alpha}_3$ 线性无关,又 $\boldsymbol{\beta},\boldsymbol{\alpha}_1,\boldsymbol{\alpha}_2,\boldsymbol{\alpha}_3$ 线性相关,则 $\boldsymbol{\beta}$( )由 $\boldsymbol{\alpha}_1,\boldsymbol{\alpha}_2,\boldsymbol{\alpha}_3$ 线性表示.

A. 不能　　B. 一定可

C. 不一定可

(6) 设n维向量组$\boldsymbol{\alpha}_1,\boldsymbol{\alpha}_2,\cdots,\boldsymbol{\alpha}_n$线性无关,则任意$n$维向量$\boldsymbol{\beta}$(　　)由$\boldsymbol{\alpha}_1,\boldsymbol{\alpha}_2,\cdots,\boldsymbol{\alpha}_n$线性表示.

A. 不能　　B. 一定可

C. 不一定可

(7) 设向量组 $\boldsymbol{\alpha}_1=(1,1)$,$\boldsymbol{\alpha}_2=(1,2)$,$\boldsymbol{\alpha}_3=(2,4)$,则该向量组的秩是(　　).

A. 1　　B. 2　　C. 3

(8) 设线性方程组 $\boldsymbol{Ax}=\boldsymbol{b}$,其中 $\boldsymbol{A}$ 是 $m\times n$ 矩阵.若 $\boldsymbol{Ax}=\boldsymbol{b}$ 为相容的,则(　　).其中 $\hat{\boldsymbol{A}}$ 是 $\boldsymbol{Ax}=\boldsymbol{b}$ 的增广矩阵.

A. $\mathrm{rank}\boldsymbol{A}=n$　　B. $\mathrm{rank}\boldsymbol{A}<n$

C. $\mathrm{rank}\hat{\boldsymbol{A}}=\mathrm{rank}\boldsymbol{A}$

(9) 设线性方程组 $\boldsymbol{Ax}=\boldsymbol{b}$,其中 $\boldsymbol{A}$ 是 $m\times n$ 矩阵,$m<n$,$\mathrm{rank}\boldsymbol{A}=m$,则方程组 $\boldsymbol{Ax}=\boldsymbol{b}$(　　).

A. 无解　　B. 有唯一解

C. 有无穷多个解　　D. 不确定

(10) 设齐次线性方程组 $\boldsymbol{Ax}=\boldsymbol{0}$,其中 $\boldsymbol{A}$ 是 4×3 矩阵,$\mathrm{rank}\boldsymbol{A}=2$,则 $\boldsymbol{Ax}=\boldsymbol{0}$ 的基础解系所含向量个数为(　　).

A. 2　　B. 1　　C. 3

3. 填空题

(1) 设 3 维向量 $\boldsymbol{\alpha}=(a,b,2)$,$\boldsymbol{\beta}=(1,3,0)$,又 $\boldsymbol{\alpha}+\boldsymbol{\beta}=(4,2,c)$,则 $a=$______,$b=$______,$c=$______.

(2) 设 3 维向量 $\boldsymbol{\alpha}=(1,2,a)$,$\boldsymbol{\beta}=(b,1,3)$,又 $\boldsymbol{\alpha}+2\boldsymbol{\beta}=(5,c,4)$,则 $a=$______,$b=$______,$c=$______.

(3) 设 3 维向量 $\boldsymbol{\alpha}=(1,5,4)$,$\boldsymbol{\beta}=(2,4,3)$,$\boldsymbol{\gamma}$,又 $\boldsymbol{\alpha}+\boldsymbol{\gamma}=\boldsymbol{\beta}$,则 $\boldsymbol{\gamma}=$______.

(4)4 个 3 维向量一定线性______.

(5) 含有 0 向量的向量组一定线性______.

(6) 若矩阵 $\boldsymbol{A}$ 的秩为 3,则矩阵 $\boldsymbol{A}$ 的行向量组的秩为______,列向量组的秩为______.

(7) 向量组 $\boldsymbol{\alpha}_1=(1,1,1)$,$\boldsymbol{\alpha}_2=(0,1,2)$,则该向量组的极大无关组是______,秩是______.

(8) 设$\boldsymbol{A}$是$m\times n$矩阵,线性方程组$\boldsymbol{Ax}=\boldsymbol{b}$有解的充分必要条件是______.

(9) 设 $\boldsymbol{A}$ 是 $m\times n$ 矩阵,线性方程组 $\boldsymbol{Ax}=\boldsymbol{b}$ 有唯一解的充分必要条件是______.

(10) 设 $\boldsymbol{A}$ 是 $m\times n$ 矩阵,线性方程组 $\boldsymbol{Ax}=\boldsymbol{b}$ 有无穷多个解的充分必要条件是______.

(11) 设齐次线性方程组 $\boldsymbol{Ax}=\boldsymbol{0}$,$\mathrm{rank}\boldsymbol{A}=r<n$ 且 $\boldsymbol{A}$ 是 $m\times n$ 矩阵,则 $\boldsymbol{Ax}=\boldsymbol{0}$ 的基础解系所含向量个数是______.

(12) 设非齐次线性方程组 $\boldsymbol{Ax}=\boldsymbol{b}$,$\mathrm{rank}\boldsymbol{A}=3$ 且 $\boldsymbol{A}$ 是 4×4 矩阵,$\boldsymbol{\eta}_1,\boldsymbol{\eta}_2$ 是 $\boldsymbol{Ax}=\boldsymbol{b}$ 的两个不同的解向量,则 $\boldsymbol{Ax}=\boldsymbol{b}$ 的通解为______.

4. 已知向量组 $\boldsymbol{\alpha}_1=(1,1,2,1)$,$\boldsymbol{\alpha}_2=(1,1,1,1)$,$\boldsymbol{\alpha}_3=(1,4,2,1)$,$\boldsymbol{\alpha}_4=(2,2,3,2)$,求该向量组的一个极大无关组与秩.

5. 设向量组 $\boldsymbol{\alpha}_1,\boldsymbol{\alpha}_2,\boldsymbol{\alpha}_3$ 线性无关,且向量组 $\boldsymbol{\beta}_1=\boldsymbol{\alpha}_1$,$\boldsymbol{\beta}_2=\boldsymbol{\alpha}_1+\boldsymbol{\alpha}_2$,$\boldsymbol{\beta}_3=\boldsymbol{\alpha}_1+\boldsymbol{\alpha}_2+\boldsymbol{\alpha}_3$,试证:向量组 $\boldsymbol{\beta}_1,\boldsymbol{\beta}_2,\boldsymbol{\beta}_3$ 线性无关.

6. 求下列齐次线性方程组的通解:

$$(1)\begin{cases}x_1+x_2+2x_3-x_4=0\\2x_1+x_2+x_3-x_4=0\\2x_1+2x_2+x_3+2x_4=0\end{cases}$$

$$(2)\begin{cases}x_1-2x_2+4x_3-7x_4=0\\2x_1+3x_2-x_3+5x_4=0\\3x_1+x_2+2x_3-7x_4=0\\4x_1+x_2-3x_3+6x_4=0\end{cases}$$

7. 判断下列非齐次线性方程组是否有解,若有解求通解.

$$(1)\begin{cases}x_1+2x_2+x_3=2\\3x_1+2x_2+2x_3=-2\\4x_1+4x_2+3x_3=0\end{cases}$$

$$(2)\begin{cases}x_1+4x_2-3x_3+5x_4=2\\2x_1+x_2-x_3+x_4=1\\3x_1-2x_2+x_3-3x_4=4\end{cases}$$

8. 当 λ 取何值时,方程组

$$\begin{cases}-2x_1+x_2+x_3=-2\\x_1-2x_2+x_3=\lambda\\x_1+x_2-2x_3=\lambda^2\end{cases}$$

有解?并求出它的通解.

9. 当 λ 取何值时，方程组

$$\begin{cases}(2-\lambda)x_1+2x_2-2x_3=1\\2x_1+(5-\lambda)x_2-4x_3=2\\-2x_1-4x_2+(5-\lambda)x_3=-1-\lambda\end{cases}$$

有唯一解？无解或有无穷多解？并在有无穷多解时求出其通解.

第二篇 概率统计

第11章 随机事件与概率

一、教学内容

概率的概念:随机试验,随机事件的概念,事件的关系和运算及其运算律,事件的概率,概率的统计定义、古典定义,概率的基本性质.

概率的计算:加法公式,条件概率,乘法公式,全概率公式,事件的独立性,伯努利概型与二项概率计算公式.

概率论与数理统计是从数量化的角度来研究现实世界中的一类不确定现象(随机现象)及其规律性的一门应用数学学科. 概率论的特点是先提出数学模型,然后去研究其性质、特点和规律;数理统计则是以概率论的理论为基础,利用对随机现象的观察所取得的数据,来研究数学模型,在此基础上作出推断. 20世纪以来,这门学科广泛应用于工业、国防、国民经济及工程技术等各个领域. 本章介绍的随机事件及其概率是概率论中最基本、最重要的概念之一.

二、重要概念、结论与公式

1.随机事件

(1) 样本空间:随机试验的一切可能基本结果组成的集合.

(2) 随机事件:样本空间的子集.

2.事件关系与运算

(1) 事件间的关系:包含关系、对立关系、互斥关系.

(2) 事件运算:事件的和(并)、事件的差、事件的积(交).

(3) 事件的运算性质:交换律、结合律、分配律、对偶律.

3. 事件的概率

(1) 概率的古典定义:$P(A)=\dfrac{\text{事件}A\text{中包含的基本事件数}}{\text{样本空间}\Omega\text{中的基本事件总数}}=\dfrac{m}{n}$

(2) 概率的性质.

1) 求逆公式:$P(A)=1-P(\overline{A})$

2) 加法公式:$P(A\cup B)=P(A)+P(B)-P(AB)$

3) 减法公式:$P(A-B)=P(A)-P(AB)$

4. 条件概率与全概率公式

(1) 条件概率:$P(A|B)=\dfrac{P(AB)}{P(B)}$

(2) 乘法公式:$P(AB)=P(B)P(A|B)$

(3) 全概率公式:设$A_1,A_2,\cdots,A_n$是样本空间Ω的一个分割,且$P(A_i)>0(i=1,2,\cdots,n)$,则对任一事件B,有

$$P(B)=\sum_{i=1}^{n}P(A_iB)=\sum_{i=1}^{n}P(A_i)P(B|A_i)$$

(4) 贝叶斯公式:如果$P(B)>0,P(A_j)>0(j=1,2,\cdots,n)$,则

$$P(A_i\mid B)=\frac{P(A_i)P(B\mid A_i)}{P(B)}=\frac{P(A_i)P(B\mid A_i)}{\sum\limits_{j=1}^{n}P(A_j)P(B\mid A_j)}$$

5. 事件的独立性

(1) 两个事件的独立性:若$P(AB)=P(A)P(B)$,则称A与B是相互独立的.

(2) n重伯努利试验:伯努利试验独立地重复n次,称这一串重复的独立试验为n重伯努利试验,或简称为伯努利概型.

(3) 二项概率分布:设在一次试验中,事件A发生的概率为$p(0<p<1)$,则在n重伯努利试验中,事件A恰好发生k次的概率为

$$P_n(k)=C_n^k p^k(1-p)^{n-k}=C_n^k p^k q^{n-k}\quad(k=0,1,2,\cdots,n;q=1-p)$$

11.1　随机事件

一、随机现象

在自然界和人类社会的活动中,人们经常遇到各种各样的现象,这些现象

大体可分为两类:一类有明确的因果关系,即在一定条件下必然会发生的现象,称为确定性现象或非随机现象. 例如,太阳总是从东方升起;冬去春来,万物复苏;异性电荷相互吸引,同性电荷相互排斥;上抛的石头一定落下来;等等. 另一类称为随机现象,因果关系不明确,或根本没有什么因果关系,即在一定条件下人们事先无法准确预知其结果的现象. 例如,抛掷一枚质地均匀的硬币时,它可能出现正面(国徽一面)向上,也可能出现反面(数字一面)向上;射击命中的环数;将来某日某种股票的价格是多少;等等. 随机现象有两个特点:

(1) 偶然性. 在大量重复观察中,某现象可能发生,也可能不发生,即结果呈现不确定性.

(2) 必然性. 在大量重复观察中,其结果会呈现某种规律,即具有统计规律性. 可以通过随机试验了解随机现象的统计性规律.

二、随机试验

仅就一次试验或观察而言,由于随机现象的结果事先不能预知,初看似乎毫无规律,但经过人们长期的实践和研究后,发现随机现象在大量的重复或观察下,它的结果呈现某种规律性. 人们把现象在多次重复出现时所表现出来的规律性,称做统计性规律.

历史上,研究随机现象统计规律最著名的试验是抛掷硬币的试验,表11.1给出了数学家德莫根、浦丰以及皮尔逊等人的试验结果.

表 11.1 抛掷硬币试验结果

试验者	抛掷次数(n)	正面次数(m)	频率(m/n)
德莫根	2 048	1 061	0.518 1
浦丰	4 040	2 048	0.506 9
皮尔逊	12 000	6 019	0.501 6
皮尔逊	24 000	12 012	0.500 5

试验表明,虽然每次抛掷硬币事先无法准确预知将出现正面还是反面,但进行大量重复的试验时,出现正面的次数和反面的次数比例近似1:1,即各占总试验次数的比例大致为0.5. 要想了解随机现象的统计规律性,就必须对对象进行观察或者科学试验,概率论和数理统计学中把这种观察和科学试验统

称为试验，通常可以用字母 E 来表示. 例如：

E_1：抛掷一枚质地均匀的硬币，观察它出现正面或反面.

E_2：抛掷一枚骰子，观察面朝上的点数.

E_3：在一批产品中，任取一件，检测它是正品还是次品.

上述试验具有以下共同特征：

(1) 可重复性：试验可以在相同条件下重复进行.

(2) 可观察性：每次试验的可能结果不止一个，并且在试验之前能明确试验的所有可能结果.

(3) 不确定性：每次试验出现的结果事先不能准确预知，但可以肯定会出现上述所有结果中的一个.

在概率论中，将具有上述三个特征的试验称为随机试验，记为 E.

例 1　下列试验都是随机试验：

(1) 抛掷一枚硬币 3 次，观察出现正面的次数；

(2) 记录某高速公路上一天内发生交通事故的次数；

(3) 记录一商店一天的客流量；

(4) 记录某市 120 急救电话一昼夜接到的呼叫次数.

三、样本空间

随机试验所有可能的结果组成的集合称为样本空间，记为 Ω.

例 2　在抛掷一枚硬币观察其出现正面或反面的试验中，则样本点为正面或反面，样本空间为

$$\Omega=\{\text{正面},\text{反面}\}$$

例 3　连续抛掷一枚硬币两次，则样本点为（正面，正面），（正面，反面），（反面，正面），（反面，反面）中的一种，样本空间为

$$\Omega=\{(\text{正面},\text{正面}),(\text{正面},\text{反面}),(\text{反面},\text{正面}),(\text{反面},\text{反面})\}$$

若记 ω_1 表示“出现正面”这一事件，ω_2 表示“出现反面”这一事件，则相应的例 3 的样本空间为

$$\Omega=\{(\omega_1,\omega_1),(\omega_1,\omega_2),(\omega_2,\omega_1),(\omega_2,\omega_2)\}$$

例 4　一正立方体，6 个面分别涂上红、黄、蓝、绿、白、黑 6 种颜色，任意抛掷一次，观察其朝上一面的颜色，则样本点为 6 种颜色中的一种，样本空间为

$$\Omega=\{\text{红},\text{黄},\text{蓝},\text{绿},\text{白},\text{黑}\}$$

例 5　观察某电话交换台在一天内收到的呼叫次数，其可能结果为某一非负整数，样本空间为

$$\Omega=\{0,1,2,\cdots,n,\cdots\}$$

例 6 从一批灯泡中,任取一只,测试其寿命,则样本空间为

$$\Omega=\{t \mid t\geqslant 0\}$$

四、随机事件

对于随机试验,把某些样本点构成的集合,即样本空间的子集称为随机事件,简称事件.记为 A,B,C 等.

例如,在抛掷一个骰子的试验中,用 A 表示“点数为奇数”,即 $A=\{1,3,5\}$,则 A 是一个随机事件.特别地,由一个样本点构成的单点集,称为基本事件.

每次试验中都必然发生的事件,称为必然事件,用 Ω 表示,例如在抛掷一枚骰子试验中,点数不超过 6 这一事件就是必然事件;而在任何一次试验中都不可能发生的事件,称为不可能事件,用 $\varnothing$ 表示,例如在抛掷一枚骰子试验中,点数超过 6 就是一个不可能事件.

显然,必然事件与不可能事件都是确定性事件,为讨论方便,今后将它们看做是两个特殊的随机事件,并将随机事件简称为事件.

例 7 写出抛掷骰子试验的样本点、样本空间、基本事件,并试用样本空间的子集表示下列事件:

(1) $A=$“出现的点数为偶数”;

(2) $B=$“出现的点数小于5”;

(3) $C=$“出现的点数为小于 5 的奇数”;

(4) $D=$“出现的点数大于6”.

解 显然,该试验样本点有6个,分别为 1, 2, 3, 4, 5, 6.

样本空间: $\Omega=\{1,2,3,4,5,6\}$.

基本事件: $A_i=\{i\}$, $i=1,\cdots,6$.

(1) $A=\{2,4,6\}$　　(2) $B=\{1,2,3,4\}$

(3) $C=\{1,3\}$　　(4) D 为不可能事件,即 $D=\varnothing$.

习　题　11.1

1. 试说明随机试验应具有的三个特点.

2. 将一枚均匀的硬币抛掷两次,事件 A,B,C 分别表示“第一次出现正面”,“两次出现同一面”,“至少有一次出现正面”.试写出样本空间及事件 A,

B,C 中的样本点.

3. 从一批灯泡中,任取一只,测试其寿命. 试写出其样本空间并用样本空间的子集表示随机事件“灯泡的寿命为 500 ～ 520 h”.

4. 某射击训练规则规定:不限射击次数,命中即可返回营地. 试写出其基本事件和样本空间.

5. 从一批含有正品和次品的产品中,抽出两件检查. 试写出该随机试验的样本空间,并用集合形式表示出事件 A=“两件均为正品”与事件 B=“至少有一件正品”.

6. 一个盒子中有 3 个红球,2 个白球,从中任取 2 个球,观察它们的颜色. 试写出其样本空间.

7. 在以原点为圆心,2 为半径的圆内任取一点 P,记录 P 点的坐标. 试写出该随机试验的样本空间,并用集合形式表示事件 A=“P 点落在单位圆内”与事件 B=“P 点离原点距离为 0.5”.

11.2　随机事件关系与运算

一、事件的关系和运算

在概率论中,事件间的关系与运算可以用集合之间的关系与运算来处理. 事件的关系主要有:包含、对立、互斥;事件的运算主要有:和(并)、差、积(交).

下面定义事件之间的各种关系和运算.

(1) 包含关系:如果事件 A 发生必然导致事件 B 发生,则称“事件 B 包含于事件 A”,记做 $B \subset A$,如图 11.1 所示.

例 1　在抛掷一个骰子的试验中,事件 A=“出现的点数小于 5”,B=“出现的点数为小于 5 的奇数”,则有

$$A=\{1,2,3,4\},B=\{1,3\}$$

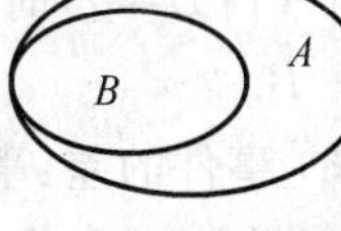

图 11.1　事件包含关系

由于 $\{1,3\} \subset \{1,2,3,4\}$,因此 $B \subset A$.

任何事件都是样本空间的子事件,都包含于 Ω. 例如例 1 中的样本空间为 $\Omega=\{1,2,3,4,5,6\}$,则有 $A \subset \Omega$ 且 $B \subset \Omega$.

(2) 相等事件:如果事件 B 包含事件 A,同时事件 A 包含事件 B,则称事件 A 与事件 B 相等,记做 $A=B$. 显然,$A=B$ 当且仅当 $A \subset B$ 且 $A \supset B$.

(3) 事件的和(并):事件 A 与 B 的和(或并)是指事件 A 与 B 至少发生一

个的事件,记做 $A\cup B$,如图 11.2 所示.

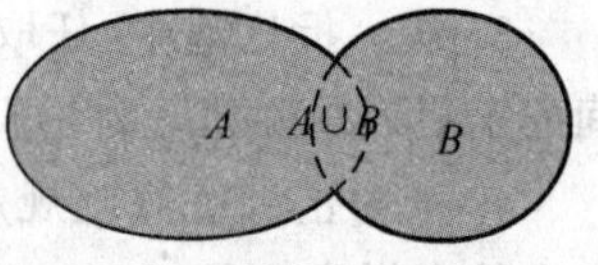

图 11.2 事件的和(并)

类似地,称 $\bigcup\limits_{i=1}^{n}A_i$ 为 n 个事件 $A_1,A_2,\cdots,A_n$ 的和事件,可理解为事件 $A_1,A_2,\cdots,A_n$ 中至少发生1个.

显然,对于任意事件 A,有 $A\cup\varnothing=A$;$A\cup\Omega=\Omega$;若 $A\subset B$,则 $A\cup B=B$.

例如,例 1 中若事件 $C=$“出现的点数为偶数”,则有 $C=\{2,4,6\}$,相应的 $A\cup C=\{1,2,3,4,6\}$.

(4) 事件的积(交):A 与 B 的积(或交)是指 A 与 B 同时发生的事件,记做 $A\cap B$ 或 AB,如图 11.3 所示.

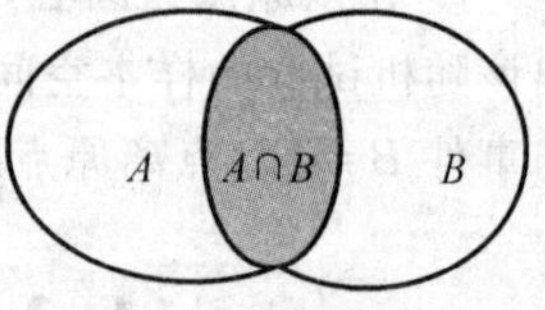

图 11.3 事件的积(交)

类似于事件的和,亦有 n 个事件 $A_1,A_2,\cdots,A_n$ 的积(交),记为 $\bigcap\limits_{i=1}^{n}A_i$ 或 $A_1A_2\cdots A_n$.

显然,$A\cap\Omega=A$,$A\cap\varnothing=\varnothing$.

例如,在例 1 中 $A=\{1,2,3,4\}$,$B=\{1,3\}$,则 $A\cap B=\{1,3\}$.

(5) 互不相容(互斥):如果在任何一次试验中事件 A 与事件 B 都不可能同时出现,即 $A\cap B=\varnothing$,则称事件 A 和 B 为互不相容的,或称为互斥的,如图 11.4 所示.

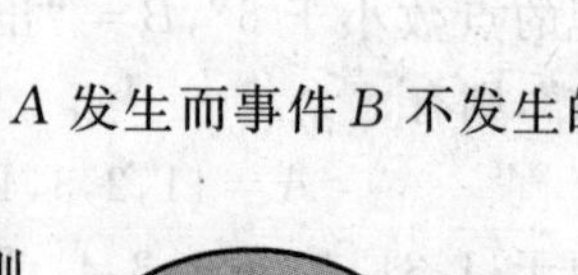

图 11.4 事件互斥

在例 1 中若记 $C=$“出现的点数为偶数”,则 $C=\{2,4,6\}$,则有 A,B 不互斥,A,C 不互斥,而 B,C 是互斥的.

任意事件 A 与不可能事件 $\varnothing$ 为互不相容事件. 当 $A\cap B=\varnothing$ 时,可将 $A\cup B$ 记做“直和”形式 $A+B$.

(6) 事件的差:事件 A 与事件 B 的差是指事件 A 发生而事件 B 不发生的事件,记做 $A-B$ 或 A/B,如图 11.5 所示.

图 11.5 事件的差

例如,在例 1 中 $A=\{1,2,3,4\}$,$B=\{1,3\}$,则 $A-B=\{2,4\}$.

(7) 对立事件:事件 A 的对立事件是指事件 A 不出现的事件,或称事件 A 的逆事件,记做 $\overline{A}$,如图 11.6 所示. 显然 $\overline{A}=\Omega-A$,A 也是 $\overline{A}$ 的对立事件,即

A 和 $\overline{A}$ 互为对立事件.

注意,两个相互对立的事件一定是不相容事件,但是两个不相容事件一般未必就是对立事件.

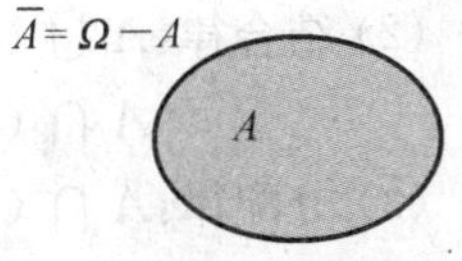

图 11.6　事件的逆事件

易见,事件的运算满足如下基本关系:

(1)$\overline{A}A=\varnothing, A\cup\overline{A}=\Omega, \overline{A}=\Omega-A$;

(2) 若 $A\subset B$,则 $A\cup B=B, AB=A$;

(3)$A-B=A\overline{B}=A-AB, A\cup B=A\cup(B-A)$.

例 2　请指明以下事件 A 与 B 间的关系:

(1) 检查两件产品,记事件 $A=$“至少有一件不合格品”,$B=$“两件产品检查结果不同”;

(2) 设 T 表示轴承寿命,记事件 $A=\{T>5\,000\ \mathrm{h}\}, B=\{T>2\,000\ \mathrm{h}\}$.

解　(1) $A\supset B$;

(2) $B\supset A$.

例 3　试用文氏图说明,当事件 A 与 B 互不相容时,能否得出结论 $\overline{A}$ 与 $\overline{B}$ 相容.

解　不能,因为当 A 与 B 互为对立事件时,有 $AB=\varnothing$ 和 $\overline{AB}=\varnothing$,如图 11.7 所示.

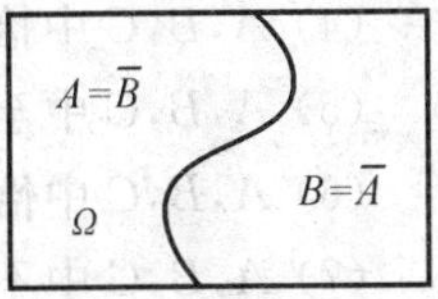

图 11.7　A 与 B 对立

例 4　请叙述下列事件的对立事件:

(1) $A=$“抛掷两枚硬币,皆为正面”;

(2) $B=$“射击 3 次,皆命中目标”;

(3) $C=$“加工 4 个零件,至少有 1 个合格品”.

解　(1) $\overline{A}=$“抛掷两枚硬币,至少有一反面”;

(2) $\overline{B}=$“射击 3 次,至少有 1 次不命中目标”;

(3) $\overline{C}=$“加工 4 个零件,全为不合格品”.

例 5　以 v 表示 10 次射击命中的次数,设 $A=\{v\geqslant 6\}, B=\{v<6\}, C=\{v\geqslant 7\}, D=\{5\leqslant v\leqslant 8\}$,则

$A+B=\Omega,\ A\cup C=A,\ A\cup D=\{v\geqslant 5\}$

$A-B=A,\ A-C=\{v=6\},\ A-D=\{v>8\}$

$AB=\varnothing,\ AC=C,\ AD=\{6,7,8\},\ BD=\{v=5\}$

二、事件运算的性质

由集合的运算律,易给出事件间的运算律. 设 A,B,C 为同一随机试验 E 中的事件,则它们满足:

(1) 交换律：$A \cup B = B \cup A$, $A \cap B = B \cap A$.

(2) 结合律：$A \cup (B \cup C) = (A \cup B) \cup C$.

$A \cap (B \cap C) = (A \cap B) \cap C$.

(3) 分配律：$A \cap (B \cup C) = (A \cap B) \cup (A \cap C)$.

$A \cup (B \cap C) = (A \cup B) \cap (A \cup C)$.

(4) 自反律：$\overline{\overline{A}} = A$.

(5) 对偶律：$\overline{A \cup B} = \overline{A} \cap \overline{B}$，$\overline{A \cap B} = \overline{A} \cup \overline{B}$.

其中，$\overline{A \cup B}$ 是指事件 A,B 中至少发生一个事件的一个对立事件，它表示事件 A,B 都不发生；$\overline{A \cap B}$ 是指事件 A,B 同时发生的这一事件的对立事件，它表示 A,B 中至少有一个不发生.

一般地，对偶律可以推广到任意多个的情形，即

$$\overline{\bigcup_{i=1}^{n} A_i} = \bigcap_{i=1}^{n} \overline{A_i}, \qquad \overline{\bigcap_{i=1}^{n} A_i} = \bigcup_{i=1}^{n} \overline{A_i}$$

例 6 设 A,B,C 为 3 个事件，试用 A,B,C 表示下列事件：

(1) A 与 B 都发生而 C 不发生；

(2) A 发生而 B 与 C 都不发生；

(3) A,B,C 中至少有一个不发生；

(4) A,B,C 中恰好有一个发生；

(5) A,B,C 中至多有一个发生；

(6) A,B,C 中恰好有两个发生；

(7) A,B,C 中不多于两个发生；

(8) A,B 中至少有一个发生而 C 不发生.

解 (1) $AB\overline{C}$ 或 $AB - C$；

(2) $A\overline{B}\overline{C}$ 或 $A - B - C$；

(3) $\overline{A \cup B \cup C}$ 或 $A\overline{B}\overline{C} \cup \overline{A}B\overline{C} \cup \overline{A}\overline{B}C \cup AB\overline{C} \cup A\overline{B}C \cup \overline{A}BC \cup \overline{ABC}$；

(4) $A\overline{B}\overline{C} \cup \overline{A}B\overline{C} \cup \overline{A}\overline{B}C$；

(5) $A\overline{B}\overline{C} \cup \overline{A}B\overline{C} \cup \overline{A}\overline{B}C \cup \overline{A}\overline{B}\overline{C}$；

(6) $AB\overline{C} \cup A\overline{B}C \cup \overline{A}BC$；

(7) $\overline{A}\overline{B}\overline{C} \cup \overline{A}\overline{B}C \cup \overline{A}B\overline{C} \cup A\overline{B}\overline{C} \cup AB\overline{C} \cup A\overline{B}C \cup \overline{A}BC$ 或 $\overline{ABC}$；

(8) $(AB)\overline{C}$ 或 $A\overline{B}\overline{C} \cup \overline{A}B\overline{C} \cup AB\overline{C}$.

用其他事件的运算来表示一个事件，方法往往不唯一，如上例中的(3) 和(7) 实际上是同一个事件，读者应学会用不同方法表达同一事件，特别在解决具体问题时，往往要根据需要选择一种恰当的表示方法.

习　题　11.2

1. 举例说明两个相互对立的事件一定是不相容事件，但是两个不相容事件一般未必就是对立事件.

2. 设某人向靶子射击 3 次，用 A_i 表示"第 i 次射击击中靶子"($i=1,2,3$)，试用语言描述下列事件：

(1) $\overline{A_1} \cup \overline{A_2} \cup \overline{A_3}$；(2) $\overline{A_1 \cup A_2}$；(3) $A_1A_2\overline{A_3} \cup \overline{A_1}A_2A_3$.

3. 设 A,B 为两个事件，若 $AB=\overline{A}\cap\overline{B}$，问 A 和 B 有什么关系？

4. 某学生做 3 道习题，A,B,C 分别表示第一、二、三题做对. 用 A,B,C 的运算关系表示下列事件：

(1) 第一题做对，第二、三题做错；

(2) 第一、二题做对，第三题做错；

(3) 3 题都做对；

(4) 3 题都做错；

(5) 3 题中至少有 1 题做对；

(6) 3 题中至少有 2 题做对；

(7) 3 题中不多于 1 题做对；

(8) 3 题中恰有 2 题做对.

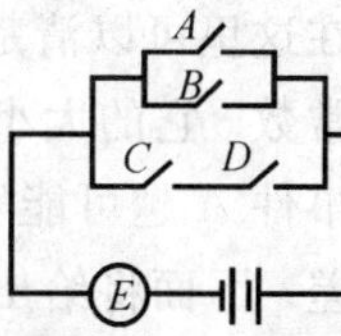

图 11.8　电路系统

5. 已知某电路系统由开关 A,B,C,D 及电源、指示灯 E 组成(见图 11.8). 字母 A,B,C,D 表示相应开关不合闸的事件，字母 E 表示灯亮的事件. 用事件 A,B,C,D 表示事件 E 及 $\overline{E}$.

11.3　随机事件的概率

在一次随机试验中，随机事件可能发生也可能不发生，事先并不能确定. 我们会问，在一次试验中，事件发生的可能性有多大？并希望找到一个合适的数来表示事件在一次试验中发生的可能性大小. 如，抛掷一枚均匀的硬币时，由对称性知，"出现正面"和"出现反面"这两个事件出现的可能性都是 1/2. 又如抛掷一个均匀的骰子时，出现点数"1"，"2"，…，"6"这 6 个事件的可能性都是 1/6. 可见，事件发生的可能性是客观存在，并且可以用一个数字来度量，概率就是度量这种可能性大小的数字特征，它是概率论中最基本的概念.

定义 1　若在相同条件下进行 n 次试验，其中事件 A 发生的次数为 r_n，则

称 $f_n(A)=\frac{r_n}{n}$ 为事件 A 发生的频率.

根据上述定义,频率反映了一个随机事件在大量重复试验中发生的频繁程度. 下面再分析抛掷一枚均匀硬币的试验,其结果如表 11.1 所示.

从表 11.1 中可以看出,随着试验次数的增加,描述出现“正面”可能性大小的量 —— 频率 —— 明显地趋于 0.5. 这似乎表明,频率的稳定值与事件发生的可能性大小(概率) 之间有着内在的联系.

大量试验证实,随机事件 A 发生的频率 $f_n(A)$,当试验的次数 n 增大时,总呈现出稳定性,稳定在某一常数的附近. 这是随机现象固有的性质. 这也是下面我们定义事件概率的客观基础.

定义 2 在相同条件下重复进行 n 次试验,当试验次数 n 充分大时,事件 A 发生的频率 $f_n(A)$ 稳定在某一常数 p($p\in[0,1]$),则称常数 p 为事件 A 的概率,记为 $P(A)=p$.

在这里可以清楚地看出,任意一个随机事件的概率是介于 0 与 1 之间的一个常数. 它的大小刻画了事件 A 在试验中发生的可能性的大小,数值越大表明事件 A 越可能发生. 但由于该定义缺乏计算上的可操作性,因而其应用性较差. 下面将给出概率的古典定义.

二、概率的古典定义

古典概型是古典概率模型的简称,它是指这样一类随机试验:

(1) 试验结果是有限的,即样本空间中仅含有有限个样本点;

(2) 每个试验结果出现的可能性是一样的.

例如,抛掷一枚硬币观察正反面出现的情况,抛掷一个均匀的骰子观察面朝上的点数等试验都是古典概型.

在古典概型中,对随机试验 E,若样本空间的基本事件(样本点) 总数为 n,事件 A 所包含的基本事件(样本点) 数为 m,则由于等可能性,事件 A 的概率定义为

$$P(A)=\frac{\text{事件 } A \text{ 中包含的基本事件数}}{\text{样本空间 } \Omega \text{ 中的基本事件总数}}=\frac{m}{n} \tag{1}$$

上式给出的古典概型的概率定义是符合实际的. 例如,抛掷硬币时,如果硬币均匀,即“出现正面”、“出现反面”是相等可能的,则由上式可知,“出现正面”的概率等于 1/2;抛掷均匀骰子时,出现点数为 1 的概率为 1/6;从放有 n 个完全相同的球的黑箱中取球,每个球被取出的概率为 $1/n$.

例 1 抛掷两个骰子，求两个同时出现奇数点的概率.

解 把抛掷两个骰子看做一次试验，用(i,j)表示第一个骰子出现 i 点，第二个出现 j 点，这时的样本空间可表示为

$\Omega=\{(1,1),(1,2),(1,3),(1,4),(1,5),(1,6),(2,1),(2,2),(2,3),(2,4),(2,5),(2,6),(3,1),(3,2),(3,3),(3,4),(3,5),(3,6),(4,1),(4,2),(4,3),(4,4),(4,5),(4,6),(5,1),(5,2),(5,3),(5,4),(5,5),(5,6),(6,1),(6,2),(6,3),(6,4),(6,5),(6,6)\}$

而这些样本点的出现是等可能的，显然这是古典概型问题.

设 $A=$"抛掷两颗骰子，两颗同时出现奇数点"，则

$A=\{(1,1),(1,3),(1,5),(3,1),(3,3),(3,5),(5,1),(5,3),(5,5)\}$

样本空间的基本事件总数为 $n=6^2=36$，事件 A 所包含的基本事件数为 $m=9$（或 $C_3^1C_3^1=9$），由(1)式得

$$P(A)=\frac{m}{n}=\frac{9}{36}=\frac{1}{4}$$

例 2 一只袋子中有 a 只白球、b 只黑球，求

(1) 不放回地任取 $m+n$ 只球，恰有 m 只白球、n 只黑球的概率；

(2) 不放回地抽取，每次一只，第 k 次才取到白球的概率；

(3) 不放回地抽取，每次一只，第 k 次恰取到白球的概率.

解 首先了解什么是有放回抽样，什么是无放回抽样，有放回抽样是指从袋中任取一球，观察记录后放回袋中，第二次再从袋中任取，这时袋中球的总数没有改变；无放回抽样是指从袋中任取一球，观察记录后不再放回，第二次再从袋中任取，这时袋中球的总数有了改变，在不同抽样下，事件的概率是不相同的.

(1) 任取 $m+n$ 只球，与取球的次序无关（可以看做一次取出），所以基本事件总数为 C_{a+b}^{m+n}；从 a 只白球中任取 m 只白球的可能结果为 C_a^m，从 b 只黑球中任取 n 只黑球的可能结果为 C_b^n，则不放回地任取 $m+n$ 只球，恰有 m 只白球、n 只黑球的可能结果为 $C_a^mC_b^n$，于是所求概率为

$$P=\frac{C_a^mC_b^n}{C_{a+b}^{m+n}}$$

此模型又称为超几何概型.

(2) 因为抽样与次序有关，所以从 a 只白球、b 只黑球中抽取 k 次的可能结果为$(a+b)(a+b-1)\cdots(a+b-k+1)$；第 k 次才取到白球意味着前 $k-1$ 次抽取到黑球，而第 k 次抽到白球，其所有可能的结果为 $b(b-1)\cdots(b-k+$

2)a，其概率为

$$P=\frac{b}{a+b}\frac{b-1}{a+b-1}\cdots\frac{b-k+2}{a+b-k+2}\frac{a}{a+b-k+1}$$

(3) 第 k 次必取到白球，可以是 a 只白球中的任一只，而前 $k-1$ 次取球就相当于从 $a+b-1$ 个球中依次取出 $k-1$ 个，因而其概率为

$$P=\frac{a+b-1}{a+b}\frac{a+b-2}{a+b-1}\cdots\frac{a+b-k+1}{a+b-k+2}\frac{a}{a+b-k+1}=\frac{a}{a+b}$$

例 3 有 10 个同型号的精密电阻，其中恰好有 7 个一级品，3 个二级品. 求下列事件的概率：

(1) 从这些电阻中任取 4 个，其中恰好有 2 个二级品；

(2) 无放回地连续取 4 个，其中恰好有 2 个二级品；

(3) 有放回地取 4 个，其中恰好有 2 个二级品.

解 (1) 题设"从这些电阻中任取 4 个"应理解为"一次取出 4 个"，设 $A=$"任取 4 个，其中恰好有 2 个二级品"等价于"4 个电阻包含 2 个二级品，2 个一级品"，因而样本空间的基本事件总数为 C_{10}^4，事件 A 所包含的基本事件数为 $C_3^2C_7^2$，所以

$$P(A)=\frac{C_3^2C_7^2}{C_{10}^4}=\frac{\frac{3\times 2}{2\times 1}\times\frac{7\times 6}{2\times 1}}{\frac{10\times 9\times 8\times 7}{4\times 3\times 2\times 1}}=0.3$$

(2) 设 $B=$"无放回地连续取 4 个，其中恰好有 2 个二级品". 由于要考虑顺序，故样本空间的基本事件总数为 P_{10}^4，事件 B 所包含的基本事件数为 $C_4^2P_3^2P_7^2$，所以

$$P(B)=\frac{C_4^2P_3^2P_7^2}{P_{10}^4}=\frac{\frac{4\times 3}{2\times 1}\times(3\times 2)\times(7\times 6)}{10\times 9\times 8\times 7}=0.3$$

(3) 设 $C=$"有放回地连续取 4 个，其中恰好有 2 个二级品". 由于样本空间的基本事件总数为 10^4，事件 C 所包含的基本事件数为 $C_4^2\times 3^2\times 7^2$，所以

$$P(C)=\frac{C_4^2\times 3^2\times 7^2}{10^4}=0.264\,6$$

由于"无放回地一次取 1 个，连续取 k 次"的效果等于"一次取出 k 个"，故本例中的(1) 和(2) 虽然用了不同的模型，但结果是相同的. 另外应注意在"古典概型"计算中，计算"样本空间的基本事件总数"与计算"事件 A 所包含的基本事件数"时，必须在同一个样本空间中考虑，当其中一个考虑"顺序"时，另一个也必须考虑"顺序".

例 4 某单位新录用了12名工作人员，其中3名是博士. 将他们随机地平均分配到3个科室去，求

(1) 每一个科室恰有1名博士的概率；

(2) 3名博士分到同一科室的概率.

解 12名工作人员平均分配到3个科室中去等价于先抽取4个放在第一室，再抽取4个放入第二室，剩余的4个分到第三室，因而分法总数是

$$C_{12}^4 C_8^4 C_4^4 = 12!/(4!)^3 = 34\,650$$

(1) 将3名博士随机分配到3个科室是一个全排列，一共有3! 种分法，其余9名人员平均分配到3个科室去. 因而所求事件包含基本事件数为 $3!\,9!/(3!)^3$. 于是

$$P = [3!\,9!/(3!)^3]/[12!/(4!)^3] = 16/55$$

(2) 将3名博士分配到一个科室有3种分法，则其余9人的分法是 $9!/(1!\,4!\,4!)$ 种，因而所求事件包含基本数为 $3\times 9!/(4!)^2$. 于是

$$P = [3\times 9!/(4!)^2]/[12!/(4!)^3] = 3/55$$

三、概率的加法公式与减法公式

概率具有下列性质：

性质 1 不可能事件的概率：$P(\varnothing)=0$；

性质 2 求逆公式：$P(A)=1-P(\overline{A})$；

性质 3 加法公式：对任意事件 A,B，有

$$P(A\cup B)=P(A)+P(B)-P(AB)$$

特别情况下，若事件 A,B 互斥，则

$$P(A\cup B)=P(A)+P(B)$$

对于3个事件 A,B,C，有

$$P(A\cup B\cup C)=P(A)+P(B)+P(C)-P(AB)-P(AC)-P(BC)+P(ABC)$$

可以用“加奇减偶”对上式进行记忆.

性质 4 减法公式：若 $A\supset B$，则

$$P(A-B)=P(A)-P(B)$$

$$P(A)\geqslant P(B)$$

对任意事件 A,B，则有

$$P(A-B)=P(A)-P(AB)$$

例 5 已知 $P(\overline{A})=0.5$，$P(\overline{A}B)=0.2$，$P(B)=0.4$，求

(1)$P(AB)$;(2)$P(A-B)$;(3)$P(A\cup B)$;(4)$P(\overline{AB})$.

解 (1) 因为 $AB+\bar{A}B=B$,且 AB 与 $\bar{A}B$ 是不相容的,故有 $P(AB)+P(\bar{A}B)=P(B)$,于是

$$P(AB)=P(B)-P(\bar{A}B)=0.4-0.2=0.2$$

(2)$P(A)=1-P(\bar{A})=1-0.5=0.5$,

$$P(A-B)=P(A)-P(AB)=0.5-0.2=0.3$$

(3)$P(A\cup B)=P(A)+P(B)-P(AB)=0.4+0.4-0.2=0.7$

(4)$P(\overline{AB})=P(\overline{A\cup B})=1-P(A\cup B)=1-0.7=0.3$

例 6 考察某城市发行的 A,B 两种报纸,订阅 A 报的住户数占总住户数的 70%,订阅 B 报的住户数占总住户数的 50%,同时订阅两报的住户数占总住户数的 30%.求下列事件的概率:

(1)$C=$“只订阅 A 报”;

(2)$D=$“至少订阅一种报纸”;

(3)$E=$“不订阅任何报纸”;

(4)$F=$“只订阅一种报纸”.

解 设 $A=$“订阅 A 报”,$B=$“订阅 B 报”,根据题设有

$$P(A)=0.7,\quad P(B)=0.5,\quad P(AB)=0.3$$

(1) 因为 $C=A\bar{B}=A(\Omega-B)=A-AB$,而 $AB\subset A$,所以

$$P(C)=P(A-AB)=P(A)-P(AB)=0.4$$

(2) 因为 $D=A\cup B$,所以

$$P(D)=P(A\cup B)=P(A)+P(B)-P(AB)=$$
$$0.1+0.5-0.3=0.9$$

(3) 因为 $E=\bar{A}\bar{B}$, 所以

$$P(E)=P(\bar{A}\bar{B})=P(\overline{A\cup B})=1-P(A\cup B)=1-0.9=0.1$$

(4) 因为 $F=A\bar{B}\cup\bar{A}B$, $A\bar{B}$ 与 $\bar{A}B$ 互斥,所以

$$P(F)=P(A\bar{B}\cup\bar{A}B)=P(A\bar{B})+P(\bar{A}B)=$$
$$P(A)-P(AB)+P(B)-P(AB)=$$
$$0.7-0.3+0.5-0.3=0.6$$

习 题 11.3

1. 10 把钥匙中有 3 把能打开门,今任取两把,求能打开门的概率.

2. 大城市电话号码由 8 位数组成,除首位数非 0 外,其余位数可以是 0,1,

2,…,9 中的任一数,求电话号码是由完全不同的数字组成的概率.

3. 从 6 双不同的鞋中任取 4 只,求:

(1) 其中恰有两只配对的概率;

(2) 至少有两只鞋子配对的概率.

4. 某幼儿园小班有 20 个同年龄的儿童,求至少两个儿童的生日不在同一天的概率.

5. 从阿拉伯数字 0,1,2,…,9 中随意取 4 个数字(允许重复)排成一列,结果恰好形成一个四位数.求事件 $A=\{$此数含 6 不含 8$\}$ 的概率.

6. 假设箱中有 10 个除颜色外完全相同的球,其中 2 个黑球、3 个白球和 5 个红球.现在从箱中逐一地取出全部球,求红球比黑球出现得早的概率.

7. 假设 4 个人的学生证混放在一起,现在将其随意发给 4 个人.求没有一个人领到自己学生证的概率.

8. 从 1,2,…,33 共 33 个数字中任取一个,假定每个数字都以 1/33 的概率被取中,取后不还原,先后取出 7 个数字,求取中一组特定号码 A 为一等奖的概率.

9. 从一副 52 张的扑克牌中任取 4 张,求下列事件的概率:

(1) 全是黑桃;

(2) 同花;

(3) 没有两张同一花色;

(4) 同色.

11.4　条件概率与全概率公式

一、条件概率

对概率的讨论总是在一定条件下进行的,例如我们会遇到这样的情形:已知某一事件 B 发生,要求另一事件 A 的概率,这个概率记为 $P(A \mid B)$.

例 1　有两个孩子的家庭,假定(男,男),(女,女),(男,女),(女,男)发生的可能性是一样的,设 A 表示家庭恰有一男一女这一事件,B 表示这一家庭至少有一女孩这一事件.现已知该家庭至少有一个女孩,试求 A 的概率.

解　由题意可得

$$P(A)=P(AB)=\frac{1}{2}, \quad P(B)=\frac{3}{4}$$

而“现已知该家庭至少有一个女孩”等价于所有可能的情形为“(女,女),(男,女),(女,男)”,在此条件下,“恰有一男一女”这一事件等价于“(男,女),(女,男)”,因而在这样的条件下事件 A 的概率为

$$P(A \mid B)=\frac{2}{3}$$

显然
$$P(A \mid B)=\frac{2}{3} \neq P(A)=\frac{1}{2}$$

通常情况下,条件概率与无条件概率不相等. 但通过上例可以看出

$$P(A \mid B)=\frac{2}{3}=\frac{2/4}{3/4}=\frac{P(AB)}{P(B)}$$

上述结论不是偶然的,由此可以得到条件概率的定义.

定义 设 A,B 是随机试验 E 的两个随机事件,且 $P(B)>0$,则称

$$P(A \mid B)=\frac{P(AB)}{P(B)} \tag{1}$$

为在事件 B 发生的条件下,事件 A 发生的条件概率. 相应地,把 $P(B)$ 称为无条件概率.

条件概率具有下列性质:

设随机事件 E 的样本空间是 Ω;$A,B,A_1,A_2,\cdots,A_n$ 都是 E 的事件,若 $P(B)>0$,则有下列性质:

性质 1 对任一事件 A,有 $0 \leqslant P(A \mid B) \leqslant 1$;

性质 2 $P(\Omega \mid B)=1$;

性质 3 若事件 $A_1,A_2,\cdots,A_n$ 两两互不相容,则

$$P(A_1 \cup A_2 \cup \cdots \cup A_n \mid B)=\sum_{i=1}^{n} P(A_i \mid B)$$

例 2 一袋中有 10 个球,其中 3 个黑球,7 个白球,先后两次从袋中各取一球(不放回).

(1) 已知第一次取出的是黑球,求第二次取出的仍是黑球的概率.

(2) 已知第二次取出的是黑球,求第一次取出的也是黑球的概率.

解 记 A_i 为事件“第 i 次取到的是黑球”$(i=1,2)$.

(1) 在已知 A_1 发生,即第一次取到的是黑球的条件下,第二次取球就在剩下的 2 个黑球、7 个白球共 9 个球中任取 1 个,根据古典概率计算,取到黑球的概率为 2/9,即有

$$P(A_2 \mid A_1)=2/9$$

(2) 在已知 A_2 发生,即第二次取到的是黑球的条件下,求第一次取到黑

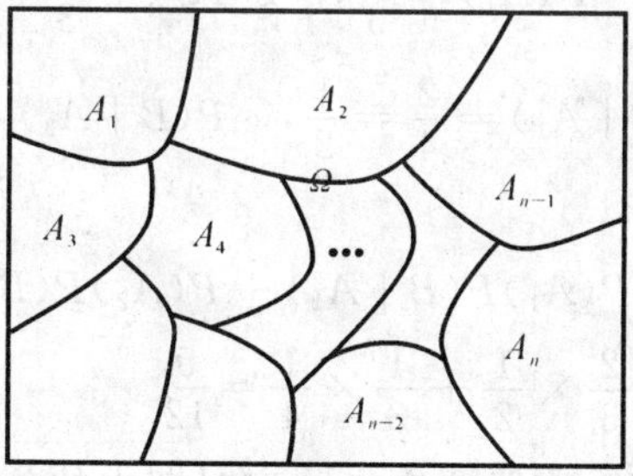

解 设 A_m 表示"4 道题中碰对 m 道题"这一事件,则

$$P(A_m)=C_4^m p^m (1-p)^{4-m}=$$

$$C_4^m\left(\frac{1}{4}\right)^m\left(\frac{3}{4}\right)^{4-m}\quad (m=0,1,2,3,4)$$

经计算得

$$P(A_1)=0.422,\ P(A_2)=0.211,\ P(A_3)=0.047,\ P(A_4)=0.004$$

例 7 一个人开门,他共有 n 把钥匙,其中仅有一把能打开这个门,他随机地选取一把钥匙开门,即每次每把以 $1/n$ 的概率选中,求该人在第 k 次打开门的概率.

解 设 A_k ="第 k 次打开门",则

$$P(A_k)=\left(1-\frac{1}{n}\right)^{k-1}\times\frac{1}{n}$$

例 8 公共电话亭有 4 台电话,设每台电话被使用的概率是 0.8. 问一个人到电话亭去打电话不需要等候的概率是多少?

解 设 A ="电话被使用",依题意知 $P(A)=0.8$.

设 B ="一个人到电话亭去打电话而不需要等候",则事件 B 相当于"事件 A 在 4 次试验中至多发生 3 次",其对立事件是"事件 A 在 4 次试验中发生 4 次".

又设 k 为 A 在 4 次试验中发生的次数,所以

$$P(B)=P(k\leqslant 3)=1-P(k=4)=$$

$$1-C_4^4 P(A)^4[1-P(A)]^{4-4}=1-0.8^4=0.590\ 4$$

例 9 已知某车间有 7 台车床,它们能否正常工作是互不干扰的. 设每台车床正常工作的概率为 0.81,试求至少有 2 台车床能正常工作的概率.

解 设 A ="至少有 2 台车床正常工作",于是 $\bar{A}$ ="最多有 1 台车床正常工作",则

$$P(\bar{A})=\sum_{k=0}^{1} C_7^k p^k (1-p)^{7-k}=$$

$$C_7^0 p^0 (1-p)^7+C_7^1 p^1 (1-p)^{7-1}=$$

$$C_7^0 (1-0.81)^7+C_7^1 0.81 (1-0.81)^{7-1}=0.000\ 3$$

则所求概率为

$$P(A)=1-P(\bar{A})=0.999\ 7$$

(3) 事件 A 表示“甲产品畅销，乙产品滞销”，则其对立事件 $\overline{A}$ 为(　　).

A. 甲产品滞销或乙产品畅销　　B. 甲产品滞销

C. 甲产品滞销且乙产品畅销　　D. 乙产品畅销

(4) 事件 A,B 为随机事件，有 $B\subset A$，则下列式子中正确的是(　　).

A. $P(A\cup B)=P(A)$　　B. $P(B-A)=P(B)-P(A)$

C. $P(AB)=P(A)$　　D. $P(B\mid A)=P(B)$

(5) 设 A,B 和 C 是任意 3 个事件，则下列选项中正确的选项是(　　).

A. 若 $A+C=B+C$，则 $A=B$　　B. 若 $A-C=B-C$，则 $A=B$

C. 若则 $\overline{A}C=BC$，则 $\overline{A}=B$　　D. 若 $\overline{A}B=AB=\varnothing$，则 $\overline{A}=B$

(6) 设 $P(A)=0.8,P(B)=0.7,P(AB)=0.8$，则下列结论中正确的是(　　).

A. A,B 相互独立　　B. A,B 互斥

C. $B\supset A$　　D. $P(A\cup B)=P(A)+P(B)$

(7) 对于任意 3 事件 A,B,C，若 $\overline{A+B}\supset C$，则下列各式正确的是(　　).

A. $\overline{A}+\overline{B}\supset\overline{C}$　　B. $\overline{AB}\supset\overline{C}$

C. $A+B\subset\overline{C}$　　D. $AB\subset C$

(8) 由 3 个独立工作的元件所组成的串联电路中，每个元件发生故障的概率依次为 0.3，0.4，0.6，则电路发生故障的概率为(　　).

A. 0.832　　B. 0.168

C. 0.072　　D. 0.760

3. 填空题

(1) 若事件 A,B 为两个随机事件，则 $AB\cup(A-B)\cup\overline{A}=$______.

(2) 将 $P(A),P(AB),P(A\cup B),P(A)+P(B)$ 用不等号联系起来为______.

(3) 若事件 A,B 满足 $A\supset B$，则 $P(A-B)=$______，$P(B-A)=$______.

(4) 设 A,B,C 是 3 事件，且 $P(A)=P(B)=P(C)=1/4,P(AB)=P(BC)=0,P(AC)=1/8$，则 A,B,C 至少有一个发生的概率为______.

(5) 若 $P(A)=0.4,P(A\cup B)=0.7$，若事件 A,B 互斥，则 $P(B)=$______；若事件 A,B 独立，则 $P(B)=$______.

(6) 同时抛掷 3 枚均匀的硬币，则恰好有 2 枚正面向上的概率是______.

(7) 在含有两只次品的 10 只晶体管中抽取两次，每次任取 1 只，取后不放

球的概率. 由于第一次取球发生在第二次取球之前,故问题的结构不像问题(1)那么直观. 可按定义计算 $P(A_1 \mid A_2)$.

由 $P(A_1A_2)=\frac{\mathrm{P}_3^2}{\mathrm{P}_{10}^2}=\frac{1}{15}$, $P(A_2)=\frac{3}{10}$,可得

$$P(A_1 \mid A_2)=\frac{P(A_1A_2)}{P(A_2)}=\frac{2}{9}$$

注 ① 用文氏图表示式(1),如图11.9所示. 若事件 B 已发生,则为使 A 也发生,试验结果必须是既在 B 中又在 A 中的样本点,即此点必属于 AB. 因已知 B 已发生,故 B 成为计算条件概率 $P(A \mid B)$ 的新的样本空间. ② 计算条件概率有两种方法:其一,在样本空间 Ω 中,先求事件 $P(AB)$ 和 $P(B)$,再按定义计算 $P(A \mid B)$;其二,在缩减的样本空间 B 中求事件 A 的概率,就得到 $P(A \mid B)$.

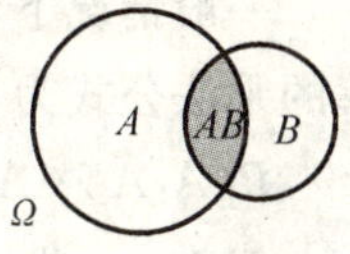

图 11.9

例3 甲、乙两厂共生产1 000个零件,其中有300个是乙厂生产的,而在这300个零件中有297个是一等品. 现从1 000个零件中任取一个,设 A 表示"取到一个一等品", B 表示"取到乙厂生产的产品". 试分别求 $P(AB)$ 与 $P(A \mid B)$.

解 由古典概率的定义得

$$P(AB)=\frac{297}{1\,000},\quad P(B)=\frac{300}{1\,000}$$

由条件概率的定义得

$$P(A \mid B)=\frac{P(AB)}{P(B)}=\frac{297/1\,000}{300/1\,000}=\frac{297}{300}$$

$P(AB)$ 与 $P(A \mid B)$ 在概念上有较大的区别: $P(AB)$ 表示"取到一个既是乙厂生产的又是一等品"的概率,而 $P(A \mid B)$ 表示"在乙厂生产的产品中取到一个一等品"的概率. 如果直接都用古典概率的定义来计算,计算 $P(AB)$ 时考虑的样本空间基本事件总数为1 000,而在计算 $P(A \mid B)$ 时考虑的样本空间基本事件总数为300.

二、乘法公式

由条件概率的定义,有

$$P(AB)=P(B)P(A \mid B)\quad (P(B)>0) \tag{2}$$

注意到 $AB=BA$ 及 A,B 的对称性,有

$$P(AB)=P(A)P(B \mid A)\quad (P(A)>0) \tag{3}$$

式(2)和式(3)都称为乘法公式,利用它们可计算两个事件同时发生的概率.

乘法公式可以推广到多个事件同时发生的情形. 例如,对于3个事件A_1,A_2,A_3,当$P(A_1A_2)>0$时,概率的乘法公式为

$$P(A_1A_2A_3)=P(A_1A_2)P(A_3\mid A_1A_2)=P(A_1)P(A_2\mid A_1)P(A_3\mid A_1A_2)$$

一般情况下,对于n个事件$A_1,A_2,\cdots,A_n$,当$P(A_1A_2\cdots A_{n-1})>0$时,概率的乘法公式为

$$P(A_1A_2\cdots A_n)=P(A_1)P(A_2\mid A_1)P(A_3\mid A_1A_2)\cdots P(A_n\mid A_1A_2\cdots A_{n-1})$$

例4 一袋中装10个球,其中3个黑球、7个白球,先后两次从中随意各取一球(不放回),求两次取到的均为黑球的概率.

解 设A_i表示事件"第i次取到的是黑球"($i=1,2$),则A_1A_2表示事件"两次取到的均为黑球".由题设知

$$P(A_1)=\frac{3}{10},\quad P(A_2\mid A_1)=\frac{2}{9}$$

于是根据乘法公式,有

$$P(A_1A_2)=P(A_1)P(A_2\mid A_1)=\frac{3}{10}\times\frac{2}{9}=\frac{1}{15}$$

例5 口袋中有1个白球、1个黑球. 从中任取1个,若取出白球,则试验停止;若取出黑球,则把取出的黑球放回的同时,再加入1个黑球,如此下去,直到取出的是白球为止,试求下列事件的概率:

(1) 取到第n次,试验没有结束;

(2) 取到第n次,试验恰好结束.

解 记事件A_i为"第i次取到黑球"($i=1,2,\cdots$).

(1) 所求概率为$P(A_1A_2\cdots A_n)$,用乘法公式得

$$P(A_1A_2\cdots A_n)=\frac{1}{2}\times\frac{2}{3}\times\cdots\times\frac{n}{n+1}=\frac{1}{n+1}$$

(2) 所求概率为$P(A_1A_2\cdots\overline{A_n})$,用乘法公式得

$$P(A_1A_2\cdots\overline{A_n})=\frac{1}{2}\times\frac{2}{3}\times\cdots\times\frac{n-1}{n}=\frac{1}{n(n+1)}$$

三、全概率公式

对一个随机试验,某结果的发生可能有多种原因,每一原因对这结果的发生都有一定的作用. 这个结果发生的可能性与各种原因的作用大小有关. 用

概率语言来说就是：某一复杂事件是(分解为)若干个不相容的简单事件之和，复杂事件发生的概率与各简单事件发生的概率有关. 这种从概率上表达它们发生可能性之间的关系的一个公式，就是全概率公式.

首先介绍样本空间的分割.

设事件 $A_1, A_2, \cdots, A_n$ 是样本空间 Ω 的一个分割，即它们两两互不相容，且满足：

(1) $P(A_i) > 0 (i=1,2,\cdots,n)$；

(2) $\sum_{i=1}^{n} A_i = \Omega$.

不难看出，如果 $A_1, A_2, \cdots, A_n$ 是样本空间 Ω 的一个分割，则每次试验有且只有 $A_1, A_2, \cdots, A_n$ 当中的一个发生.

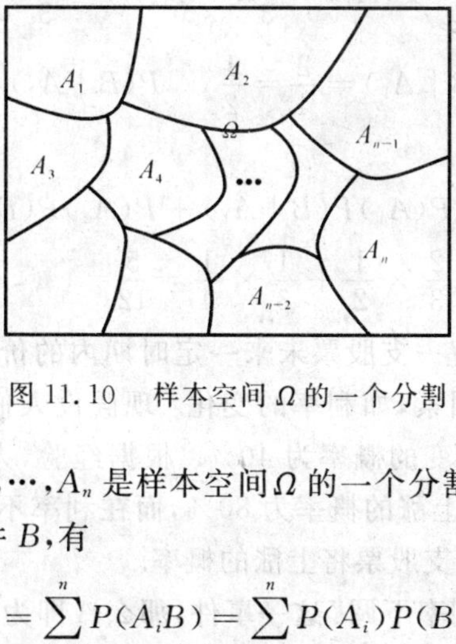

图 11.10　样本空间 Ω 的一个分割

定理　设 $A_1, A_2, \cdots, A_n$ 是样本空间 Ω 的一个分割，且 $P(A_i) > 0 (i=1,2,\cdots,n)$，则对任一事件 B，有

$$P(B) = \sum_{i=1}^{n} P(A_i B) = \sum_{i=1}^{n} P(A_i) P(B \mid A_i) \tag{4}$$

式(4)称为全概率公式.

全概率公式的本质含义是复杂事件的概率可以化为简单事件的概率之和. 图 11.11 直观地解释了全概率公式的含义.

例 6　有两个箱子，甲箱中装有两个白球，一个黑球；乙箱中装有一个白球，两个黑球. 现由甲箱中任取一球放入乙箱，再从乙箱中任取一球，问取到白球的概率是多少？

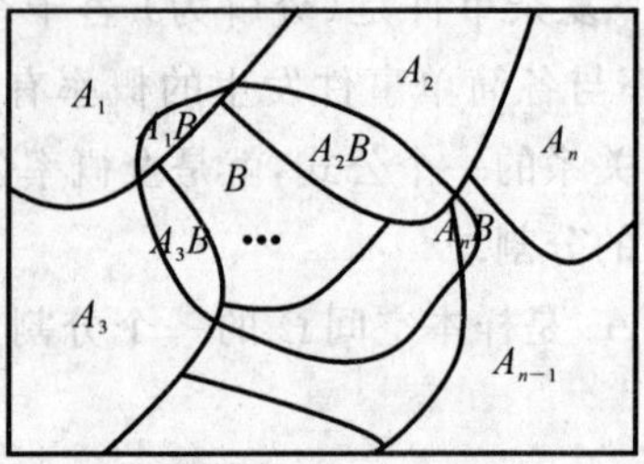

图 11.11　全概率公式的含义

解　设 A_1 表示"从甲箱中取出一白球"这一事件，A_2 表示"从甲箱中取出一黑球"这一事件，B 表示"从乙箱中取出一白球"这一事件，则

$$P(A_1)=\frac{2}{3},\quad P(A_2)=\frac{1}{3}$$

$$P(B\mid A_1)=\frac{2}{4}=\frac{1}{2},\quad P(B\mid A_2)=\frac{1}{4}$$

因而

$$P(B)=P(A_1)P(B\mid A_1)+P(A_2)P(B\mid A_2)=$$
$$\frac{2}{3}\times\frac{1}{2}+\frac{1}{3}\times\frac{1}{4}=\frac{5}{12}$$

例 7　人们为了解一支股票未来一定时期内的价格变化，往往会去分析影响股票价格的基本因素，如利率的变化．现假设人们经分析估计利率下调的概率为 60%，利率不变的概率为 40%．根据经验，人们估计在利率下调的情况下，该支股票价格上涨的概率为 80%，而在利率不变的情况下，其价格上涨的概率为 40%，求该支股票将上涨的概率．

解　设 A 表示"利率下调"这一事件，那么 $\overline{A}$ 即为"利率不变"，B 表示"股票价格上涨"．据题设知

$$P(A)=60\%,\quad P(\overline{A})=40\%$$
$$P(B\mid A)=80\%,\quad P(B\mid\overline{A})=40\%$$

于是

$$P(B)=P(A)P(B\mid A)+P(\overline{A})P(B\mid\overline{A})=$$
$$60\%\times 80\%+40\%\times 40\%=64\%$$

四、贝叶斯公式

根据全概率公式的推导，Ω 的分割事实上可以缩小到对 B 的分割，即事件

B 能且只能与两两互不相容事件 $A_1,A_2,\cdots,A_n$ 之一同时发生，即

$$B=\sum_{i=1}^{n}BA_i$$

由于

$$P(A_iB)=P(A_i)P(B\mid A_i)$$

因此

$$P(A_i\mid B)=\frac{P(A_iB)}{P(B)}=\frac{P(A_i)P(B\mid A_i)}{P(B)}=\frac{P(A_i)P(B\mid A_i)}{\sum\limits_{j=1}^{n}P(A_j)P(B\mid A_j)}\tag{5}$$

式(5) 称为贝叶斯公式.

假设事件 $A_1,A_2,\cdots,A_n$ 是导致试验结果的"原因"，则 $P(A_i)$ 通常称为先验概率，它反映了各种"原因" 发生的可能性大小，一般是以往的总结，在随机试验前已经知道. 现在若试验产生了事件 B，这个信息将有助于探讨事件发生的"原因". 条件概率 $P(A_i\mid B)$ 称为后验概率，它反映了试验之后对各种"原因" 发生的可能性大小的新认识.

例 8　假定用血清甲胎蛋白法诊断肝癌，以 C 表示"被检验者患有肝癌"这一事件，以 A 表示"判断被检验者患有肝癌" 这一事件. 假设这一检验法相应的概率为

$$P(A\mid C)=0.95,\quad P(\overline{A}\mid\overline{C})=0.90$$

又设在人群中 $P(C)=0.000\,4$. 现在若有一人被此检验法诊断为患有肝癌，求此人真正患有肝癌的概率 $P(C\mid A)$.

解　$P(\overline{C})=1-P(C)=0.999\,6$

$P(A\mid\overline{C})=1-P(\overline{A}\mid\overline{C})=0.1$

由贝叶斯公式，有

$$P(C\mid A)=\frac{P(C)P(A\mid C)}{P(C)P(A\mid C)+P(\overline{C})P(A\mid\overline{C})}=\frac{0.000\,4\times0.95}{0.000\,4\times0.95+0.999\,6\times0.1}=0.003\,8$$

因此，虽然检验法相当可靠，但是被诊断为肝癌的人确实患有肝癌的可能性并不大.

例 9　有朋友自远方来访，乘火车来的概率是 3/10，乘船、乘汽车、乘飞机来的概率分别为 1/5，1/10，2/5. 若他乘火车，迟到的概率是 1/4；如果乘船、乘汽车来，迟到的概率分别是 1/3，1/12；如果乘飞机便不会迟到，即迟到的概率为 0. 在结果是迟到的情况下，求他是乘火车来的概率.

解 设 A_1, A_2, A_3, A_4 分别表示乘火车、乘船、乘汽车、乘飞机来的事件，以 B 表示迟到这一事件，由贝叶斯公式，有

$$P(A_1 \mid B) = \frac{P(A_1)P(B \mid A_1)}{P(A_1)P(B \mid A_1) + P(A_2)P(B \mid A_2) + P(A_3)P(B \mid A_3) + P(A_4)P(B \mid A_4)} = \frac{3/10 \times 1/4}{3/10 \times 1/4 + 1/5 \times 1/3 + 1/10 \times 1/12 + 2/5 \times 0} = \frac{1}{2}$$

贝叶斯公式最大限度地利用现有信息，重新估计事件发生的概率. 用贝叶斯公式进行判断估计的方法称为贝叶斯决策. 在商业经营、生产管理、提高诊断水平等经济、社会问题中，贝叶斯决策是常用而有效的方法.

习　题　11.4

1. 设 A, B 为两事件，$P(A) = P(B) = 1/3$，$P(A \mid B) = 1/6$，求 $P(\overline{A} \mid \overline{B})$.

2. 已知 $P(A) = 1/4$，$P(B \mid A) = 1/3$，$P(A \mid B) = 1/2$，求 $P(A \cup B)$.

3. 袋中有 5 个球，其中 3 个红球，2 个白球. 现从袋中不放回地连取两个，已知第一次取到红球，求第二次取到白球的概率.

4. 一批灯泡共 100 只，其中 10 只是次品，其余为正品. 作不放回抽取，每次取一只，求第三次才取到正品的概率.

5. 设一个新生婴儿在 40 岁和 60 岁以前死亡的概率分别是 0.14 和 0.33，求一个 40 岁的人能活到 60 岁的概率.

6. 10 张考签中有三张难签，甲、乙、丙不放回地依次各抽一张. 求

(1) 甲没有抽到难签时，乙抽到难签的概率；

(2) 甲、乙都没有抽到难签时，丙抽到难签的概率.

7. 某寝室 4 名同学分到一张演唱会的门票，为此抽签决定谁去. 求第 3 名同学抽到演唱会门票的概率.

8. 设某批产品中，甲、乙、丙三厂生产的产品分别占 45%，35%，20%，各厂的产品的次品率分别为 4%，2%，5%，现从中任取一件.

(1) 求取到的是次品的概率；

(2) 经检验发现取到的产品为次品，求该产品是甲厂生产的概率.

9. 已知男人中有 5% 是色盲患者，女人中有 0.25% 是色盲患者，今从男女人数相等的人群中随机地挑选一人，发现恰好是色盲患者，问此人是男性的概率是多少？

10. 学生在做一道有 4 个选项的单项选择题时，如果他不知道问题的正确

答案时，就作随机猜测. 现从卷面上看题是答对了，试在以下情况下求学生确实知道正确答案的概率：

(1) 学生知道正确答案和胡乱猜测的概率都是 1/2；

(2) 学生知道正确答案的概率是 0.2.

11.5 事件的独立性

在上节中讨论了条件概率 $P(B \mid A)$ 与无条件概率 $P(B)$ 通常是不同的，但在一些情况下，两者相等，即条件概率 $P(B \mid A)$ 等于无条件概率 $P(B)$，根据条件概率的定义，下面引出事件独立性的定义.

一、两个事件的独立性

定义 1 设 A 与 B 为两个事件，若

$$P(AB) = P(A)P(B) \tag{1}$$

则称 A 与 B 是相互独立的.

由定义 1，可以得知如下性质成立：

性质 1 必然事件 Ω、不可能事件 $\varnothing$ 与任何事件独立.

性质 2 设 A 与 B 为两个事件，若 A 与 B 相互独立，且 $P(B) > 0$，则 $P(A \mid B) = P(A)$. 反之亦然.

性质 3 如果 A 与 B 相互独立，则 A 与 $\bar{B}$，$\bar{A}$ 与 B，$\bar{A}$ 与 $\bar{B}$ 相互独立.

事件的独立性是个重要的概念，在实际问题中，可根据具体问题中独立性的实际意义来判断. 比如，两个人去射击，"甲击中"与"乙击中"可以认为相互没有影响，即可以认为相互独立. 但像"甲地方下雨"与"乙地方下雨"就不能轻易判定是相互独立的，因为它们可能存在着内在的联系.

例 1 两名考生独立参加一次英语过级考试，已知他们能通过的概率分别是 0.5 和 0.6. 求：

(1) 他们都能通过的概率；

(2) 他们都没有通过的概率.

解 设两名考生能通过英语过级考试的事件分别为 A，B，则他们都能通过的事件可表示为 AB，他们都没有通过的事件可表示为 $\overline{AB}$. 因为事件 A，B 独立，且

$$P(A) = 0.6, \quad P(B) = 0.6$$

所以

(1)$P(AB)=P(A)P(B)=0.5\times0.6=0.3.$

(2)$P(\overline{A}\overline{B})=P(\overline{A})P(\overline{B})=[1-P(A)][1-P(B)]=$

$$(1-0.5)\times(1-0.6)=0.2$$

例 2　已知甲、乙射手的命中率分别为 0.77 和 0.84,他们各自独立地向同一目标射击一次. 试求目标被击中的概率.

解　设 $A=$"甲击中目标",$B=$"乙击中目标",于是

$$P(A)=0.77,\quad P(B)=0.84$$

题设中的"目标被击中"即为"甲、乙射手至少有一人击中目标",故本题实际上求的是事件 $A\cup B$ 的概率. 依据事件 A,B 具有独立性和相容性的特点,大体上可以有 3 种求解方法.

方法 1　从事件 $A+B$ 的互斥分解出发

$$\begin{aligned}P(A\cup B)=&P(A\overline{B}+\overline{A}B+AB)=\\&P(A)P(\overline{B})+P(\overline{A})P(B)+P(A)P(B)=\\&0.77\times(1-0.84)+(1-0.77)\times0.84+\\&0.77\times0.84=0.963\,2\end{aligned}$$

方法 2　从事件概率的加法公式出发

$$\begin{aligned}P(A\cup B)=&P(A)+P(B)-P(A)P(B)=\\&0.77+0.84-0.77\times0.84=0.963\,2\end{aligned}$$

方法 3　从事件 $A\cup B$ 的对立事件出发

$$\begin{aligned}P(A\cup B)=&1-P(\overline{A+B})=1-P(\overline{A}\overline{B})=\\&1-P(\overline{A})P(\overline{B})=1-[1-P(A)][1-P(B)]=\\&1-(1-0.77)(1-0.84)=0.963\,2\end{aligned}$$

二、有限个事件的独立性

下面把独立性的概念推广到多个事件的情形,先定义 3 个事件的独立性.

定义 2　对于事件 A,B,C,若下列 4 个等式同时成立,则称 A,B,C 相互独立.

$$\left.\begin{aligned}P(AB)=P(A)P(B)\\P(BC)=P(B)P(C)\\P(AC)=P(A)P(C)\\P(ABC)=P(A)P(B)P(C)\end{aligned}\right\}\qquad(2)$$

类似地,可以定义任何 n 个事件的相互独立性.

定义 3　设有 n 个事件 $A_1,A_2,\cdots,A_n$,若对于事件 $A_1,A_2,\cdots,A_n$ 满足

等式

$$\left.\begin{array}{l}P(A_iA_j)=P(A_i)P(A_j)\\P(A_iA_jA_k)=P(A_i)P(A_j)P(A_k)\\\quad\cdots\cdots\\P(A_1A_2\cdots A_n)=P(A_1)P(A_2)\cdots P(A_n)\end{array}\right\}\tag{3}$$

则称 $A_1,A_2,\cdots,A_n$ 相互独立.

一般常用最后一式. 例如若这 n 个事件是相互独立的,则

$$\begin{aligned}P(A_1\cup A_2\cup\cdots\cup A_n)&=1-P(\overline{A_1\cup A_2\cup\cdots\cup A_n})=\\&1-P(\overline{A_1}\,\overline{A_2}\cdots\overline{A_n})=\\&1-P(\overline{A_1})P(\overline{A_2})\cdots P(\overline{A_n})\end{aligned}\tag{4}$$

$$\begin{aligned}P(\overline{A_1}\cup\overline{A_2}\cup\cdots\cup\overline{A_n})&=1-P(\overline{\overline{A_1}\cup\overline{A_2}\cup\cdots\cup\overline{A_n}})=\\&1-P(A_1A_2\cdots A_n)=\\&1-P(A_1)P(A_2)\cdots P(A_n)\end{aligned}\tag{5}$$

例 3　若每个人血清中含有肝炎病毒的概率为 0.4%,假设每个人血清中是否含有肝炎病毒相互独立,混合 100 个人的血清,求此血清中含有肝炎病毒的概率.

解　设 $A_i(i=1,2,\cdots,100)$ 表示"第 i 个人的血清中含有肝炎病毒"这一事件,假设 $A_i(i=1,2,\cdots,100)$ 相互独立,则所求概率为

$$\begin{aligned}P(A_1\cup A_2\cup\cdots\cup A_{100})&=1-P(\overline{A_1})P(\overline{A_2})\cdots P(\overline{A_{100}})=\\&1-0.996^{100}\approx 0.33\end{aligned}$$

例 4　3 个人独立地去破译一个密码,他们能译出密码的概率分别为 0.6, 0.7, 0.8,求密码被破译的概率.

解　设 $A_i(i=1,2,3)$ 表示"第 i 个人能译出密码"这一事件,依题意得

$$P(A_1)=0.6,\quad P(A_2)=0.7,\quad P(A_3)=0.8$$

且 A_1,A_2,A_3 相互独立,因为"密码被破译"可表示为 $A_1\cup A_2\cup A_3$,所以

$$\begin{aligned}P(A_1\cup A_2\cup A_3)&=1-P(\overline{A_1})P(\overline{A_2})P(\overline{A_3})=\\&1-(1-0.6)(1-0.7)(1-0.8)=0.976\end{aligned}$$

例 5　设某种型号的高射炮对正在行进中的飞机射击,其命中率为 0.002. 如果 2 500 门同型号的高射炮独立地同时各射击一次. 试求飞机被击中的概率.

解　设 $A=$"飞机被击中",$A_i=$"第 i 门炮击中飞机",$i=1,2,\cdots,2\,500$,"飞机被击中"即为"至少有一门炮击中飞机",故有 $A=A_1+A_2+\cdots+A_{2\,500}$,

由题设知

$$P(A_i)=0.002\quad(i=1,2,\cdots,2\,500)$$

于是得

$$P(A)=1-(1-0.002)^{2\,500}\approx 1-0.006\,7=0.993\,3$$

三、伯努利试验

如果随机试验只有两种可能的结果：事件A发生和事件A不发生，则称这样的试验为伯努利(Bernoulli) 试验. 记

$$P(A)=p,P(\overline{A})=q=1-p\quad(0<p<1)$$

将伯努利试验独立地重复n次，称这一串重复的独立试验为n重伯努利试验，或简称为伯努利概型. 对于n重伯努利试验：

(1) 每次试验只有两种可能的结局，分别称做“成功”和“失败”；

(2) 各次试验成功的概率相同；

(3) 各次试验相互独立：若以$C_i(i=1,2,\cdots,n)$表示第i次试验出现的事件，设$C_i=A$(成功)或$\overline{A}$(失败)，则

$$P(C_1C_2\cdots C_n)=P(C_1)P(C_2)\cdots P(C_n)$$

例如在不变的条件下接连进行n次射击、观察n台独立运转的设备工作是否正常等都是n重伯努利试验. 伯努利试验作为一种随机试验的模型，在实际中得到非常广泛的应用. 其特点是：事件A在每次试验中发生的概率均为p，且不受其他各次试验中A是否发生的影响.

定理 1(伯努利定理)　设在一次试验中事件A发生的概率为$p(0<p<1)$，则在n重伯努利试验中，事件A恰好发生k次的概率为

$$P_n(k)=C_n^k p^k(1-p)^{n-k}\quad(k=0,1,2,\cdots,n)\tag{6}$$

式(6) 通常被称为二项概率分布.

定理 2　设在一次试验中，事件A发生的概率为$p(0<p<1)$，则在n重伯努利试验中，事件A在第k次试验中才首次发生的概率为

$$p(1-p)^{k-1}\quad(k=0,1,2,\cdots,n)\tag{7}$$

式(7) 通常被称为几何概率分布.

事件A在第k次试验中才首次发生等价于在k次试验组成的k重伯努利试验中事件A在前$k-1$次试验中均不发生而在第k次试验中发生.

例 6　设某考卷上有10道选择题，每道题有4个可供选择的答案，其中一个为正确答案. 今有一考生仅会做6道题，有4道题不会做，于是随意填写，试问能碰对$m(m=0,1,2,3,4)$道题的概率.

解　设 A_m 表示“4 道题中碰对 m 道题”这一事件，则

$$P(A_m)=C_4^m p^m (1-p)^{4-m}=$$

$$C_4^m\left(\frac{1}{4}\right)^m\left(\frac{3}{4}\right)^{4-m}\quad (m=0,1,2,3,4)$$

经计算得

$$P(A_1)=0.422,\ P(A_2)=0.211,\ P(A_3)=0.047,\ P(A_4)=0.004$$

例 7　一个人开门，他共有 n 把钥匙，其中仅有一把能打开这个门，他随机地选取一把钥匙开门，即每次每把以 $1/n$ 的概率选中，求该人在第 k 次打开门的概率.

解　设 A_k＝“第 k 次打开门”，则

$$P(A_k)=\left(1-\frac{1}{n}\right)^{k-1}\times\frac{1}{n}$$

例 8　公共电话亭有 4 台电话，设每台电话被使用的概率是 0.8. 问一个人到电话亭去打电话不需要等候的概率是多少？

解　设 A＝“电话被使用”，依题意知 $P(A)=0.8$.

设 B＝“一个人到电话亭去打电话而不需要等候”，则事件 B 相当于“事件 A 在 4 次试验中至多发生 3 次”，其对立事件是“事件 A 在 4 次试验中发生 4 次”.

又设 k 为 A 在 4 次试验中发生的次数，所以

$$P(B)=P(k\leqslant 3)=1-P(k=4)=$$

$$1-C_4^4 P(A)^4[1-P(A)]^{4-4}=1-0.8^4=0.5904$$

例 9　已知某车间有 7 台车床，它们能否正常工作是互不干扰的. 设每台车床正常工作的概率为 0.81，试求至少有 2 台车床能正常工作的概率.

解　设 A＝“至少有 2 台车床正常工作”，于是 $\overline{A}$＝“最多有 1 台车床正常工作”，则

$$P(\overline{A})=\sum_{k=0}^{1}C_7^k p^k (1-p)^{7-k}=$$

$$C_7^0 p^0 (1-p)^7+C_7^1 p^1 (1-p)^{7-1}=$$

$$C_7^0 (1-0.81)^7+C_7^1 0.81 (1-0.81)^{7-1}=0.0003$$

则所求概率为

$$P(A)=1-P(\overline{A})=0.9997$$

习　题　11.5

1. 甲、乙两人射击,甲击中的概率为 0.8,乙击中的概率为 0.7,两人同时射击,并假定中靶与否是相互独立的.求

(1) 两人都中靶的概率;

(2) 甲中靶而乙不中靶的概率;

(3) 甲不中靶而乙中靶的概率.

2. 某机械零件的加工由两道工序组成,第 1 道工序的废品率为 0.015,第 2 道工序的废品率为 0.02,假定两道工序出废品是彼此独立的,求产品的合格率.

3. 电灯泡使用寿命在 1 000 h 以上的概率为 0.2,求 3 个灯泡在使用 1 000 h 后最多只有 1 个坏了的概率.

4. 一射手对同一目标独立地进行 4 次射击,若至少命中一次的概率为 80/81,试求该射手进行一次射击的命中率.

5. 甲、乙、丙 3 部机床独立地工作,由 1 人照管. 某段时间它们不需要照管的概率依次是 0.9,0.8,0.85. 求在这段时间内,机床因无人照管而停止的概率.

6. 中日围棋对抗赛各派五名棋手出场,进行 5 盘棋的比赛,假设对阵的两名棋手水平相当,而且要分出胜负. 求:

(1) 中方恰好获胜 3 盘的概率;

(2) 中方取得这次对抗赛胜利的概率.

7. 有一大批产品,其验收方案如下:先做第一次检验,从中任取 10 件,经检验无次品,则接受这批产品;若次品数大于 2,则拒收;否则做第二次检验,其做法是从中再任取 5 件,仅当 5 件中无次品时接受这批产品. 若产品的次品率为 10%,求:

(1) 这批产品经第一次检验就能被接受的概率;

(2) 需做第二次检验的概率;

(3) 这批产品按第二次检验的标准被接受的概率;

(4) 这批产品在第一次检验未能做决定且第二次检验时被通过的概率;

(5) 这批产品被接受的概率.

8. 已知某中学学生参加假期射击训练,设命中率为 0.3,各次射击在独立

条件下进行.试回答下列问题：

(1) 该生对同一目标射击 7 次,目标被击中的概率是多少?

(2) 为确保该生击中目标的概率达到 95% 以上,为此至少应安排多少次射击?

9. 甲、乙两选手进行乒乓球单打比赛,已知每局甲胜的概率为 0.6,乙胜的概率为 0.4. 比赛可采用三局二胜制或五局三胜制,问哪一种比赛制度对甲更有利?

10. 医学资料表明一个人属 O,A,B,AB 血型的概率分别为 0.46,0.40,0.11,0.03. 现任意从人群中选择非直系亲属的 8 人检验其血型. 试求下列事件的概率：

(1) 恰有 2 人为 O 型；

(2) 无 1 人为 AB 型；

(3)5 人为 O 型,其余 3 人为 A 型；

(4)5 人为 O 型,其余 3 人分别为 A,B,AB 型.

总习题 11

1. 判断题(对的打 √,错的打 ×)

(1) 若 $A \subset B$,则 $\overline{B} \subset \overline{A}$.　(　)

(2) $(A \cup B) - B = A$.　(　)

(3) $A(B - C) = AB - AC$.　(　)

(4) 若 $AB = \varnothing$,$C \subset A$,则 $BC = \varnothing$.　(　)

(5) 如果 A 与 B 互为对立事件,则 $\overline{A}$ 与 $\overline{B}$ 也互为对立事件.　(　)

2. 选择题

(1) 事件 A,B 为两个随机事件,有 $A \supset B$,则下列命题中正确的是(　　).

A. A 与 B 必同时发生　　B. A 发生,B 必发生

C. A 不发生,B 必不发生　　D. B 不发生,A 必不发生

(2) 甲、乙两个篮球队进行比赛,假设有 3 种可能的结局:甲胜、乙胜与平局. 考虑事件 A 表示“甲胜乙负”,则其对立事件 $\overline{A}$ 为(　　).

A. 甲胜而乙胜　　B. 甲和乙平局

C. 甲胜或平局　　D. 乙胜或平局

(3) 事件 A 表示“甲产品畅销,乙产品滞销”,则其对立事件 $\overline{A}$ 为(　　).

A. 甲产品滞销或乙产品畅销　　B. 甲产品滞销

C. 甲产品滞销且乙产品畅销　　D. 乙产品畅销

(4) 事件 A,B 为随机事件,有 $B\subset A$,则下列式子中正确的是(　　).

A. $P(A\cup B)=P(A)$　　B. $P(B-A)=P(B)-P(A)$

C. $P(AB)=P(A)$　　D. $P(B\mid A)=P(B)$

(5) 设 A,B 和 C 是任意 3 个事件,则下列选项中正确的选项是(　　).

A. 若 $A+C=B+C$,则 $A=B$　　B. 若 $A-C=B-C$,则 $A=B$

C. 若则 $AC=BC$,则 $A=B$　　D. 若 $\overline{A}B=AB=\varnothing$,则 $\overline{A}=B$

(6) 设 $P(A)=0.8$,$P(B)=0.7$,$P(AB)=0.8$,则下列结论中正确的是(　　).

A. A,B 相互独立　　B. A,B 互斥

C. $B\supset A$　　D. $P(A\cup B)=P(A)+P(B)$

(7) 对于任意 3 事件 A,B,C,若 $\overline{A+B}\supset\overline{C}$,则下列各式正确的是(　　).

A. $\overline{A}+\overline{B}\supset\overline{C}$　　B. $\overline{AB}\supset\overline{C}$

C. $A+B\subset\overline{C}$　　D. $AB\subset C$

(8) 由 3 个独立工作的元件所组成的串联电路中,每个元件发生故障的概率依次为 0.3,0.4,0.6,则电路发生故障的概率为(　　).

A. 0.832　　B. 0.168

C. 0.072　　D. 0.760

3. 填空题

(1) 若事件 A,B 为两个随机事件,则 $AB\cup(A-B)\cup\overline{A}=$ ______.

(2) 将 $P(A),P(AB),P(A\cup B),P(A)+P(B)$ 用不等号联系起来为______.

(3) 若事件 A,B 满足 $A\supset B$,则 $P(A-B)=$ ______,$P(B-A)=$ ______.

(4) 设 A,B,C 是 3 事件,且 $P(A)=P(B)=P(C)=1/4$,$P(AB)=P(BC)=0$,$P(AC)=1/8$,则 A,B,C 至少有一个发生的概率为______.

(5) 若 $P(A)=0.4$,$P(A\cup B)=0.7$,若事件 A,B 互斥,则 $P(B)=$ ______;若事件 A,B 独立,则 $P(B)=$ ______.

(6) 同时抛掷 3 枚均匀的硬币,则恰好有 2 枚正面向上的概率是______.

(7) 在含有两只次品的 10 只晶体管中抽取两次,每次任取 1 只,取后不放

回，则两只都是正品的概率为______；1 只正品、1 只次品的概率为______.

(8) 若 10 件产品中有 3 件次品，一次任取 4 件，则 4 件产品中恰有 1 件次品的概率是______.

4. 写出下列随机试验构成的样本空间 Ω：

(1) 从甲、乙、丙、丁 4 位学生中推选 2 位参加数学竞赛，其中一位参加省级竞赛，另一位参加全国竞赛.

(2) 3 枚硬币同时抛掷一次，A_i 表示"第 $i(i=1,2,3)$ 枚硬币抛出正面".

(3) 2 位特邀评委对某歌手可否入围的表决，表决可以允许弃权. 分别用记号"√""×""○"表示赞成、反对、弃权.

(4) 对 1 批产品的抽样检验，每次任取 1 件，取后放回，再从中任取 1 件，如此接连抽取，抽取次数不限，若发现次品即中止抽取. 记 A_i 表示"第 $i(i=1,2,\cdots)$ 次抽到次品".

5. 从 0,1,…,9 中，随意取出 4 个数字（允许重复）排成一列，结果恰好形成一个四位数. 求下列事件的概率：

(1) 4 个数字两两不等；

(2) 此数是奇数；

(3) 6 至少出现一次；

(4) 6 恰好出现一次.

6. 设有两箱同一种商品，第一箱内装 50 件，其中 10 件优质品；第二箱内装 30 件，其中 18 件优质品. 现在随意打开一箱，然后从箱中先后随意取出两件.

(1) 求先取出的是优质品的概率.

(2) 在先取出的是优质品的条件下，求后取出的也是优质品的条件概率.

7. 假设箱中有一个球，只知道不是白球就是红球. 现在将两个白球放进箱中，然后从箱中随意取出一个球，结果是白球. 求箱中原来是白球的概率.

8. 假若每个人血清中有肝炎病毒的概率为 0.4%，混合 100 个人的血清，求此血清中含有肝炎病毒的概率.

9. 某种彩票的中奖面为 10%，某人一次买了 10 张，求其中奖的概率.

10. 设每次试验 A 出现的概率相等，此试验独立重复 3 次. 已知 A 至少出现一次的概率为 19/27. 求事件 A 在一次试验中出现的概率.

11. 一个医生知道某种疾病自然痊愈率为 0.25，为试验一种新药是否有

效,把它给 10 个病人服用,且规定若 10 个病人中至少有 4 个治好则认为这种药有效,反之则认为无效.求:

(1) 虽然新药有效,且把痊愈率提高到 0.35,但通过试验却被否定的概率;

(2) 新药完全无效,但通过试验却认为有效的概率.

第 12 章 随机变量及其数字特征

一、教学内容

随机变量:随机变量的概念,离散型随机变量及其分布律,常见的离散型随机变量 —— 两点分布、二项分布、泊松分布,连续型随机变量及其分布密度,常见的连续型随机变量 —— 均匀分布、正态分布,分布函数的概念及其性质,随机变量函数的分布.

随机变量的数字特征:离散型随机变量的数学期望的定义,连续型随机变量的数学期望的定义,数学期望的性质,随机变量函数的数学期望,随机变量的方差及其性质,标准差的定义,常见分布的期望与方差,矩(原点矩和中心矩)的概念.

二、重要概念、结论与公式

1. 随机变量及其分布函数

(1) 分布函数:$F(x)=P\{X\leqslant x\}$ $(-\infty<x<+\infty)$,X 是一个随机变量,x 为任意实数.

(2) 分布函数的性质:

1)$F(x)$ 是 x 的单调不减函数.

2)$0\leqslant F(x)\leqslant 1$ $(-\infty<x<+\infty)$ 且 $F(-\infty)=\lim\limits_{x\to-\infty}F(x)=0$;$F(+\infty)=\lim\limits_{x\to+\infty}F(x)=1$.

3)$F(x)$ 是右连续的,即对于任意实数 x,有 $F(x_0+0)=\lim\limits_{x\to x_0+0}F(x)=F(x_0)$.

2. 常见一维随机变量及其分布

(1)0-1 分布:$P\{X=k\}=p^k(1-p)^{1-k}(k=0,1)$.

(2) 二项分布:$P\{X=k\}=\mathrm{C}_n^k p^k q^{n-k}(k=0,1,2,\cdots,n)$,其中 $0<p<1$,

$q=1-p$.

(3) 泊松分布：$P\{X=k\}=\dfrac{\lambda^k}{k!}\mathrm{e}^{-\lambda}(k=0,1,2,\cdots;\quad \lambda>0)$.

(4) 均匀分布：$p(x)=\begin{cases}\dfrac{1}{b-a}, & a\leqslant x\leqslant b\\ 0, & \text{其他}\end{cases}$

(5) 正态分布：$\varphi(x)=\dfrac{1}{\sqrt{2\pi}\sigma}\mathrm{e}^{-\frac{(x-\mu)^2}{2\sigma^2}}(-\infty<x<+\infty)$ 其中 μ,σ 均为常数，且 $\sigma>0$.

(6) 分布密度的性质：

1) $p(x)\geqslant 0(-\infty<x<+\infty)$;

2) $\int_{-\infty}^{+\infty}p(x)\mathrm{d}x=1$.

3) 对任何实数 $a,b(a\leqslant b)$，有

$$P\{a\leqslant X\leqslant b\}=F(a)-F(b)=\int_a^b p(x)\mathrm{d}x.$$

4) 若 $p(x)$ 在点 x 处连续，则有 $F'(x)=p(x)$.

3. 随机变量的数学期望

(1) 离散型数学期望：$E(X)=\sum\limits_{i=1}^{\infty}x_ip_i=x_1p_1+x_2p_2+\cdots$

(2) 连续型数学期望：$E(X)=\int_{-\infty}^{+\infty}xp(x)\mathrm{d}x$.

(3) 数学期望的性质：

1) $E(C)=C$(C 为常数).

2) $E(CX)=CE(X)$.

3) $E\left(\sum\limits_{i=1}^{n}a_iX_i\right)=\sum\limits_{i=1}^{n}a_iE(X_i)$，特别地，$E(X_1\pm X_2)=E(X_1)\pm E(X_2)$.

4) 设 X,Y 相互独立，则有 $E(XY)=E(X)E(Y)$.

4. 随机变量的方差

(1) 方差：$D(X)=E[X-E(X)]^2=E(X^2)-[E(X)]^2$.

(2) 方差的性质：

1) $D(C)=0$ (C 为常数).

2) $D(kX+b)=k^2D(X)$ (k,b 为常数).

3) 若 X,Y 相互独立，则 $D(X\pm Y)=D(X)+D(Y)$.

(3) 原点矩：对正整数 k，称 $\alpha_k=E(X^k)$ 为 X 的 k 阶原点矩.

(4) 中心矩：对正整数 k，称 $\mu_k=E(X-EX)^k$ 为 X 的 k 阶中心矩.

12.1　随机变量及其分布函数

一、随机变量的概念

在随机现象中，有很多问题与数值发生关系，例如产品检验中的次品数，车间供电问题中某时刻同时工作的车床数，掷骰子出现的点数等都与数值有关.

有些初看起来与数值无关的随机现象，也常常能用数值来描述. 在试验中我们常常关心某一事件 A 发生与否，这时可以通过以下示性函数使之与数值发生联系：

$$X=\begin{cases}1, & \text{发生}\\0, & \text{不发生}\end{cases}$$

例1　在掷硬币的试验中有两种可能的结果：H 出现或 T 出现，与数值没有关系，但能用下面的方法使它与数值联系起来，当“H 出现”时对应数“1”，“T 出现”时对应数“0”. 这个过程就相当于引入一个变量 X，对于试验的两个结果，将 X 的值分别规定为 1 或 0. 若与试验的样本空间 $\Omega=\{H,T\}$ 联系起来，则对应于样本空间的不同元素，变量 X 取不同的值，因而 X 是定义在样本空间上的函数，具体地说即为

$$X=X(\omega)=\begin{cases}0, & \omega=T\\1, & \omega=H\end{cases}$$

由于试验结果的出现是随机的，因而函数 $X(\omega)$ 的取值也是随机的，称 $X(\omega)$ 为随机变量. 而且

$$P(X=1)=\frac{1}{2},\quad P(X=0)=\frac{1}{2}$$

定义1　设在随机试验 E 中，样本空间为 Ω，如果对于每一个 $\omega\in\Omega$，有一个实数 $X(\omega)$ 与之对应，这样就得到一个定义在 Ω 上的单实值函数 $X=X(\omega)$，称之为随机变量.

简单地说，随机变量就是其取值具有随机性，而且其随机性可以由一定的

概率表示的变量.

例 2 从有 2 个一级品,3 个二级品的产品中随机取出 3 个产品,如果用 X 表示取出的产品中一级品的个数,显然,X 的可能取值为 0,1,2,其概率为

$$P(X=0)=\mathrm{C}_3^3/\mathrm{C}_5^3=\frac{1}{10}$$

$$P(X=1)=\mathrm{C}_2^1\mathrm{C}_3^2/\mathrm{C}_5^3=\frac{6}{10}=\frac{3}{5}$$

$$P(X=1)=\mathrm{C}_2^2\mathrm{C}_3^1/\mathrm{C}_5^3=\frac{3}{10}$$

因而 X 是一个随机变量.

例 3 某厂生产一种碘钨灯,设计使用寿命标准为 200 h,使用在 190 h 以上为一级品,如果用 X 表示该种灯泡的使用寿命,显然,X 的可能取值为$[0,+\infty)$,一级品的概率为 $P(X>190)$,X 也为随机变量.

例 4 如果公共汽车每 5 min 发一辆,乘客到沿线某汽车站等候乘车,若用 X 表示乘客到站后等车的时间,显然,X 的可能取值为$[0,5]$,则乘客等车时间 $x\in[0,5]$ 的概率为

$$P(X=x)=\frac{x}{5}$$

显然,X 为随机变量.

随机变量具有随机性,其概率分布如何表达?下面讨论这个问题.

二、随机变量的分布函数

对于随机变量,不仅要知道它可能取哪些值,还需要知道它的取值概率规律,因此需要引出随机变量分布函数的概念.

定义 2 设 X 是一个随机变量,x 为任意实数,函数

$$F(x)=P\{X\leqslant x\}\quad(-\infty<x<+\infty)\tag{1}$$

称为随机变量 X 的分布函数.

随机变量的分布函数是随机事件$\{X\leqslant x\}$的概率,对任意实数 x_1,$x_2(x_1<x_2)$,有

$$P\{x_1<X\leqslant x_2\}=F(x_2)-F(x_1)$$

它表明随机变量 X 落在区间$(x_1,x_2]$的概率等于分布函数 $F(x)$ 在该区间上的函数增量;如果将随机变量 X 视为随机点的坐标,那么分布函数在 x 点处的值表示 X 落在区间$(-\infty,x]$上的概率,如图 12.1 所示.

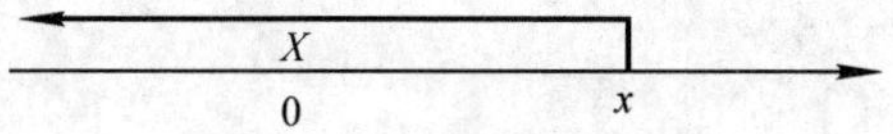

图 12.1　随机事件$\{X \leqslant x\}$

根据定义 2 知，分布函数 $F(x)$ 的定义域为全体实数，值域为$[0,1]$，它有如下性质：

性质 1(单调性)　$F(x)$ 是 x 的单调不减函数，即当 $x_1 < x_2$ 时，$F(x_1) \leqslant F(x_2)$.

性质 2(规范性)　$0 \leqslant F(x) \leqslant 1\ (-\infty < x < +\infty)$，且

$$F(-\infty) = \lim_{x \to -\infty} F(x) = 0, \quad F(+\infty) = \lim_{x \to +\infty} F(x) = 1$$

性质 3(右连续性)　$F(x)$ 是右连续的，即对于任意实数 x，有

$$F(x_0 + 0) = \lim_{x \to x_0 + 0} F(x) = F(x_0)$$

例 5　已知随机变量 X 在整个实轴上取值，其分布函数为

$$F(x) = \begin{cases} a + b\mathrm{e}^{-\lambda x}, & x > 0 \\ 0, & x \leqslant 0 \end{cases}$$

式中，$\lambda > 0$ 为常数，求常数 a, b 的值.

解　由分布函数的性质知

$$F(+\infty) = \lim_{x \to +\infty} (a + b\mathrm{e}^{-\lambda x}) = a = 1$$

由分布函数的右连续性知

$$\lim_{x \to 0^+} (a + b\mathrm{e}^{-\lambda x}) = a + b = 0$$

于是有

$$a = 1, \quad b = -1$$

习　题　12.1

1. 随机变量 X 的分布函数为

$$F(x) = A + B\arctan x$$

求 A 与 B 的值.

2. 设随机变量 X 的分布函数为

$$F(x) = \begin{cases} A + B\mathrm{e}^{-\frac{x^2}{2}}, & x > 0 \\ 0, & x \leqslant 0 \end{cases}$$

求系数 A 和 B.

12.2 常见一维随机变量及其分布

一、离散型随机变量及其分布律

定义 1 若随机变量 X 取值为有限个或无限可列个,则称 X 为离散型随机变量.

定义 2 设离散型 X 的所有可能取值为 $x_1, x_2, \cdots x_n, \cdots$,且 $P\{X=x_i\}=p_i(i=1,2,\cdots)$,或记为

X	x_1	x_2	$\cdots$	x_n	$\cdots$
$p_i=P(X=x_i)$	p_1	p_2	$\cdots$	p_n	$\cdots$

称此为离散型随机变量 X 的分布律(或分布列),简称分布.

由分布律可以一目了然地看出随机变量 X 的取值范围及取这些值的概率.

离散型随机变量分布律的性质:

(1) $p_i \geqslant 0$;

(2) $\sum\limits_{i=1}^{\infty} p_i = 1$.

例 1 一批产品的废品率为 5%,从中任意抽取一个进行检验,用随机变量 X 来描述废品出现的情况,试写出 X 的分布律.

解 这个试验中,用 X 表示废品的个数,显然 X 的可能取值为 0,1. $X=0$ 表示“取到的产品为废品”,其概率为 $P(X=0)=5\%$,因而随机变量 X 的分布律为

X	1	0
p_i	0.95	0.05

例 2 产品有一、二、三等品以及废品 4 种,其中一、二、三等品率以及废品率分别为 60%,10%,20%,10%,任取一个产品,检验其质量,用随机变量 X 表示其检验结果,试写出其概率分布律.

解 用 $X=k$ 表示产品为 k 等品($k=1,2,3$),$X=0$ 表示产品为废品. 因而 X 可能取值为 0,1,2,3. 其概率分别为 $P(X=0)=0.1$,$P(X=1)=0.6$,

$P(X=2)=0.1, P(X=3)=0.2$，因而随机变量 X 的分布律为

X	0	1	2	3
p_i	0.1	0.6	0.1	0.2

二、常见离散型随机变量的分布律

1. *两点分布*

若随机变量 X 的分布律为

X	x_1	x_2
p_i	p	$1-p$

则称随机变量 X 服从两点分布，这里 X 只能取 x_1, x_2 两个值.

特别地，若 X 只取 0 与 1，则其分布律为

$$P\{X=k\}=p^k(1-p)^{1-k} \quad (k=0,1) \tag{1}$$

这种分布简称为 0－1 分布.

例 3　从次品率为 3% 的一大批产品中，随机抽取 1 件产品进行检验，求次品件数的概率分布律.

解　若用 X 表示所取出的次品件数，则 X 是服从两点分布的随机变量，X 的概率分布为

$$P(X=0)=0.97, \quad P(X=1)=0.03$$

2. *二项分布*

若随机变量 X 的分布律为

$$P\{X=k\}=C_n^k p^k q^{n-k} \quad (k=0,1,2,\cdots,n) \tag{2}$$

式中，$0<p<1$，$q=1-p$，则称 X 服从参数为 n, p 的二项分布，记为 $X \sim B(n,p)$.

例 4　据调查，市场上假冒的某名牌香烟有 15%，某人每年买 20 条这个品牌的香烟，求他至少买到 1 条假烟的概率.

解　假设他买到的假烟为 X 条，对 1 条烟而言，真、假必居其一，且假的概率为 15%，因而 X 服从二项分布 $B(20, 0.15)$，则

$$P(X \geqslant 1)=1-P(X<1)=1-P(X=0)=$$
$$1-C_{20}^0 \times 0.15^0 \times 0.85^{20} \approx 1-0.039=0.961$$

例 5　某人定点投篮的命中率是 0.6，他定点投篮 10 次，求

(1) 恰有 4 次命中的概率；(2) 最多命中 8 次的概率.

解 设 X 表示定点投篮 10 次命中的次数,他每次投篮“中”与“不中”只有两个可能结果,因而 $X \sim B(10,0.6)$.

(1)$P(X=4)=C_{10}^{4}\times 0.6^{4}\times 0.4^{6}\approx 0.111$.

(2)$P(X\leqslant 8)=1-P(X>8)=1-P(X=9)-P(X=10)=$

$1-C_{10}^{9}\times 0.6^{9}\times 0.4^{1}-C_{10}^{10}\times 0.6^{10}\times 0.4^{0}\approx$

$1-0.046=0.954$

3. 泊松分布

若随机变量 X 的概率分布为

$$P\{X=k\}=\frac{\lambda^{k}}{k!}e^{-\lambda}\quad (k=0,\ 1,\ 2,\cdots;\lambda>0) \tag{3}$$

则称 X 服从参数为 λ 的泊松分布,记为 $X\sim P(\lambda)$.

设 $X\sim P(\lambda)$,其概率计算问题可以通过查表解决，例如 $X\sim P(4.5)$,计算 $P(X=5)$,在附表 1 中,首先在表的第 1 行找 $\lambda=4.5$,其次在第 1 列找 $k=5$,它们对应的交叉处就是需要计算的概率为(0.171),即

$$P\{X=5\}=\frac{4.5^{5}}{5!}e^{-4.5}\approx 0.171$$

例 6 电话交换台每分钟接到的呼叫次数 X 为随机变量,设 $X\sim P(3)$,求一分钟内呼叫次数不超过 1 次的概率.

解 根据题意可知 $X\sim P(3)$,于是

$$P\{X=k\}=\frac{3^{k}}{k!}e^{-3}\quad (k=0,\ 1,\ 2,3,\cdots)$$

则查表可得

$$P\{X\leqslant 1\}=P\{X=1\}+P\{X=0\}=\frac{3^{1}}{1!}e^{-3}+\frac{3^{0}}{0!}e^{-3}\approx$$

$$0.149\ 3+0.049\ 7=0.199$$

三、连续型随机变量及其概率分布密度

定义 3 对随机变量 X,若存在非负可积函数 $p(x)$,使得对任意 x,有

$$F(x)=P\{X\leqslant x\}=\int_{-\infty}^{x}p(t)\,dt \tag{4}$$

则称 X 为连续型随机变量，其中 $p(x)$ 称为 X 的概率分布密度函数,简称为密度函数或分布密度.

由定义知,分布密度 $p(x)$ 具有以下性质：

(1) $p(x) \geqslant 0(-\infty < x < +\infty)$；

(2) $\int_{-\infty}^{+\infty} p(x)\mathrm{d}x = 1$；

(3) 对任何实数 $a,b(a \leqslant b)$，有

$$P\{a \leqslant X \leqslant b\} = F(a) - F(b) = \int_a^b p(x)\mathrm{d}x$$

(4) 若 $p(x)$ 在点 x 处连续，则有 $F'(x) = p(x)$.

例 7　已知随机变量 X 的概率分布密度为

$$p(x) = \begin{cases} ax + b, & 0 < x < 1 \\ 0, & \text{其他} \end{cases}$$

且 $P\{X > \frac{1}{2}\} = \frac{3}{8}$.

(1) 求 a,b.

(2) 计算 $P\left\{\frac{1}{4} < X \leqslant \frac{1}{2}\right\}$.

解　$\int_{-\infty}^{+\infty} f(x)\mathrm{d}x = \int_0^1 (ax + b)\mathrm{d}x = \frac{a}{2} + b = 1$

$$P\left\{X > \frac{1}{2}\right\} = \int_{\frac{1}{2}}^1 (ax + b)\mathrm{d}x = \frac{3}{8}a + b = \frac{3}{8}$$

则
$$a = -1,\quad b = \frac{3}{2}$$

则　$P\left\{\frac{1}{4} < X \leqslant \frac{1}{2}\right\} = \int_{\frac{1}{4}}^{\frac{1}{2}} \left(-x + \frac{3}{2}\right)\mathrm{d}x = \left(-\frac{1}{2}x^2 + \frac{3}{2}x\right)\Big|_{\frac{1}{4}}^{\frac{1}{2}} = \frac{9}{32}$

四、常见的连续型分布

1. 均匀分布

若连续型随机变量 X 的概率分布密度函数为

$$p(x) = \begin{cases} \frac{1}{b - a}, & a \leqslant x \leqslant b \\ 0, & \text{其他} \end{cases} \tag{5}$$

则称 X 在 $[a,b]$ 上服从均匀分布，记为 $X \sim U[a, b]$. 其概率分布密度函数曲线如图 12.2 所示. 其相应的分布函数为

$$F(x) = \begin{cases} 0, & x \leqslant a \\ \frac{x - a}{b - a}, & a < x \leqslant b \\ 1, & x > b \end{cases}$$

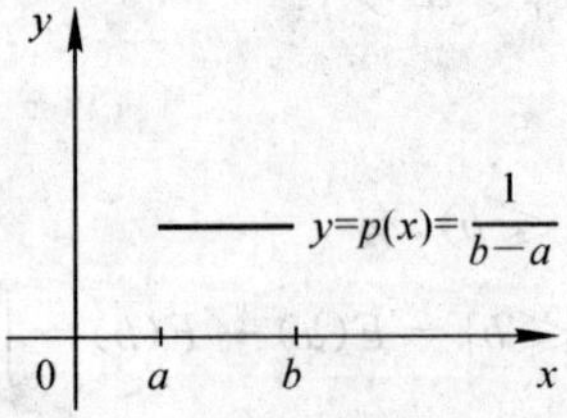

图 12.2　均匀分布概率分布密度函数曲线

在 12.1 节例 4 中,乘客到车站后等车的时间 X 就是在$[0,5]$上服从均匀分布,即

$$p(x)=\begin{cases}\dfrac{1}{5}, & 0\leqslant x\leqslant 5\\ 0, & 其他\end{cases}$$

2. 正态分布

若随机变量 X 的概率分布密度函数为

$$p(x)=\frac{1}{\sqrt{2\pi}\sigma}\mathrm{e}^{-\frac{(x-\mu)^2}{2\sigma^2}}\quad(-\infty<x<+\infty)\tag{6}$$

式中 μ,σ 均为常数,且 $\sigma>0$,则称 X 服从参数为 μ 与 σ^2 的正态分布,记为 $X\sim N(\mu,\sigma^2)$,其概率分布密度函数曲线如图 12.3 所示.

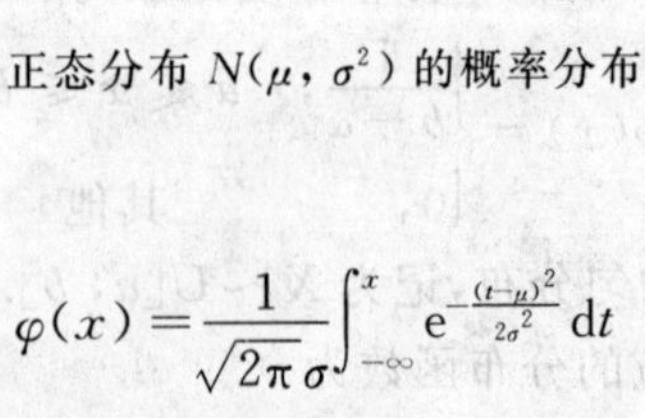

图 12.3　正态分布 $N(\mu,\sigma^2)$ 的概率分布密度函数

X 的分布函数为

$$\varphi(x)=\frac{1}{\sqrt{2\pi}\sigma}\int_{-\infty}^{x}\mathrm{e}^{-\frac{(t-\mu)^2}{2\sigma^2}}\mathrm{d}t\tag{7}$$

特别地,当 $\mu=0,\ \sigma=1$ 时,有

$$\varphi(x)=\frac{1}{\sqrt{2\pi}}\mathrm{e}^{-\frac{1}{2}x^2}\quad(-\infty<x<+\infty)\tag{8}$$

称其为标准正态分布,记为 $X\sim N(0,1)$,其概率分布密度函数曲线如图 12.4

所示.

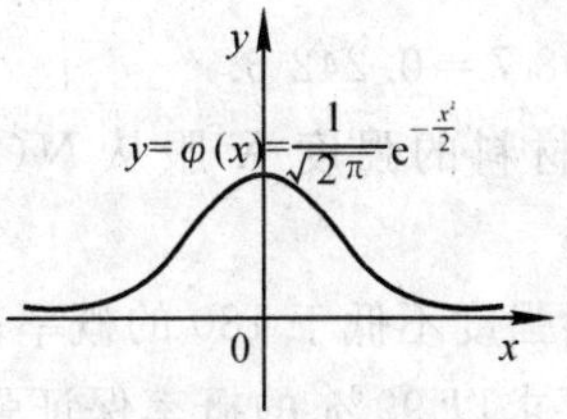

图 12.4　标准正态分布概率分布密度函数

若 $X \sim N(0,1)$，X 的分布函数记做 $\Phi(x)$，则

$$\Phi(x)=\frac{1}{\sqrt{2\pi}}\int_{-\infty}^{x} e^{-\frac{t^2}{2}}\,dt \tag{9}$$

若 $X \sim N(0,1)$，则对任意的 $a<b$，

$$P(a<x\leqslant b)=\frac{1}{\sqrt{2\pi}}\int_{a}^{b} e^{-\frac{t^2}{2}}\,dt=\Phi(b)-\Phi(a) \tag{10}$$

其中，标准正态分布的分布函数 $\Phi(x)$ 可以查阅附表 2.

附表 2 中 $\Phi(x)$ 的数值查找方法如下：

附表 2 中的第 1 行和第 1 列的数相加构成自变量 x 的值，其余部分为 $\Phi(x)$ 的近似值. 例如求 $\Phi(1.96)$，在附表的第 1 列找到 1.9，再从第 1 行中找到 0.06，“1.9”所在的行与“0.06”所在的列交叉处的数为 0.975，这就是 $\Phi(1.96)$ 的近似数，即 $\Phi(1.96)=0.975$. 当 $x\geqslant 0$ 时，$\Phi(x)$ 的数值可以按照上述方法查找；当 $x<0$ 时，需要利用公式

$$\Phi(-x)=1-\Phi(x)$$

计算，例如计算 $\Phi(-1.26)$，首先查找 $\Phi(1.26)=0.896\,2$，其次可得 $\Phi(-1.26)=1-\Phi(1.26)=1-0.896\,2=0.103\,8$.

若随机变量 X 服从正态分布 $N(\mu,\sigma^2)$，则随机变量 $Y=\frac{X-\mu}{\sigma}$ 服从 $N(0,1)$，因而一般正态分布的概率计算问题可以转化为标准正态分布的概率计算问题.

若 $X\sim N(\mu,\sigma^2)$，则有

$$P\{a\leqslant X\leqslant b\}=\Phi\left(\frac{b-\mu}{\sigma}\right)-\Phi\left(\frac{a-\mu}{\sigma}\right)$$

特别地，$P\{X\leqslant b\}=\Phi\left(\frac{b-\mu}{\sigma}\right)$，$P\{X\geqslant a\}=1-\Phi\left(\frac{a-\mu}{\sigma}\right)$.

例如 $X\sim N(1,4)$，$P\{1.5\leqslant X\leqslant 3\}=\Phi\left(\frac{3-1}{2}\right)-\Phi\left(\frac{1.5-1}{2}\right)=\Phi(1)-\Phi(0.25)=0.8413-0.5987=0.2426$.

例 8 已知某批建筑材料的强度 X 服从 $N(200,18^2)$，现从中任取一件时：

(1) 求取得的这件材料强度不低于 180 的概率；

(2) 如果所用的材料要求以 99% 的概率保证强度不低于 150，问这批材料是否符合这个要求？

解 (1) $P\{X\geqslant 180\}=1-P\{X<180\}=1-\Phi\left(\frac{180-200}{18}\right)=$

$$1-\Phi(-1.11)=1-[1-\Phi(1.11)]=\Phi(1.11)=0.8665$$

(2) $P\{X\geqslant 150\}=1-P\{X<150\}=1-\Phi\left(\frac{150-200}{18}\right)=$

$$1-\Phi(-2.78)=1-[1-\Phi(2.78)]=\Phi(2.78)=0.9973$$

即从这批材料中任取一件，以概率 99.73% 保证强度不低于 150，故这批材料符合所提出的要求.

五、一维随机变量函数的分布

设 X 是随机变量，$y=g(x)$ 是一个函数，如果当随机变量 X 的取值为 x 时，而变量 Y 的取值等于 $y=g(x)$，则称 Y 为随机变量 X 的函数，记为 $Y=g(X)$. 那么如何利用自变量 X 的概率分布计算函数 $Y=g(X)$ 的概率分布？下面进行详细介绍.

1. 离散型随机变量函数的分布

设 X 是离散型随机变量，则其函数 $Y=g(X)$ 也是离散型随机变量.

例 9 设随机变量 X 的分布律为

X	-1	0	1	2
p	0.1	0.3	0.4	0.2

$Y=3X+1$，$Z=X^2$，分别求 Y 与 Z 的分布律.

解 (1) 通过简单计算可以得到 Y 的取值是 $-2,1,4,7$.

$$P(Y=-2)=P(3X+1=-2)=P(X=-1)=0.1$$

$$P(Y=1)=P(3X+1=1)=P(X=0)=0.3$$

同理可得

$$P(Y=4)=0.4,\quad P(Y=7)=0.2$$

则 Y 的分布律为

Y	-2	1	4	7
p	0.1	0.3	0.4	0.2

(2) 也可以用另外一种方法计算 $Z=X^2$ 的概率分布律.

X	-1	0	1	2
p_i	0.1	0.3	0.4	0.2
$Z=X^2$	1	0	1	4

因而 $Z=X^2$ 的概率分布律为

$Z=X^2$	0	1	4
p_i	0.3	0.5	0.2

在计算 $Z=X^2$ 的概率分布律的过程中,特别要注意必须将函数值相等对应项的概率相加,例如 $P(Z=1)=P(X^2=1)=P(X=1)+P(X=-1)=0.5$.

2. 连续型随机变量函数的分布

定理 1　若 $y=f(x)$ 为单调函数,其反函数为 $x=h(y)$,则随机变量 $Y=f(X)$ 的概率分布密度函数 $p_Y(y)=p_X[h(y)]\,|\,h'(y)\,|$.

定理 2　若 $y=f(x)$ 在区间 I_1,I_2 上均单调,反函数分别为 $x=h_1(y)$,$x=h_2(y)$,则 $p_Y(y)=p_X[h_1(y)]\,|\,h'_1(y)\,|+p_X[h_2(y)]\,|\,h'_2(y)\,|$.

例 10　设 $X\sim N(0,1)$,求 $Y=X^2$ 的密度函数 $p_Y(y)$.

解　$y=x^2$ 在 $(-\infty,0]$ 和 $(0,+\infty)$ 上单调,反函数分别为

$$x=-\sqrt{y},\quad x=\sqrt{y}$$

则有　$p_Y(y)=p_X(-\sqrt{y})\,\left|(-\sqrt{y})'\right|+p_X(\sqrt{y})\,\left|(\sqrt{y})'\right|=$

$$p_X(-\sqrt{y})\,\frac{1}{2\sqrt{y}}+p_X(\sqrt{y})\,\frac{1}{2\sqrt{y}}=\frac{1}{\sqrt{2\pi y}}\mathrm{e}^{-\frac{y}{2}},\quad y>0$$

当 $y\leqslant 0$ 时,

$$F_Y(y)=0,\quad p_Y(y)=0$$

$$p_Y(y)=\begin{cases}\dfrac{1}{\sqrt{2\pi y}}e^{-\frac{y}{2}}, & y>0\\ 0, & y\leqslant 0\end{cases}$$

例 11 已知随机变量 $X\sim N(\mu,\sigma^2)$,求 $Z=aX+b$ 的概率分布密度函数.

解 $z=ax+b$ 的反函数为 $x=\dfrac{z}{a}-\dfrac{b}{a}$,反函数的导数为$\dfrac{1}{a}$,因而 $Z=aX+b$ 的概率分布密度函数为

$$p_Z(z)=p_X[h(z)]\,|h'(z)|=\frac{1}{\sqrt{2\pi}\,\sigma}e^{-\frac{(\frac{z}{a}-\frac{b}{a}-\mu)^2}{2\sigma^2}}\left|\frac{1}{a}\right|=$$

$$\frac{1}{\sqrt{2\pi}\,\sigma|a|}e^{-\frac{[z-(a\mu+b)]^2}{2(a\sigma)^2}}$$

因而 $Z\sim N(a\mu+b,(a\sigma)^2)$

习　题　12.2

1. 某人掷硬币 10 次,写出正面向上次数 X 的分布律,并求国徽向上次数不小于 3 的概率.

2. 设随机变量 X 的分布律为

$$P\{X=k\}=\frac{C}{N}\quad(k=1,2,3,\cdots,N)$$

试确定常数 C.

3. 一批产品 20 个,其中有 5 个次品,从这批产品中任意取 4 个,求这 4 个产品中的次品数 X 的分布律.

4. 设
$$f(x)=\begin{cases}2x, & a<x<a+2\\ 0, & \text{其他}\end{cases}$$

问 $f(x)$ 是否为密度函数?若是,确定 a 的值;若不是,说明理由.

5. 设随机变量 X 的密度函数为

$$p(x)=\begin{cases}cx, & 0\leqslant x\leqslant 1\\ 0, & \text{其他}\end{cases}$$

(1) 确定常数 c;

(2) 计算 X 的分布函数;

(3) 计算 X 落在区间(0.3,0.7)内的概率.

6. 设连续型随机变量的分布函数为

$$F(x)=\begin{cases}0, & x<0\\ Ax^2, & 0\leqslant x<1\\ 1, & x\geqslant 1\end{cases}$$

(1) 试求系数 A;

(2) 求 $P(0.3<x\leqslant 0.7)$;

(3) 求概率分布密度函数 $p(x)$.

7. 测得一圆形物件的半径为 R,其概率分布律为

R	10	11	12	13
p_i	0.1	0.4	0.3	0.2

试求圆周长 X 与圆面积 Y 的概率分布律.

8. 设随机变量 $X\sim U[a,b]$,$Y=aX+b(a\neq 0)$,试求 Y 的概率分布密度函数.

9. 设随机变量 X 的概率分布密度函数为

$$p(x)=\begin{cases}1+x, & -1\leqslant x<0\\ 1-x, & 0\leqslant x<1\\ 0, & \text{其他}\end{cases}$$

$Y=X^2+2$,求 Y 的概率分布密度函数.

12.3　随机变量的数学期望

如果知道了随机变量 X 的概率分布律或概率分布密度函数,那么随机变量 X 的概率分布特性就一目了然. 但是在实际问题中,概率分布律以及分布密度函数都比较难确定. 而随机变量的某些数字特征却是比较容易估计出来的. 在研究随机变量时,确定它的某些数字特征是非常重要的. 在这些数字特征中,最常用的有数学期望、方差以及矩.

一、随机变量的数学期望以及性质

1. 随机变量的数学期望

例 1　为了测定一批种子发芽的平均天数,用 100 粒种子进行发芽试验,其中发芽的有 98 粒,按发芽天数列成表 12.1,并把不同天数发芽种子的频率也罗列于表 12.1 中.

表　12.1

发芽天数	1	2	3	4	5	6	7
发芽种子数	19	34	21	11	9	3	1
频　率	$\frac{19}{98}$	$\frac{34}{98}$	$\frac{21}{98}$	$\frac{11}{98}$	$\frac{9}{98}$	$\frac{3}{98}$	$\frac{1}{98}$

试求这批种子发芽的平均天数.

解　98 粒种子发芽所需天数的总和为

$$1\times19+2\times34+3\times21+4\times11+5\times9+6\times3+7\times1=264$$

每粒种子平均发芽天数是

$$264\div98=2.7$$

将求平均发芽天数的式子改写为

$$\frac{1}{98}\times(1\times19+2\times34+3\times21+4\times11+5\times9+6\times3+7\times1)=$$

$$1\times\frac{19}{98}+2\times\frac{34}{98}+3\times\frac{21}{98}+4\times\frac{11}{98}+5\times\frac{9}{98}+6\times\frac{3}{98}+7\times\frac{1}{98}=$$

$$\frac{264}{98}=2.7$$

可以看出,拿每一个可能的天数,乘以这个天数下种子发芽的频率,然后相加得到这批种子发芽所需的平均天数.

考虑到概率与频率的内在关系,下面给出随机变量数学期望的定义.

定义 1　设离散型随机变量 $X\sim P\{X=x_i\}=p_i(i=1,2,\cdots)$. 若级数 $\sum\limits_{i=1}^{\infty}|x_i|p_i$ 收敛,则称级数 $\sum\limits_{i=1}^{\infty}x_ip_i$ 的和为离散型随机变量 X 的数学期望,简称期望或均值,记做 $E(X)$,即

$$E(X)=\sum_{i=1}^{\infty}x_ip_i=x_1p_1+x_2p_2+\cdots+x_ip_i+\cdots \tag{1}$$

定义 2　设连续型随机变量 X 的概率分布密度函数为 $p(x)$,若 $E(X)=\int_{-\infty}^{+\infty}|x|p(x)\mathrm{d}x$ 收敛,则称 $\int_{-\infty}^{+\infty}xp(x)\mathrm{d}x$ 为连续型随机变量 X 的数学期望,简称期望或均值,记做 $E(X)$,即

$$E(X)=\int_{-\infty}^{+\infty}xp(x)\mathrm{d}x \tag{2}$$

显然 $E(X)$ 是一个实数，当随机变量 X 的概率分布律已知时，$E(X)$ 可由式(1)计算得到. 其实它就是 X 的可能值与其概率之积的累加和，本质上体现了随机变量的加权平均值，因而数学期望又称为均值. 连续型随机变量数学期望也有类似的含义.

例 2　A，B 两工人生产同一种产品，日产量相同，在一天中出现的不合格品件数分别为 X 和 Y，其概率分布律分别为

X	0	1	2	3	4
p_i	0.4	0.3	0.2	0.1	0

Y	0	1	2	3	4
p_i	0.5	0.1	0.2	0.1	0.1

试比较这两个工人的技术情况.

解　首先求出各个工人生产出不合格品的平均数

$$E(X)=0\times 0.4+1\times 0.3+2\times 0.2+3\times 0.1+4\times 0=1$$

$$E(Y)=0\times 0.5+1\times 0.1+2\times 0.2+3\times 0.1+4\times 0.1=1.2$$

这表明工人 B 生产出的次品多一些，因而工人 A 的技术就相对好一些.

例 3　已知随机变量 X 的分布函数为

$$p(x)=\begin{cases}\mathrm{e}^{-x}, & x\geqslant 0\\ 0, & x<0\end{cases}$$

试求 $E(X)$.

解　由式(2)，得

$$E(X)=\int_{-\infty}^{+\infty}xp(x)\mathrm{d}x=\int_{0}^{+\infty}x\mathrm{e}^{-x}\mathrm{d}x=$$

$$-x\mathrm{e}^{-x}\Big|_{0}^{+\infty}+\int_{0}^{+\infty}\mathrm{e}^{-x}\mathrm{d}x=$$

$$-\mathrm{e}^{-x}\Big|_{0}^{+\infty}=1$$

例 4　已知随机变量 X 的分布律为

X	-1	0	1	2
p	0.1	0.3	0.4	0.2

$Y=X^2+X-1$. 试求 $E(Y)$.

解 先求出 Y 的概率分布律

Y	-1	1	5
p	0.3	0.3	0.4

由式(1),得 $E(Y)=-1\times0.3+1\times0.3+5\times0.4=2$.

由例 4 可以看出,计算随机变量函数的数学期望首先需要计算随机变量函数的概率分布,其次再按照数学期望的定义计算其数学期望. 但这种方法的困难之处是计算随机变量函数的概率分布,为了解决此问题,下面给出计算随机变量函数的数学期望的简便方法.

2. 随机变量函数的数学期望

下面不加证明地引入有关计算随机变量函数的数学期望的定理.

定理 1 设 Y 是随机变量 X 的函数 $Y=g(X)$(g 是连续函数).

(1) 若 X 是离散型随机变量,其分布律为 $P\{X=x_i\}=p_i(i=1,2,\cdots)$,且 $\sum\limits_{i=1}^{\infty}|g(x_i)|p_i$ 收敛,则有

$$E(Y)=E[g(X)]=\sum_{i=1}^{\infty}g(x_i)P(X=x_i)=\sum_{i=1}^{\infty}g(x_i)p_i \tag{3}$$

即随机变量函数的数学期望等于函数值乘以自变量对应的概率的累加和.

(2) 若 X 是连续型随机变量,其概率分布密度函数为 $p(x)$,且 $\int_{-\infty}^{+\infty}|g(x)p(x)|\mathrm{d}x$ 收敛,则有

$$E(Y)=E[g(X)]=\int_{-\infty}^{+\infty}g(x)p(x)\mathrm{d}x \tag{4}$$

由定理 1 可以看出,计算随机变量函数的数学期望,不再需要计算随机变量函数的概率分布.

例 5 设随机变量 X 的分布律为 $P\{X=i\}=\frac{1}{3}(i=1,2,3)$,随机变量 Y 服从区间 $[0,2\pi]$ 上的均匀分布,求 $E(X^2+1)$ 及 $E(\cos Y)$.

解 由式(3)可知

$$E(X^2+1)=\sum_{i=1}^{3}(x_i^2+1)p_i=$$

$$(1\times1+1)\times\frac{1}{3}+(2\times2+1)\times\frac{1}{3}+$$

$$(3\times3+1)\times\frac{1}{3}=\frac{17}{3}$$

由式(4) 可知

$$E(\cos Y)=\int_{-\infty}^{+\infty}\cos y\times p(y)\mathrm{d}y=\int_{0}^{2\pi}\cos y\frac{1}{2\pi}\mathrm{d}y=$$

$$-\frac{1}{2\pi}\sin y\Big|_{0}^{2\pi}=0$$

3. 数学期望的性质

(1)$E(c)=c$，c 为常数.

(2)$E(cX)=cE(X)$.

(3) $E\left(\sum\limits_{i=1}^{n}a_iX_i\right)=\sum\limits_{i=1}^{n}a_iE(X_i)$，特别地，$E(X_1\pm X_2)=E(X_1)\pm E(X_2)$.

(4) 设 X,Y 相互独立，则有 $E(XY)=E(X)E(Y)$.

证明略.

例 6　一民航送客车载有 20 位旅客自机场开出，旅客有 10 个车站可以下车. 如到达一个车站没有人下车就不停车. 假设每位旅客在各个车站下车是等可能的，并设各旅客是否下车相互独立. 求停车次数的数学期望.

解　令 X 为停车次数，并设

$$X_i=\begin{cases}0, & \text{在 } i \text{ 站没有人下车}\\ 1, & \text{在 } i \text{ 站有人下车}\end{cases}\quad (i=1,2,\cdots,10)$$

显然 $X=X_1+X_2+\cdots+X_{10}$，下面求 $E(X)$.

由题意，任一旅客在第 i 不下车的概率为 $\frac{9}{10}$，因此 20 位旅客都不在第 i 站下车的概率为 $\left(\frac{9}{10}\right)^{20}$，因而有

$$P(X_i=0)=\left(\frac{9}{10}\right)^{20}\quad (i=1,2,\cdots,10)$$

$$P(X_i=1)=1-\left(\frac{9}{10}\right)^{20}\quad (i=1,2,\cdots,10)$$

因此得

$$E(X_i)=0\times\left(\frac{9}{10}\right)^{20}+1\times\left[1-\left(\frac{9}{10}\right)^{20}\right]=1-\left(\frac{9}{10}\right)^{20}\quad (i=1,2,\cdots,10)$$

根据数学期望的性质可知

$$E(X)=E(X_1+X_2+\cdots+X_{10})=$$

$$E(X_1)+E(X_2)+\cdots+E(X_{10})=$$

$$10\times\left[1-\left(\frac{9}{10}\right)^{20}\right]\approx 8.784 \text{ 次}$$

二、常见离散型随机变量的数学期望

1. 两点分布

两点分布 X 的分布律为

X	x_1	x_2
p_i	p	$1-p$

则
$$E(X)=px_1+(1-p)x_2$$

特别地,0-1 分布的数学期望为

$$E(X)=1\times p+0\times(1-p)=p$$

2. 二项分布

二项分布 X 的分布律为

$$P\{X=k\}=C_n^k p^k q^{n-k}\quad (k=0,1,2,\cdots,n)$$

式中,$0<p<1,\ q=1-p$.

则
$$E(X)=\sum_{k=0}^{n}kP\{X=k\}=\sum_{k=1}^{n}kC_n^k p^k q^{n-k}=$$

$$np\sum_{k=1}^{n}C_{n-1}^{k-1}p^{k-1}q^{n-k}=np\ (p+q)^{n-1}=np$$

3. 泊松分布

泊松分布的概率分布为

$$P\{X=k\}=\frac{\lambda^k}{k!}e^{-\lambda}\quad (k=0,\ 1,\ 2,\cdots;\lambda>0)$$

则
$$E(X)=\sum_{k=1}^{\infty}kP\{X=k\}=\sum_{k=1}^{\infty}k\times\frac{\lambda^k}{k!}e^{-\lambda}=$$

$$\lambda e^{-\lambda}\sum_{k=1}^{\infty}\frac{\lambda^{k-1}}{(k-1)!}=\lambda e^{-\lambda}\times e^{-\lambda}=\lambda$$

三、常见连续型随机变量的数学期望

1. 均匀分布

均匀分布 X 的分布密度为

$$p(x)=\begin{cases}\dfrac{1}{b-a}, & a\leqslant x\leqslant b\\ 0, & \text{其他}\end{cases}$$

则 $E(X)=\int_{-\infty}^{+\infty}xp(x)\mathrm{d}x=\int_a^b\frac{x}{b-a}\mathrm{d}x=\left.\frac{x^2}{2(b-a)}\right|_a^b=\frac{a+b}{2}$.

2. 正态分布

正态分布 X 的分布密度为

$$p(x)=\frac{1}{\sqrt{2\pi}\sigma}\mathrm{e}^{-\frac{(x-\mu)^2}{2\sigma^2}}\quad(-\infty<x<+\infty)$$

式中，μ，σ 均为常数，且 $\sigma>0$.

则　$E(X)=\int_{-\infty}^{+\infty}x\varphi(x)\mathrm{d}x=\int_{-\infty}^{+\infty}x\frac{1}{\sqrt{2\pi}\sigma}\mathrm{e}^{-\frac{(x-\mu)^2}{2\sigma^2}}\mathrm{d}x=$

$$\frac{1}{\sqrt{2\pi}}\int_{-\infty}^{+\infty}(\sigma z+\mu)\mathrm{e}^{-z^2/2}\mathrm{d}z\xlongequal{(\text{换元 } z=\frac{(x-\mu)}{\sigma},\mathrm{d}x=\sigma\mathrm{d}z)}$$

$$\frac{\mu}{\sqrt{2\pi}}\int_{-\infty}^{+\infty}\mathrm{e}^{-z^2/2}\mathrm{d}z=\mu\quad\left(\frac{1}{\sqrt{2\pi}}\int_{-\infty}^{+\infty}\mathrm{e}^{-z^2/2}\mathrm{d}z=1\right)$$

因而正态分布 $N(\mu,\sigma^2)$ 的数学期望等于参数 μ.

习　题　12.3

1. 袋中装有 10 个球，3 个白球，7 个红球，现从中任意取出两个球，求这两个球中白球数的数学期望.

2. 一批零件中有 9 个正品，3 个废品，现从中任取一个，如果每次取出的废品不再放回，再取一个，直到取出正品为止. 求在取得正品以前已取出的废品数的数学期望.

3. 设随机变量 X 的分布律为

X	-2	0	2
p	0.4	0.3	0.3

求 $E(X)$，$E(X^2)$，$E(3X^2+5)$.

4. 设随机变量 X 的密度函数为

$$p(x)=\begin{cases}\dfrac{1}{\sqrt{1-x^2}}, & |x|<1\\ 0, & |x|\geqslant 1\end{cases}$$

求 $E(X)$.

5. 设随机变量 X 的分布律为 $P\{X=k\}=1/2^k(k=1,2,\cdots)$，求 X 和 $Y=\sin(\pi X/2)$ 的数学期望.

6. 设连续型随机变量 X 服从区间 $[0,2\pi]$ 上的均匀分布，计算 $E(e^X)$ 与 $E(2\sin X+1)$.

7. 设随机变量 X 和 Y 相互独立，其中 X 服从区间 $[0,2\pi]$ 上的均匀分布，Y 服从参数 $\mu,\sigma(\sigma>0)$ 的正态分布，试求 $E(3X+1)$，$E(X\pm Y)$.

12.4　随机变量的方差

一、随机变量的方差及其性质

1. 随机变量的方差

随机变量的数学期望是随机变量的重要数字特征之一，它表示了随机变量取值的集中趋势. 但在许多实际问题中，仅仅知道数学期望是不够的，还应知道随机变量取值在均值周围的变化情况.

例 1　已知射手甲、乙命中环数的分布律为

甲命中环数	5	7	9
概率	0.175	0.6	0.225

甲命中环数	6	7	8
概率	0.2	0.5	0.3

试据此对射手甲、乙的射击水平作出评判.

解　$E(X)=E(Y)=7.1$.

从平均水平上看不出甲、乙射击水平的好坏. 但他们的射击水平的差异是存在的，从分布律看甲的命中环数分散，显得很不稳定.

为了定量描述这些差异性而引入随机变量的第二类数字特征——方差.

定义 1　设 X 为随机变量，若 $E[X-E(X)]^2$ 存在，则称 $E[X-E(X)]^2$ 为随机变量 X 的方差，记为 $D(X)$ 或 $\sigma^2(X)$，即

$$D(X)=E[X-E(X)]^2 \tag{1}$$

方差的算术平方根称为标准差或均方差，记为 $\sigma(X)$

$$\sigma(X)=\sqrt{D(X)} \tag{2}$$

由数学期望的性质可得方差的另一计算公式为

$$D(X)=E[X-E(X)]^2=$$
$$E\{X^2-2XE(X)+[E(X)]^2\}=E(X^2)-[E(X)]^2$$

即
$$D(X)=E(X^2)-[E(X)]^2=E(X^2)-E^2(X) \tag{3}$$

例 2　设随机变量 X 的密度函数为

$$p(x)=\begin{cases}1+x, & -1\leqslant x<0\\ 1-x, & 0\leqslant x<1\\ 0, & \text{其他}\end{cases}$$

求 $D(X)$.

解　$E(X)=\int_{-\infty}^{+\infty}xp(x)\mathrm{d}x=\int_{-1}^{0}x(1+x)\mathrm{d}x+\int_{0}^{1}x(1-x)\mathrm{d}x=$

$$\left(\frac{x^2}{2}+\frac{x^3}{3}\right)\Big|_{-1}^{0}+\left(\frac{x^2}{2}-\frac{x^3}{3}\right)\Big|_{0}^{1}=$$

$$-\frac{1}{2}+\frac{1}{3}+\frac{1}{2}-\frac{1}{3}=0$$

$$E(X^2)=\int_{-\infty}^{+\infty}x^2p(x)\mathrm{d}x=\int_{-1}^{0}x^2(1+x)\mathrm{d}x+\int_{0}^{1}x^2(1-x)\mathrm{d}x=$$

$$\left(\frac{x^3}{3}+\frac{x^4}{4}\right)\Big|_{-1}^{0}+\left(\frac{x^3}{3}-\frac{x^4}{4}\right)\Big|_{0}^{1}=$$

$$\frac{1}{3}-\frac{1}{4}+\frac{1}{3}-\frac{1}{4}=\frac{1}{6}$$

于是
$$D(X)=E(X^2)-E^2(X)=\frac{1}{6}$$

2. *方差的性质*

性质 1　$D(c)=0$，c 为常数.

性质 2　$D(kX+b)=k^2D(X)$，k,b 均为常数.

性质 3　若 X,Y 相互独立，则 $D(X\pm Y)=D(X)+D(Y)$.

证明略.

例 3　已知随机变量 X 的概率分布密度函数为

$$p(x)=\begin{cases}\lambda \mathrm{e}^{-\lambda x}, & x\geqslant 0\\ 0, & x<0\end{cases}$$

$Y=3X+5$，试求 $D(Y)$.

解　$E(X)=\int_{-\infty}^{+\infty}xp(x)\mathrm{d}x=\int_{0}^{+\infty}x\lambda\mathrm{e}^{-\lambda x}\mathrm{d}x=\int_{0}^{+\infty}-x\,\mathrm{d}\mathrm{e}^{-\lambda x}=$

$$-x\mathrm{e}^{-\lambda x}\Big|_{0}^{+\infty}+\int_{0}^{+\infty}\mathrm{e}^{-\lambda x}\mathrm{d}x=-\frac{1}{\lambda}\int_{0}^{+\infty}\mathrm{e}^{-\lambda x}\mathrm{d}(-\lambda x)=$$

$$-\frac{1}{\lambda}\mathrm{e}^{-\lambda x}\Big|_{0}^{+\infty}=\frac{1}{\lambda}$$

$$E(X^2)=\int_{-\infty}^{+\infty}x^2p(x)\mathrm{d}x=\int_{0}^{+\infty}x^2\lambda\mathrm{e}^{-\lambda x}\mathrm{d}x=-\int_{0}^{+\infty}x^2\mathrm{d}(\mathrm{e}^{-\lambda x})=$$

$$-x^2\mathrm{e}^{-\lambda x}\Big|_{0}^{+\infty}+\int_{0}^{+\infty}2x\mathrm{e}^{-\lambda x}\mathrm{d}x=-\frac{2}{\lambda}\int_{0}^{+\infty}x\,\mathrm{d}\mathrm{e}^{-\lambda x}=$$

$$-\frac{2}{\lambda}x\mathrm{e}^{-\lambda x}\Big|_{0}^{+\infty}+\frac{2}{\lambda}\int_{0}^{+\infty}\mathrm{e}^{-\lambda x}\mathrm{d}x=-\frac{2}{\lambda^2}\mathrm{e}^{-\lambda x}\Big|_{0}^{+\infty}=\frac{2}{\lambda^2}$$

$$D(X)=E(X^2)-E^2(X)=\frac{2}{\lambda^2}-\frac{1}{\lambda^2}=\frac{1}{\lambda^2}$$

则

$$D(Y)=D(3X+5)=9D(X)=\frac{9}{\lambda^2}$$

例 4　若连续型随机变量 X 的概率分布密度函数为

$$p(x)=\begin{cases}ax^2+bx+c, & 0<x<1\\ 0, & \text{其他}\end{cases}$$

已知 $E(X)=0.5, D(X)=0.15$，求系数 a,b,c.

解　根据题意

$$\int_{-\infty}^{+\infty}p(x)\mathrm{d}x=1$$

所以

$$\int_{0}^{1}(ax^2+bx+c)\mathrm{d}x=1$$

即

$$\frac{1}{3}a+\frac{1}{2}b+c=1$$

由于 $E(X)=0.5$，可得

$$\int_{0}^{1}x(ax^2+bx+c)\mathrm{d}x=0.5$$

则

$$\frac{1}{4}a+\frac{1}{3}b+\frac{1}{2}c=0.5$$

又因为 $D(X)=0.15, E(X)=0.5$，则 $E(X^2)=0.4$，即

$$\int_{0}^{1}x^2(ax^2+bx+c)\mathrm{d}x=\frac{1}{5}a+\frac{1}{4}b+\frac{1}{3}c=0.4$$

由此可以建立方程组

$$\begin{cases}\frac{1}{3}a+\frac{1}{2}b+c=1\\ \frac{1}{4}a+\frac{1}{3}b+\frac{1}{2}c=0.5\\ \frac{1}{5}a+\frac{1}{4}b+\frac{1}{3}c=0.4\end{cases}$$

求解方程组可得

$$a=12,\quad b=-12,\quad c=3$$

下面给出随机变量另一种重要的数字特征——矩——的概念.

定义 2　对任意正整数 k,称

$$\alpha_k=E(X^k)$$

为随机变量 X 的 k 阶原点矩. 特别地,数学期望 $E(X)$ 是一阶原点矩.

定义 3　对正整数 k,称

$$\mu_k=E[X-E(X)]^k$$

为随机变量 X 的 k 阶中心矩. 特别地,方差 $D(X)=E[X-E(X)]^2$ 是二阶中心矩.

原点矩与中心矩的关系

$$\alpha_k=\sum_{i=0}^{k}C_k^i\mu_{k-i}\alpha_1^i,\quad \mu_k=\sum_{i=0}^{k}C_k^i(-\alpha_1)^{k-i}\alpha_i$$

例 5　设 $X\sim N(\mu,\sigma^2)$,求 μ_4.

解　$\mu_k=E[X-E(X)]^k=E(X-\mu)^k=$

$$\int_{-\infty}^{+\infty}(x-\mu)^k\frac{1}{\sqrt{2\pi}\sigma}e^{-\frac{(x-\mu)^2}{2\sigma^2}}dx \xlongequal{(\text{换元 } u=\frac{x-\mu}{\sigma},\ dx=\sigma du)}$$

$$\int_{-\infty}^{+\infty}(\sigma u)^k\frac{1}{\sqrt{2\pi}\sigma}e^{-\frac{u^2}{2}}\sigma du=$$

$$\sigma^k(k-1)\int_{-\infty}^{+\infty}u^{k-2}\frac{1}{\sqrt{2\pi}}e^{-\frac{u^2}{2}}du=$$

$$\begin{cases}\sigma^k(k-1)(k-3)\cdots 3\times 1, & k\text{ 为偶数}\\ 0, & k\text{ 为奇数}\end{cases}$$

所以 $\mu_4=3\sigma^4$.

二、常见离散型随机变量的方差

1. 两点分布

两点分布 X 的分布律为

X	x_1	x_2
p_i	p	$1-p$

则
$$E(X^2)=px_1^2+(1-p)x_2^2$$
$$D(X)=E(X^2)-[E(X)]^2=p(1-p)(x_1-x_2)^2$$

特别地，0－1 分布的方差为
$$D(X)=E(X^2)-[E(X)]^2=p(1-p)(1-0)^2=p(1-p)$$

2. 二项分布

二项分布 X 的分布律为
$$P\{X=k\}=C_n^k p^k q^{n-k}\quad(k=0,1,2,\cdots,n)$$
式中，$0<p<1,\quad q=1-p$. 则
$$E(X^2)=\sum_{k=0}^{n}k^2P\{X=k\}=\sum_{k=1}^{n}k^2C_n^k p^k q^{n-k}=$$
$$np\sum_{k=1}^{n}kC_{n-1}^{k-1}p^{k-1}q^{n-k}=$$
$$np\left[\sum_{k=2}^{n}(k-1)C_{n-1}^{k-1}p^{k-1}q^{n-k}+\sum_{k=1}^{n}C_{n-1}^{k-1}p^{k-1}q^{n-k}\right]=$$
$$np\left[(n-1)p\sum_{k=2}^{n}C_{n-1}^{k-2}p^{k-1}q^{n-k}+1\right]=$$
$$np(np-p+1)=np(np+q)=npq+n^2p^2$$
$$D(X)=E(X^2)-[E(X)]^2=npq+n^2p^2-n^2p^2=npq$$

3. 泊松分布

泊松分布的概率分布为
$$P\{X=k\}=\frac{\lambda^k}{k!}e^{-\lambda}\quad(k=0,\ 1,\ 2,\cdots;\lambda>0)$$

则
$$E(X^2)=\sum_{k=0}^{\infty}k^2P\{X=k\}=\sum_{k=0}^{\infty}k^2\ \frac{\lambda^k}{k!}e^{-\lambda}=$$
$$\sum_{k=1}^{\infty}k\frac{\lambda^k}{(k-1)!}e^{-\lambda}=\lambda\sum_{k=0}^{\infty}(k+1)\ \frac{\lambda^k}{k!}e^{-\lambda}=\lambda^2+\lambda$$

$$D(X)=E(X^2)-[E(X)]^2=\lambda^2+\lambda-\lambda^2=\lambda$$

三、常见连续型随机变量的方差

1. 均匀分布

均匀分布 X 的概率分布密度函数为

$$p(x)=\begin{cases}\dfrac{1}{b-a}, & a\leqslant x\leqslant b\\ 0, & \text{其他}\end{cases}$$

则
$$E(X^2)=\int_{-\infty}^{+\infty}x^2p(x)\mathrm{d}x=\int_a^b\frac{x^2}{b-a}\mathrm{d}x=$$

$$\left.\frac{x^3}{3(b-a)}\right|_a^b=\frac{a^2+b^2+ab}{3}$$

$$D(X)=E(X^2)-[E(X)]^2=\frac{a^2+b^2+ab}{3}-\left(\frac{a+b}{2}\right)^2=$$

$$\frac{(b-a)^2}{12}$$

2. 正态分布

正态分布 X 的概率分布密度函数为

$$p(x)=\frac{1}{\sqrt{2\pi}\sigma}\mathrm{e}^{-\frac{(x-\mu)^2}{2\sigma^2}}\quad(-\infty<x<+\infty)$$

式中，μ，σ 均为常数，且 $\sigma>0$.

则
$$D(X)=\int_{-\infty}^{+\infty}(x-\mu)^2\varphi(x)\mathrm{d}x=\int_{-\infty}^{+\infty}(x-\mu)^2\frac{1}{\sqrt{2\pi}\sigma}\mathrm{e}^{-\frac{(x-\mu)^2}{2\sigma^2}}\mathrm{d}x=$$

$$\frac{\sigma^2}{\sqrt{2\pi}}\int_{-\infty}^{+\infty}z^2\mathrm{e}^{-z^2/2}\mathrm{d}z\xlongequal{\left(\text{换元 } z=\frac{x-\mu}{\sigma},\mathrm{d}x=\sigma\mathrm{d}z\right)}$$

$$\frac{\sigma^2}{\sqrt{2\pi}}\sqrt{2\pi}=\sigma^2$$

现将常见概率分布的数学期望与方差列于表 12.2 中.

表 12.2 常见概率分布的数学期望与方差表

名　称	分布律或概率分布密度	期望 $E(X)$	方差 $D(X)$
0-1分布	$P\{X=k\}=p^k(1-p)^{1-k}\quad(k=0,1)$	p	$p(1-p)$
二项分布	$P\{X=k\}=C_n^k p^k q^{n-k}\quad(k=0,1,2,\cdots,n)$	np	$np(1-p)$
泊松分布	$P\{X=k\}=\dfrac{\lambda^k}{k!}e^{-\lambda}\quad(k=0,1,2,\cdots;\lambda>0)$	λ	λ
均匀分布	$p(x)=\begin{cases}\dfrac{1}{b-a}, & a\leqslant x\leqslant b\\ 0, & \text{其他}\end{cases}$	$\dfrac{a+b}{2}$	$\dfrac{(b-a)^2}{12}$
正态分布	$p(x)=\dfrac{1}{\sqrt{2\pi}\sigma}e^{-\frac{(x-\mu)^2}{2\sigma^2}}\quad(-\infty<x<+\infty)$	μ	σ^2
标准正态分布	$\varphi(x)=\dfrac{1}{\sqrt{2\pi}}e^{-\frac{1}{2}x^2}\quad(-\infty<x<+\infty)$	0	1

习 题 12.4

1. 掷一颗均匀的骰子,以 X 表示掷出的点数,求 X 的期望与方差.

2. 设随机变量 X 的概率分布密度函数为 $p(x)=e^{-|x|}/2\ (-\infty<x<+\infty)$,求 X 的期望与方差.

3. 设两个相互独立的随机变量 X 和 Y 的方差分别为 23 和 24,试分别求 $D[(X+Y)/2]$ 和 $D[(X-Y)/2]$.

4. 设甲、乙两家灯泡厂生产的灯泡的寿命(单位:h) X 和 Y 的分布列分别为

X	900	1 000	1 100
p	0.1	0.8	0.1

X	950	1 000	1 050
p	0.3	0.4	0.3

试问哪家工厂生产的灯泡质量较好？

5. 设随机变量 X 的概率分布密度函数为

$$p(x)=\begin{cases}0, & x\leqslant 0\\ \dfrac{3a^2}{x^4}, & x>0\end{cases}$$

式中，$a>0$，求 $E(X)$，$D(X)$，$E\left(\dfrac{2}{3}X-a\right)$，$D\left(\dfrac{2}{3}X-a\right)$.

6. 设随机变量 X 的概率分布密度函数为

$$p(x)=\begin{cases}a+bx^2, & 0\leqslant x\leqslant 1\\ 0, & \text{其他}\end{cases}$$

且 $E(X)=\dfrac{3}{5}$，试确定系数 a,b，并求 $D(X)$.

总习题 12

1. 判断题(对的打 √，错的打 ×)

(1) 如果 $\int_{-\infty}^{+\infty}p(x)\mathrm{d}x=1$，则 $p(x)$ 是某一随机变量 X 的概率分布密度函数.　(　　)

(2) 如果 $p(x)$ 是随机变量 X 的概率分布密度函数，则 $\int_{-\infty}^{+\infty}xp(x)\mathrm{d}x$ 为随机变量 X 的数学期望.　(　　)

(3) 如果 $D(X)=3$，则 $D(3X+4)=13$.　(　　)

(4) 0－1 分布一定是两点分布.　(　　)

(5) 两点分布是特殊的二项分布.　(　　)

(6) 若 X,Y 相互独立，则 $D(X-Y)=D(X)-D(Y)$.　(　　)

2. 选择题

(1) 设 X 是一个离散型随机变量，则(　　)可以作为 X 的分布函数.

A. p,p^2(p 为任意实数)　　B. 0.1，0.2，0.3，0.4

C. $\{n^2/n!:n=1,2,\cdots\}$　　D. $\{(2^n/n!)\mathrm{e}^{-3}:n=0,1,\cdots\}$

(2) 设连续型随机变量 X 的密度函数和分布函数分别为 $p(x)$，$F(x)$，则下列选项正确的是(　　).

A. $0\leqslant p(x)\leqslant 1$　　B. $P\{X=x\}\leqslant F(x)$

C. $P\{X=x\}=F(x)$　　D. $P\{X=x\}=p(x)$

(3) 若 X 服从$[0,1]$上的均匀分布,$Y=2X+1$,则(　　).

A. Y 也服从$[0,1]$上的均匀分布　B. $P\{0\leqslant Y\leqslant 1\}=1$

C. Y 也服从$[1,3]$上的均匀分布　D. $P\{0\leqslant Y\leqslant 1\}=3$

(4) 若 X 的分布函数为 $F(x)$,且

$$F(x)=\begin{cases}0, & x<0\\ x^3, & 0\leqslant x\leqslant 1\\ 1, & x>1\end{cases}$$

则 $E(X)=($　　$)$.

A. $\int_0^{+\infty} x^4\,\mathrm{d}x$　　B. $\int_0^1 x^4\,\mathrm{d}x+\int_1^{+\infty} x\,\mathrm{d}x$

C. $\int_0^1 3x^2\,\mathrm{d}x$　　D. $\int_0^1 3x^3\,\mathrm{d}x$

(5) 已知随机变量 X 服从二项分布,且 $E(X)=2.4$,$D(X)=1.44$,则二项分布的参数 n,p 的值为(　　).

A. $n=4,p=0.6$　　B. $n=6,p=0.4$

C. $n=8,p=0.3$　　D. $n=24,p=0.1$

3. 填空题

(1) 离散型随机变量 X 的分布律为 $P\{X=k\}=3\lambda^k(k=1,2,3,\cdots)$,则 λ 为______.

(2) 如果随机变量 X 的可能值充满区间______,而在此区间外等于 0,那么 $\sin x$ 可以成为一个随机变量的密度函数.

(3) 设两个相互独立的随机变量 X 和 Y 的方差分别为 2 和 4,则随机变量 XY 的期望是______,$4X-2Y$ 的方差是______.

(4) 设随机变量 X 服从参数为 λ 的泊松分布,且已知 $E[(X-1)(X-2)]=1$,则 λ 为______.

(5) 设随机变量 X_1,X_2,X_3 相互独立,其中 X_1 服从在$[0,6]$上的均匀分布,X_2 服从正态分布 $N(0,2^2)$,X_3 服从参数为 $\lambda=3$ 的泊松分布. 记 $Y=X_1-2X_2+3X_3$,则 $D(Y)$ 为______.

4. 设随机变量 X 的分布函数为

$$F(x)=\begin{cases}0, & x<-1\\ 1/4, & -1\leqslant x<0\\ 3/4, & 0\leqslant x<1\\ 1, & x\geqslant 1\end{cases}$$

求 X 的分布律.

5. 一汽车沿一街道行驶，需要通过 3 个均设有红绿信号灯的路口.每个信号灯为红或绿与其他信号灯为红或绿相互独立，且红、绿两种信号显示的时间相等.以 X 表示该汽车首次遇到红灯前已通过的路口数，求 X 的分布律.

6. 已知每天到达某炼油厂的油船数服从参数为 2.5 的泊松分布，而港口一天最多只能服务 3 艘油船，如果一天中到达的油船大于 3 艘，则超过 3 艘的油船必须转向另一港口.求一天中必须有油船转走的概率.

7. 设随机变量 X 的分布函数为

$$p(x)=\begin{cases}cx^3, & 0<x<1\\ 0, & \text{其他}\end{cases}$$

(1) 确定常数 c；

(2) 求 a，使 $P\{X>a\}=P\{X<a\}$；

(3) 求 b，使 $P\{X>b\}=0.01$.

8. 设随机变量 X 服从参数为 $\mu,\sigma(\sigma>0)$ 的正态分布，$Y=4X+10$，求 $D(Y)$.

9. 游客乘电梯从底层到电视塔顶层观光，电梯于每个整点的 5 min，25 min，55 min 从底层起行，假设一游客在早上的第 X min 到达底层电梯处，且 X 在 $[0,60]$ 上服从均匀分布，求该游客等候时间的数学期望.

10. 一个螺丝钉的重量是随机变量，期望值为 10 g，方差为 1 g，100 个一盒的同型号螺丝钉重量的期望值和方差各为多少？（假设每个螺丝钉的重量都不受到其他螺丝钉重量的影响.）

11. 已知随机变量 X 在区间 $[0,1]$ 上服从均匀分布，求 $Y=3X+10$ 的密度函数.

12. 设 $X_1,X_1,\cdots,X_n$ 是相互独立的随机变量，且有

$$E(X_i)=\mu,D(X_i)=\sigma^2\quad(i=1,2,\cdots,n)$$

令 $\overline{X}=\dfrac{1}{n}\sum\limits_{i=1}^{n}X_i$，验证 $E(\overline{X})=\mu,D(\overline{X})=\sigma^2/n$.

13. 设随机变量 X 的分布律为

X	-2	0	2
p	0.3	0.3	0.4

求 $E(X),E(X^2),E(3X^2+5),D(3X^2+5)$.

14. 设随机变量 X 的分布密度函数为

$$p(x)=\begin{cases}\dfrac{A}{\sqrt{1-x^2}}, & |x|<1\\ 0, & |x|\geqslant 1\end{cases}$$

试求:(1) 系数 A;(2)$P\left\{|X|<\dfrac{1}{2}\right\}$;(3) 分布函数 $F(X)$.

15. 设排球队 A 与 B 进行比赛,若有一队胜 3 场,则比赛结束.假定 A 在每场比赛中获胜的概率 $p=\dfrac{1}{2}$,试求比赛场数 X 的数学期望.

16. 设连续型随机变量 X 的分布函数为

$$F(x)=\begin{cases}0, & x<0\\ kx+b, & 0\leqslant x<\pi\\ 1, & x\geqslant\pi\end{cases}$$

(1) 试确定常数 k,b 的值;

(2) 求 $E(X),D(X)$;

(3) 若 $Y=\sin X$,求 $E(Y)$.

17. 一台设备由三大部件构成,在设备运转中各部件需要调整的概率分别为 0.1,0.2,0.3.假设各部件的状态相互独立,以 X 表示同时需要调整的部件数,试求 X 的数学期望和方差.

第13章　统计推断

一、教学内容

统计的基本概念:总体、样本、统计量、样本矩的概念,统计量的抽样分布的概念,χ^2 分布,t 分布,F 分布.

参数估计:矩估计,最大似然估计,估计量的评价标准.区间估计的概念,置信区间、置信度的概念,数学期望的区间估计(总体方差已知与未知),方差的区间估计.

参数的假设检验:假设检验的概念,假设检验的基本原理与步骤,两类错误,U 检验,χ^2 检验,t 检验.

二、重要概念、结论、公式

1. 统计的基本概念

(1) 常用统计量:

样本均值　$\overline{X}=\dfrac{1}{n}\sum\limits_{i=1}^{n}X_i$

样本方差　$S_n^2=\dfrac{1}{n}\sum\limits_{i=1}^{n}(X_i-\overline{X})^2=\dfrac{1}{n}\sum\limits_{i=1}^{n}X_i^2-\overline{X}^2$

修正的样本方差　$S_n^*=\dfrac{1}{n-1}\sum\limits_{i=1}^{n}(X_i-\overline{X})^2$

(2) 常用统计量的性质:设总体 X 的数学期望 $E(X)=\mu$,方差 $D(X)=\sigma^2$,$(X_1,X_2,\cdots,X_n)$ 为来自总体 X 的样本,则有 $E(\overline{X})=\mu$,$D(\overline{X})=\dfrac{1}{n}\sigma^2$,$E(S_n^2)=\dfrac{n-1}{n}\sigma^2$,$E(S_n^*)=\sigma^2$.

(3) 常用统计量的分布:设总体 $X\sim N(\mu,\sigma^2)$,$(X_1,X_2,\cdots,X_n)$ 是来自总体 X 的一个样本,则

$$\overline{X} \sim N(\mu, \frac{\sigma^2}{n}), \quad \frac{nS_n^2}{\sigma^2} = \frac{(n-1)S_n^*}{\sigma^2} = \frac{1}{\sigma^2}\sum_{i=1}^{n}(X_i - \overline{X})^2 \sim \chi^2(n-1)$$

2. 参数估计

(1) 矩估计与最大似然估计. 设总体 $X \sim N(\mu, \sigma^2)$, 参数 μ, σ^2 的矩估计量与最大似然估计量相同,即

$$\hat{\mu} = \frac{1}{n}\sum_{i=1}^{n} x_i = \overline{x}, \quad \hat{\sigma}^2 = \frac{1}{n}\sum_{i=1}^{n}(x_i - \overline{x})^2 = S_n^2$$

(2) 估计量的评价标准.

无偏性:$E(\hat{\theta}) = \theta$.

有效性:设 $\hat{\theta}_1$ 和 $\hat{\theta}_2$ 均为 θ 的无偏估计量,若对任意样本容量 n 有 $D(\hat{\theta}_1) < D(\hat{\theta}_2)$,则称估计量 $\hat{\theta}_1$ 比 $\hat{\theta}_2$ 有效.

(3) 参数的区间估计. 设总体 $X \sim N(\mu, \sigma^2)$,$(X_1, X_2, \cdots, X_n)$ 是来自总体 X 的一个样本.

1) 方差 σ^2 已知,均值 μ 的区间估计为

$$\left[\overline{X} - u_{\alpha/2}\frac{\sigma}{\sqrt{n}}, \overline{X} + u_{\alpha/2}\frac{\sigma}{\sqrt{n}}\right]$$

2) 方差 σ^2 未知,均值 μ 的区间估计为

$$\left[\overline{X} - t_{\alpha/2}\frac{S_n^*}{\sqrt{n}}, \overline{X} + t_{\alpha/2}\frac{S_n^*}{\sqrt{n}}\right]$$

3) 均值 μ 未知,方差 σ^2 的区间估计为

$$\left[\frac{(n-1)S_n}{\chi^2_{\alpha/2}(n-1)}, \frac{(n-1)S_n}{\chi^2_{1-\alpha/2}(n-1)}\right]$$

3. 参数的假设检验

(1) 方差 σ^2 已知,均值 μ 的假设检验的拒绝域为

$$W = \{(x_1, x_2, \cdots, x_n): |u| \geqslant u_{\frac{\alpha}{2}}\}$$

(2) 方差 σ^2 未知,均值 μ 的假设检验的拒绝域为

$$W = \{(x_1, x_2, \cdots, x_n): |t| \geqslant t_{\frac{\alpha}{2}}(n-1)\}$$

(3) 两个正态总体,方差 σ_1, σ_2 已知,均值 $\mu_1 = \mu_2$ 的假设检验的拒绝域为

$$W = \{(x_1, x_2, \cdots, x_{n_1}; y_1, y_2, \cdots, y_{n_2}): |u| \geqslant u_{\frac{\alpha}{2}}\}$$

(4) 均值 μ 未知,方差 σ^2 的假设检验的拒绝域为

$$W = \{(x_1, x_2, \cdots, x_n): \chi^2 \leqslant \chi^2_{\frac{\alpha}{2}}(n-1) \cup \{\chi^2 \geqslant \chi^2_{1-\frac{\alpha}{2}}(n-1)\}$$

13.1 数理统计的基本概念

一、总体和样本

研究对象的全体称为总体(或母体),而把组成总体的每个研究对象称为个体.例如,在考察一批灯泡的质量时,该批灯泡的全体就组成一个总体,而其中每个灯泡就是一个个体.总体中所含有的个体的总数称为总体的容量.

为了对总体的分布规律或某些特征进行研究,就必须对总体进行抽样观察,根据抽样所得的数据来推断总体的性质.这种从总体中抽取若干个个体来观察数量指标的取值过程,称为抽样(又称采样),这一做法称为抽样法.

抽取样本的目的是为了利用样本对总体的分布或某些数字特征进行推断,这就要求抽取的样本能够很好地反映总体的特性且便于处理,因而需要对如何抽样提出一些要求,通常有两条:

(1) 代表性.因抽取的样本要尽可能地代表总体的特性,所以要求每个个体必须与总体具有相同的分布.

(2) 独立性.每个抽取的样本结果既不影响其他样本的抽取结果,也不受到其他样本抽取结果的影响.

满足上述两条性质的样本称为简单随机样本,获得简单随机样本的方法称为简单随机抽样.

定义1 设总体 X 服从分布 $F(x)$,如果随机变量 $X_1,X_2,\cdots,X_n$ 相互独立且每个 X_i 与总体 X 具有相同的分布,则称$(X_1,X_2,\cdots,X_n)$是来自总体 X 的容量为 n 的简单随机样本,简称样本,也称$(X_1,X_2,\cdots,X_n)$为来自总体 $F(x)$ 的样本.

二、统计量与样本矩

1. 统计量

样本是进行统计分析和推断的依据,但是,在处理具体问题时,却很少直接利用样本所提供的原始数据,而更多的是利用由它们计算出来的某些量.换句话说,人们往往并不关心随机样本$(X_1,X_2,\cdots,X_n)$的具体值$(x_1,x_2,\cdots,x_n)$,而是关心由其构造的某些样本函数,这些样本函数本质上就是从样本$(X_1,X_2,\cdots,X_n)$中提取出了总体的某些特性,这些函数就是通常意义下的统计量.

定义 2 设$(X_1,X_2,\cdots,X_n)$为总体X的一个样本,若样本的函数$f(X_1,X_2,\cdots,X_n)$不包含任何关于总体的未知参数,则称$f(X_1,X_2,\cdots,X_n)$为一个统计量.

如果$(x_1,x_2,\cdots,x_n)$是样本$(X_1,X_2,\cdots,X_n)$的一个观测值,则称$f(x_1,x_2,\cdots,x_n)$是统计量$f(X_1,X_2,\cdots,X_n)$的一个观测值.

例 1 设总体$X\sim N(\mu,\sigma^2)$,μ已知而σ^2未知,$(X_1,X_2,\cdots,X_n)$是来自总体X的一个样本,则$\frac{1}{n}\sum\limits_{i=1}^{n}X_i$和$\frac{1}{n}\sum\limits_{i=1}^{n}(X_i-\mu)^2$都是统计量,但$\frac{1}{\sigma}\sum\limits_{i=1}^{n}X_i$和$\frac{1}{\sigma^2}\sum\limits_{i=1}^{n}(X_i-\mu)^2$都不是统计量,因为其包含了未知参数$\sigma^2$.

2. 常用统计量——样本矩

定义 3 设$(X_1,X_2,\cdots,X_n)$为总体X的一个样本,称统计量

$$\overline{X}=\frac{1}{n}\sum_{i=1}^{n}X_i \tag{1}$$

为样本均值;统计量

$$S_n^2=\frac{1}{n}\sum_{i=1}^{n}(X_i-\overline{X})^2=\frac{1}{n}\sum_{i=1}^{n}X_i^2-\overline{X}^2 \tag{2}$$

为样本方差;统计量

$$S_n^*=\frac{1}{n-1}\sum_{i=1}^{n}(X_i-\overline{X})^2 \tag{3}$$

为修正样本方差;统计量

$$S_n=\sqrt{\frac{1}{n}\sum_{i=1}^{n}(X_i-\overline{X})^2}=\sqrt{S_n^2} \tag{4}$$

为样本标准差;统计量

$$A_k=\frac{1}{n}\sum_{i=1}^{n}X_i^k \quad (k=1,2,\cdots,n) \tag{5}$$

为样本k阶原点矩;统计量

$$B_k=\frac{1}{n}\sum_{i=1}^{n}(X_i-\overline{X})^k \quad (k=1,2,\cdots,n) \tag{6}$$

为样本k阶中心矩.

用$\overline{x},s_n^2,a_k,b_k$分别表示$\overline{X},S_n^2,A_k,B_k$的观测值.

由定义可知,$A_1=\overline{X}$, $B_2=S_n^2$, $S_n^*=\frac{n}{n-1}S_n^2$. 通常可以用样本均值$\overline{X}$估

计总体的均值 $E(X)$，用样本方差 S_n^2 或样本修正的方差 S_n^* 估计总体的方差 $D(X)$. 样本矩具有下列性质.

性质 设总体 X 的数学期望 $E(X)=\mu$，方差 $D(X)=\sigma^2$，$(X_1,X_2,\cdots,X_n)$ 为来自总体 X 的样本，则有

$$E(\overline{X})=\mu,\quad D(\overline{X})=\frac{1}{n}\sigma^2$$

$$E(S_n^2)=\frac{n-1}{n}\sigma^2,\quad E(S_n^*)=\sigma^2$$

例 2 从一批灯泡中随机地抽取 10 只，测得其寿命(单位:h)分别如下：

1 048	1 050	1 100	1 125	1 280
1 120	1 049	1 200	1 300	1 130

试估计这批灯泡的平均寿命以及总体的方差.

解 根据式(1)可得灯泡平均寿命的估计值为

$$\overline{X}=\frac{1}{10}\times(1\,048+1\,050+1\,100+1\,125+1\,280+1\,120+$$

$$1\,049+1\,200+1\,300+1\,130)=\frac{1}{10}\times 11\,402=1\,140.2$$

根据式(2)可得灯泡方差的估计值为

$$S_n^2=\frac{1}{n}\sum_{i=1}^{n}(X_i-\overline{X})^2=\frac{1}{n}\sum_{i=1}^{n}X_i^2-\overline{X}^2=$$

$$\frac{1}{10}\times(1\,048^2+1\,050^2+1\,100^2+1\,125^2+1\,280^2+1\,120^2+$$

$$1\,049^2+1\,200^2+1\,300^2+1\,130^2)-1\,140.2^2=7\,596.96$$

3. 经验分布函数

定义 4 设 $(X_1,X_2,\cdots,X_n)$ 是来自总体 X 的样本，其观测值为 $(x_1,x_2,\cdots,x_n)$，$x_1,x_2,\cdots,x_n$ 按照从小到大排序可得 $x_{(1)}\leqslant x_{(2)}\leqslant\cdots\leqslant x_{(n)}$. 设 x 是任一实数，称函数

$$F_n(x)=\begin{cases}0, & x<x_{(1)}\\ \dfrac{k}{n}, & x_{(k)}\leqslant x<x_{(k+1)}\quad(k=1,2,\cdots,n-1)\\ 1, & x\geqslant x_{(n)}\end{cases}\tag{7}$$

为总体 X 的经验分布函数.

例 3 设从总体 X 中随机地抽取了样本容量为 10 的一组样本，其观测值为

3.2， 2.5， −4， 2.5， 0， 3， 2， 2.5， 4， 2

试估计总体的分布函数.

解 根据定义4可知，可以用样本的经验分布函数估计总体的分布函数，首先对样本的观测值排序：

$$-4<0<2=2<2.5=2.5=2.5<3<3.2<4$$

则总体的分布函数估计值为

$$F_{10}(x)=\begin{cases}0, & x<-4\\ 1/10, & -4\leqslant x<0\\ 2/10, & 0\leqslant x<2\\ 4/10, & 2\leqslant x<2.5\\ 7/10, & 2.5\leqslant x<3\\ 8/10, & 3\leqslant x<3.2\\ 9/10, & 3.2\leqslant x<4\\ 1, & x\geqslant 4\end{cases}$$

三、数理统计常见三种分布

在数理统计推断中，χ^2 分布、t 分布以及 F 分布将起到重要作用. 以下将简要介绍这三种重要分布以及相关性质.

1. χ^2 分布

定义5 设随机变量 $X_1,X_2,\cdots,X_n$ 独立同分布，且每个 $X_i\sim N(0,1)$，则称随机变量

$$\chi_n^2=X_1^2+X_2^2+\cdots+X_n^2 \tag{8}$$

服从自由度为 n 的 χ^2 分布，记为 $\chi_n^2\sim\chi^2(n)$. 这里自由度 n 是表达式(8)中独立变量的个数. χ^2 分布的概率分布密度函数为

$$p(x)=\begin{cases}\dfrac{1}{2^{\frac{n}{2}}\Gamma\left(\dfrac{n}{2}\right)}\mathrm{e}^{-\frac{x}{2}}x^{\frac{n}{2}-1}, & x>0\\ 0, & x\leqslant 0\end{cases} \tag{9}$$

式中，$\Gamma\left(\dfrac{n}{2}\right)$ 是伽玛函数 $\Gamma(\alpha)=\int_0^{+\infty}x^{\alpha-1}\mathrm{e}^{-x}\mathrm{d}x$ 在 $\alpha=\dfrac{n}{2}$ 处的值.

χ^2 分布具有下列性质：

性质1 $$E(\chi_n^2)=n,\quad D(\chi_n^2)=2n \tag{10}$$

性质2 设 $X\sim\chi^2(n)$，$Y\sim\chi^2(m)$，且 X 与 Y 相互独立，则

$$X+Y \sim \chi^2(n+m) \tag{11}$$

2. t 分布

定义 6 设 $X \sim N(0,1)$，$Y \sim \chi^2(n)$，且 X 与 Y 相互独立，则称随机变量

$$T=\frac{X}{\sqrt{Y/n}} \tag{12}$$

服从自由度为 n 的 t 分布，记为 $T \sim t(n)$，其概率分布密度函数为

$$p(x)=\frac{\Gamma\left(\frac{n+1}{2}\right)}{\Gamma\left(\frac{n}{2}\right)\sqrt{n\pi}}\left(1+\frac{t^2}{n}\right)^{-\frac{n+1}{2}} \quad (-\infty < t < +\infty) \tag{13}$$

t 分布具有下列性质：

性质 设 $T \sim t(n)$，则当 $n>2$ 时，有

$$E(T)=0, \quad D(T)=\frac{n}{n-2}$$

3. F 分布

定义 7 设 $X \sim \chi^2(n_1)$，$Y \sim \chi^2(n_2)$，且 X 与 Y 相互独立，则称随机变量

$$F=\frac{X/n_1}{Y/n_2} \tag{14}$$

服从自由度为 (n_1,n_2) 的 F 分布，记为 $F \sim F(n_1,n_2)$. 其中 n_1 称为第一自由度，n_2 称为第二自由度，其概率分布密度函数为

$$p(x)=\begin{cases}\dfrac{\Gamma\left(\frac{n_1+n_2}{2}\right)}{\Gamma\left(\frac{n_1}{2}\right)\Gamma\left(\frac{n_2}{2}\right)}\dfrac{n_1}{n_2}\left(\dfrac{n_1}{n_2}x\right)^{\frac{n_1-1}{2}}\left(1+\dfrac{n_1}{n_2}x\right)^{-\frac{n_1+n_2}{2}}, & x>0 \\ 0, & x \leqslant 0\end{cases} \tag{15}$$

F 分布具有下列性质：

性质 设 $F \sim F(n_1,n_2)$，则

$$\frac{1}{F} \sim F(n_2,n_1) \tag{16}$$

4. 概率分布的分位数

定义 8 对于总体 X 和给定的 $\alpha(0<\alpha<1)$，若存在 x_α，使

$$P\{X > x_\alpha\}=\alpha \tag{17}$$

则称 x_α 为 X 的分布的上侧分位数.

如果 $X \sim N(0,1)$，将标准正态分布的上侧分位数记为 u_α，它满足

$$P\{X > u_\alpha\} = 1 - P\{X \leqslant u_\alpha\} = 1 - \Phi(u_\alpha) = \alpha$$

即

$$\Phi(u_\alpha) = 1 - \alpha \tag{18}$$

给定 α,由附表 2 可查得 u_α 的值,如 $u_{0.05} = 1.64$,$u_{0.025} = 1.96$.由于标准正态分布的对称性,显然有

$$u_\alpha = -u_{1-\alpha} \tag{19}$$

如果 $T \sim t(n)$,将自由度为 n 的 t 分布的上侧分位数记为 $t_\alpha(n)$,它满足

$$P\{T > t_\alpha(n)\} = \alpha \tag{20}$$

给定 α 和 n,由附表 3 可查得 $t_\alpha(n)$ 值.

附表 3 的查值方法为:在表的第 1 行查找 α,在表的第 1 列查找 n,它们二者所在的行与列交叉处为 $t_\alpha(n)$ 的值.如 $t_{0.05}(10) = 1.812$,$t_{0.025}(20) = 2.086\,0$.由于 t 分布的对称性,同样有

$$t_\alpha(n) = -t_{1-\alpha}(n) \tag{21}$$

如果 $\chi_n^2 \sim \chi^2(n)$,将自由度为 n 的 χ^2 分布的上侧分位数记为 $\chi_\alpha^2(n)$,它满足

$$P\{\chi_n^2 > \chi_\alpha^2(n)\} = \alpha \tag{22}$$

给定 α 和 n,由附表 4 查出 $\chi_\alpha^2(n)$ 值.

附表 4 的查值方法为:在表的第 1 行查找 α,在表的第 1 列查找 n,它们二者所在的行与列交叉处为 $x_\alpha^2(n)$ 的值.如 $\chi_{0.05}^2(10) = 18.3$,$\chi_{0.025}^2(20) = 34.2$.

如果 $F \sim F(n_1, n_2)$,将自由度为(n_1, n_2)的 F 分布的上侧分位数记为 $F_\alpha(n_1, n_2)$,它满足

$$P\{F > F_\alpha(n_1, n_2)\} = \alpha \tag{23}$$

对 $\alpha = 0.05, 0.10, 0.01, 0.025$ 的 $F_\alpha(n_1, n_2)$ 的值,可由附表 5 ~ 附表 8 查出 $F_\alpha(n_1, n_2)$ 的值.

附表 5 ~ 附表 8 的查值方法为:首先根据 α 的取值,确定相应的附表,其次在相应附表的第 1 行查找 n_1,在相应附表的第 1 列查找 n_2,它们二者所在的行与列交叉处为 $F_\alpha(n_1, n_2)$ 的值.如 $F_{0.05}(5,10) = 3.33$,$F_{0.025}(10,20) = 2.77$.而对 $F_{1-\alpha}(n_1, n_2)$ 的值可由下列公式计算:

$$F_{1-\alpha}(n_1, n_2) = \frac{1}{F_\alpha(n_2, n_1)} \tag{24}$$

四、抽样分布

统计量的分布称为抽样分布.统计量是总体 X 的样本$(X_1, X_2, \cdots, X_n)$

的函数，它也是随机变量. 一般地，可以利用计算随机变量函数分布的方法求得其分布，但是，该方法计算是比较复杂的. 因而，我们只介绍几种简单的常见统计量的分布，其结论不予证明，有兴趣的读者可以参阅相关参考书籍.

定理1　设总体 $X \sim N(\mu,\sigma^2)$，$(X_1,X_2,\cdots,X_n)$ 是来自总体 X 的一个样本，则样本均值 $\overline{X}$ 的分布为

$$\overline{X} \sim N\left(\mu,\frac{\sigma^2}{n}\right)$$

或

$$\frac{\overline{X}-\mu}{\sigma/\sqrt{n}} \sim N(0,1) \tag{25}$$

定理2　设 X 与 Y 为两个独立的正态总体，$X \sim N(\mu_1,\sigma_1^2)$，$(X_1,X_2,\cdots,X_{n_1})$ 为总体 X 的样本，$Y \sim N(\mu_2,\sigma_2^2)$，$(Y_1,Y_2,\cdots,Y_{n_2})$ 为总体 Y 的样本，则这两个样本均值 $\overline{X}$ 与 $\overline{Y}$ 的差 $\overline{X}-\overline{Y}$ 的分布为

$$\overline{X}-\overline{Y} \sim N\left(\mu_1-\mu_2,\frac{\sigma_1^2}{n_1}+\frac{\sigma_2^2}{n_2}\right)$$

或

$$\frac{\overline{X}-\overline{Y}-(\mu_1-\mu_2)}{\sqrt{\sigma_1^2/n_1+\sigma_2^2/n_2}} \sim N(0,1) \tag{26}$$

式中，$\overline{X}=\dfrac{1}{n_1}\sum\limits_{i=1}^{n_1}X_i$，$\overline{Y}=\dfrac{1}{n_2}\sum\limits_{i=1}^{n_2}Y_i$.

定理3　设总体 $X \sim N(\mu,\sigma^2)$，$(X_1,X_2,\cdots,X_n)$ 是来自总体 X 的一个样本，则有

(1) 样本均值 X 与样本方差 S_n^2 相互独立；

(2)
$$\frac{nS_n^2}{\sigma^2}=\frac{(n-1)S_n^{*2}}{\sigma^2}=\frac{1}{\sigma^2}\sum_{i=1}^{n}(X_i-\overline{X})^2 \sim \chi^2(n-1) \tag{27}$$

定理4　设总体 $X \sim N(\mu,\sigma^2)$，$(X_1,X_2,\cdots,X_n)$ 是来自总体 X 的一个样本，则有

$$\frac{\overline{X}-\mu}{S_n^*/\sqrt{n}}=\frac{\overline{X}-\mu}{S_n/\sqrt{n-1}} \sim t(n-1) \tag{28}$$

定理5　设 X 与 Y 为两个独立且具有相同方差的正态总体，且 $X \sim N(\mu_1,\sigma^2)$，$(X_1,X_2,\cdots,X_{n_1})$ 为总体 X 的样本，$Y \sim N(\mu_2,\sigma^2)$，$(Y_1,Y_2,\cdots,Y_{n_2})$ 为总体 Y 的样本，则有

$$\frac{\overline{X}-\overline{Y}-(\mu_1-\mu_2)}{S_w\sqrt{1/n_1+1/n_2}} \sim t(n_1+n_2-2) \tag{29}$$

式中，

$$S_w=\sqrt{\frac{n_1S_1^2+n_2S_2^2}{n_1+n_2-2}}=\sqrt{\frac{(n_1-1)S_1^{*2}+(n_2-1)S_2^{*2}}{n_1+n_2-2}}$$

$$S_1^2=\frac{1}{n_1}\sum_{i=1}^{n_1}(X_i-\overline{X})^2,\quad S_1^{*2}=\frac{1}{n_1-1}\sum_{i=1}^{n_1}(X_i-\overline{X})^2$$

$$S_2^2=\frac{1}{n_2}\sum_{i=1}^{n_2}(Y_i-\overline{Y})^2,\quad S_2^{*2}=\frac{1}{n_2-1}\sum_{i=1}^{n_2}(Y_i-\overline{Y})^2$$

定理 6 设 X 与 Y 为两个独立的正态总体，且 $X\sim N(\mu_1,\sigma_1^2)$，$(X_1,X_2,\cdots,X_{n_1})$ 为总体 X 的样本，$Y\sim N(\mu_2,\sigma_2^2)$，$(Y_1,Y_2,\cdots,Y_{n_2})$ 为总体 Y 的样本，则有

$$\frac{S_1^{*2}/\sigma_1^2}{S_2^{*2}/\sigma_2^2}\sim F(n_1-1,n_2-1) \tag{30}$$

或

$$\frac{n_1S_1^2}{n_2S_2^2}\frac{(n_2-1)\sigma_2^2}{(n_1-1)\sigma_1^2}\sim F(n_1-1,n_2-1)$$

式中，S_1^2,S_1^{*2} 与 S_2^2,S_2^{*2} 分别为两个总体的样本方差与修正样本方差.

习 题 13.1

1. 设1.5，2，2.5，3，3.5，1.5为来自正态总体 X 的样本，求样本均值、样本方差的观测值.

2. 设总体 X 服从泊松分布 $P(\lambda)$，$(X_1,X_2,\cdots,X_n)$ 是总体 X 的一个样本，试求 $E(\overline{X})$，$D(\overline{X})$，$E(S_n^2)$，$E(S_n^{*2})$.

3. 查表求下列分布的上侧分位数：

(1) $u_{0.05}$　　$u_{0.95}$　　$u_{0.99}$　　$u_{0.01}$

(2) $\chi^2_{0.05}(16)$　　$\chi^2_{0.95}(16)$　　$\chi^2_{0.025}(10)$　　$\chi^2_{0.975}(10)$

(3) $t_{0.05}(21)$　　$t_{0.95}(21)$　　$t_{0.99}(12)$　　$t_{0.01}(10)$

(4) $F_{0.05}(10,15)$　　$F_{0.95}(10,15)$　　$F_{0.99}(12,8)$　　$F_{0.01}(12,8)$

4. 设 $\overline{X}_1$ 和 $\overline{X}_2$ 是来自正态总体 $N(\mu,\sigma^2)$ 的容量为 n 的两个独立样本 $(X_{11},X_{12},\cdots,X_{1n})$ 和 $(X_{21},X_{22},\cdots,X_{2n})$ 的样本均值，试确定 n，使得 $P(|\overline{X_1}-\overline{X_2}|>\sigma)=0.01$.

13.2 参数估计

一、参数的点估计

在实际问题中经常遇到随机变量 X（即总体 X）的分布函数 $F(x;\theta_1,\theta_2,\cdots,\theta_m)$ 的形式已知，但其中的参数 $\theta_i(i=1,2,\cdots,m)$ 未知的情形. 当得到了 X 的一个样本观测值 $(x_1,x_2,\cdots,x_n)$ 后，希望利用样本观测值来估计 X 分布中的未知参数值；或者 X 的分布函数形式未知，利用样本观测值估计 X 的某些数字特征. 这类问题称为参数的点估计问题. 参数估计问题是统计推断的重要内容之一，常用的参数点估计方法包含矩估计法和最大似然估计法.

1. 矩估计法

矩估计法是由英国统计学家皮尔逊(K. Pearson) 在 1894 年提出的求参数点估计的方法. 矩估计法的基本思想是用样本的 k 阶原点矩 $A_k=\dfrac{1}{n}\sum\limits_{i=1}^{n}X_i^k$ 去估计总体 X 的 k 阶原点矩 $E(X^k)$；用样本的 k 阶中心矩 $B_k=\dfrac{1}{n}\sum\limits_{i=1}^{n}(X_i-\overline{X})^k$ 去估计总体 X 的 k 阶中心矩 $E\left[X-E(X)\right]^k$，并由此得到未知参数的估计量.

矩估计法的基本步骤如下：

设总体 X 的分布函数为 $F(x;\theta_1,\theta_2,\cdots,\theta_m)$，$\theta_1,\theta_2,\cdots,\theta_m$ 是 m 个待估计的未知参数. 设 $\alpha_m=E(X^m)$ 存在.

第一步：对任意 $k(k=1,2,\cdots,m)$，计算

$$\alpha_k=E(X^k)=\alpha_k(\theta_1,\theta_2,\cdots,\theta_m)$$

第二步：令

$$\frac{1}{n}\sum_{i=1}^{n}X_i^k=\alpha_k(\hat{\theta}_1,\hat{\theta}_2,\cdots,\hat{\theta}_m)\quad(k=1,2,\cdots,m)$$

这便得到含 m 个参数 $\hat{\theta}_1,\hat{\theta}_2,\cdots,\hat{\theta}_m$ 的 m 个方程组.

第三步：解该方程组得

$$\hat{\theta}_k=\hat{\theta}_k(X_1,X_2,\cdots,X_n)\quad(k=1,2,\cdots,m)$$

以 $\hat{\theta}_k$ 作为参数 θ_k 的估计量，并称 $\hat{\theta}_k$ 为未知参数 θ_k 的矩估计量，这种求估计量的方法称为矩估计法.

例 1 设总体 X 服从泊松分布 $P(\lambda)$，求参数 λ 的矩估计量.

解 设 $(X_1, X_2, \cdots, X_n)$ 是总体 X 的一个样本，由于 $E(X)=\lambda$，根据矩估计法可得

$$\hat{\lambda}=A_1=\frac{1}{n}\sum_{i=1}^{n}X_i=\overline{X}$$

则 $\hat{\lambda}=\overline{X}$ 就是参数 λ 的矩估计量.

例 2 设总体 X 的均值和方差分别为 μ 和 σ^2，试求参数 μ 和 σ^2 的矩估计量.

解 设 $(X_1, X_2, \cdots, X_n)$ 是总体 X 的一个样本，由于

$$\begin{cases} E(X)=\mu \\ E(X^2)=D(X)+[E(X)]^2=\sigma^2+\mu^2 \end{cases}$$

根据矩估计法可得

$$\begin{cases} A_1=\overline{X}=\hat{\mu} \\ A_2=\dfrac{1}{n}\sum\limits_{i=1}^{n}X_i^2=\hat{\sigma}^2+\hat{\mu}^2 \end{cases}$$

解方程可得：μ 和 σ^2 的矩估计量分别为

$$\hat{\mu}=\overline{X}$$

$$\hat{\sigma}^2=\frac{1}{n}\sum_{i=1}^{n}X_i^2-\overline{X}^2=S_n^2$$

由此可见，无论总体服从什么分布，样本均值 $\overline{X}$ 和样本方差 S_n^2 分别是总体均值 μ 和总体方差 σ^2 的矩估计量.

例 3 设总体 X 服从区间 $[\theta_1, \theta_2]$ 上的均匀分布，求参数 θ_1, θ_2 的矩估计量.

解 设 $(X_1, X_2, \cdots, X_n)$ 是总体 X 的样本，根据第 12 章表 12.2 可知，均匀分布的数学期望与方差分别为

$$\begin{cases} E(X)=\dfrac{\theta_1+\theta_2}{2} \\ D(X)=\dfrac{(\theta_2-\theta_1)^2}{12} \end{cases}$$

根据矩估计法可以建立方程组

$$\begin{cases} \overline{X}=\dfrac{\hat{\theta}_1+\hat{\theta}_2}{2} \\ A_2=\dfrac{1}{n}\sum\limits_{i=1}^{n}X_i^2=\hat{\sigma}^2+\hat{\mu}^2=\dfrac{(\hat{\theta}_2-\hat{\theta}_1)^2}{12}+\left(\dfrac{\hat{\theta}_1+\hat{\theta}_2}{2}\right)^2 \end{cases}$$

求解方程组，可得 θ_1 和 θ_2 的矩估计量分别为

$$\hat{\theta}_1 = \overline{X} - \sqrt{3}\,S_n$$

$$\hat{\theta}_2 = \overline{X} + \sqrt{3}\,S_n$$

式中，$S_n^2 = \frac{1}{n}\sum_{i=1}^{n} X_i^2 - \overline{X}^2$.

2. **最大似然估计法**

最大似然估计法是建立在最大似然原理的基础上的求点估计量的方法. 最大似然原理的直观思想是：在试验中概率最大的事件最有可能出现. 因此，一个试验如有若干个可能的结果 $A, B, C, \cdots$ 在一次试验中，结果 A 出现，则一般认为 A 出现的概率最大.

一般地，设总体 X 的分布律或概率密度函数为 $p(x;\theta)$，其中 θ 是未知参数. 又设 $(x_1, x_2, \cdots, x_n)$ 是样本的一个观测值，求参数 θ 的最大似然估计量的一般步骤为

第一步：求似然函数

$$L(\theta) = \prod_{i=1}^{n} p(x_i;\theta)$$

第二步：取对数，即求出 $\ln L(\theta)$，并建立似然方程

$$\frac{\mathrm{d}\ln L(\theta)}{\mathrm{d}\theta} = 0$$

第三步：解似然方程得到参数 θ 的最大似然估计值

$$\hat{\theta} = \hat{\theta}(x_1, x_2, \cdots, x_n)$$

第四步：最后得到参数 θ 的最大似然估计量

$$\hat{\theta} = \hat{\theta}(X_1, X_2, \cdots, X_n)$$

当总体的分布函数中含有多个未知参数时，可以用类似的方法得到各个参数的最大似然估计量，只是在第二步时对 $\ln L(\theta)$ 求偏导数，建立方程组.

例 4 设总体 X 服从泊松分布 $P(\lambda)$，其中 λ 为未知参数，试求参数 λ 的最大似然估计量.

解 设样本 $(X_1, X_2, \cdots, X_n)$ 的一个观测值为 $(x_1, x_2, \cdots, x_n)$，由于总体 $X \sim P(\lambda)$，故有

$$P(X = x) = \frac{\lambda^x}{x!}\mathrm{e}^{-\lambda}$$

似然函数为

$$L(\lambda)=\prod_{i=1}^{n}\frac{\lambda^{x_i}}{x_i!}\mathrm{e}^{-\lambda}=\frac{\lambda^{\sum\limits_{i=1}^{n}x_i}}{\prod\limits_{i=1}^{n}x_i!}\mathrm{e}^{-n\lambda}$$

取对数

$$\ln L(\lambda)=\left(\sum_{i=1}^{n}x_i\right)\ln\lambda-\ln\prod_{i=1}^{n}x_i!-n\lambda$$

求导数,建立方程

$$\left.\frac{\mathrm{d}\ln L(\lambda)}{\mathrm{d}\lambda}\right|_{\lambda=\hat{\lambda}}=\frac{1}{\hat{\lambda}}\sum_{i=1}^{n}x_i-n=0$$

解方程可得 $\hat{\lambda}=\frac{1}{n}\sum\limits_{i=1}^{n}x_i=\overline{X}$

所以 λ 的最大似然估计量为 $\hat{\lambda}=\overline{X}$.

例 5 设总体 $X\sim N(\mu,\sigma^2)$,求参数 μ,σ^2 的最大似然估计量.

解 设$(X_1,X_2,\cdots,X_n)$是总体 X 的样本,其观测值为$(x_1,x_2,\cdots,x_n)$,记为 $\theta=(\mu,\sigma^2)$,由于总体 $X\sim N(\mu,\sigma^2)$,即 X 的概率分布密度函数为

$$p(x;\theta)=\frac{1}{\sqrt{2\pi}\sigma}\mathrm{e}^{-\frac{(x-\mu)^2}{2\sigma^2}}$$

似然函数为

$$L(\theta)=\prod_{i=1}^{n}\frac{1}{\sqrt{2\pi}\sigma}\mathrm{e}^{-\frac{(x-\mu)^2}{2\sigma^2}}=\frac{1}{(2\pi)^{n/2}\sigma^n}\mathrm{e}^{-\frac{1}{2\sigma^2}\sum\limits_{i=1}^{n}(x_i-\mu)^2}$$

取对数 $\ln L(\theta)=-\frac{n}{2}\ln(2\pi)-\frac{n}{2}\ln\sigma^2-\frac{1}{2\sigma^2}\sum\limits_{i=1}^{n}(x_i-\mu)^2$

求偏导,建立方程组 $\left.\frac{\partial\ln L(\theta)}{\partial\mu}\right|_{\substack{\mu=\hat{\mu}\\ \sigma^2=\hat{\sigma}^2}}=\frac{1}{\hat{\sigma}^2}\sum\limits_{i=1}^{n}(x_i-\hat{\mu})=0$

$$\left.\frac{\partial\ln L(\theta)}{\partial\sigma^2}\right|_{\substack{\mu=\hat{\mu}\\ \sigma^2=\hat{\sigma}^2}}=-\frac{n}{2\hat{\sigma}^2}+\frac{1}{2\hat{\sigma}^4}\sum_{i=1}^{n}(x_i-\hat{\mu})^2=0$$

求解方程可得 $\hat{\mu}=\frac{1}{n}\sum\limits_{i=1}^{n}x_i=\overline{X}$,$\hat{\sigma}^2=\frac{1}{n}\sum\limits_{i=1}^{n}(x_i-\overline{X})^2=S_n^2$.

因而参数 μ,σ^2 的最大似然估计量分别为 $\hat{\mu}=\overline{X}$,$\hat{\sigma}^2=S_n^2$.

二、估计量的评价标准

在参数的点估计中,同一个待估参数用矩估计法和最大似然估计法得到的估计量可能不一样,那么,哪一个估计量较好呢?下面将介绍几个估计量的

评价标准.

1. 无偏性

定义 1 设 $\hat{\theta}=\hat{\theta}(X_1,X_2,\cdots,X_n)$ 是参数 θ 的估计量，如

$$E(\hat{\theta})=\theta \tag{1}$$

则称 $\hat{\theta}$ 是 θ 的无偏估计(量).

例 6 设 $(X_1,X_2,\cdots,X_n)$ 是来自泊松分布 $P(\lambda)(\lambda>0)$ 的一个样本，试证 $\overline{X}$ 是参数 λ 的无偏估计.

证明 总体 X 的分布律为

$$P\{X=x\}=\frac{\lambda^x}{x!}\mathrm{e}^{-\lambda}$$

总体的数学期望是 $$E(X)=\lambda$$

则 $$E(\overline{X})=E\left(\frac{1}{n}\sum_{i=1}^{n}X_i\right)=\frac{1}{n}\sum_{i=1}^{n}E(X_i)=\frac{1}{n}n\lambda=\lambda$$

因而 $\overline{X}$ 是参数 λ 的无偏估计.

例 7 设总体 X 的概率分布密度函数为

$$p(x;\theta)=\begin{cases}\dfrac{1}{\theta}\mathrm{e}^{-\frac{x}{\theta}}, & x>0\\ 0, & x\leqslant 0\end{cases}$$

$\theta>0$ 为未知参数，$(X_1,X_2,\cdots,X_n)$ 为总体 X 的样本，证明 $\hat{\theta}=\overline{X}$ 是 θ 的无偏估计.

证明 因为 $$E(X)=\int_{-\infty}^{+\infty}xp(x;\theta)\mathrm{d}x=\int_{0}^{+\infty}\frac{x}{\theta}\mathrm{e}^{-\frac{x}{\theta}}\mathrm{d}x=\theta$$

$$E(\overline{X})=E\left(\frac{1}{n}\sum_{i=1}^{n}X_i\right)=\frac{1}{n}\sum_{i=1}^{n}E(X_i)=\frac{1}{n}n\theta=\theta$$

所以 $\overline{X}$ 是参数 θ 的无偏估计.

例 8 设总体 X 的一阶和二阶矩存在，分布是任意的，记 $E(X)=\mu$，$D(X)=\sigma^2$，则样本均值 $\overline{X}$ 是 μ 的无偏估计，样本方差 S_n^2 不是 δ^2 的无偏估计，修正样本方差 S_n^{*2} 是 δ^2 的无偏估计.

证明 由 13.1 节中常见统计量的性质可知：

$$E(\overline{X})=\mu,\quad E(S_n^2)=\frac{n-1}{n}\sigma^2\neq\sigma^2,\quad E(S_n^{*2})=\sigma^2$$

所以，$\overline{X}$ 和 S_n^{*2} 均为无偏估计量，而 S_n^2 不是 δ^2 的无偏估计.

无偏性虽然是评价估计量的一个重要标准，而且在许多场合是合理的，但

有时对同一个参数可以有多个无偏估计. 事实上，由 θ 的两个无偏估计量 $\hat{\theta}_1$ 和 $\hat{\theta}_2$ 还可以构造出无穷多个无偏估计量. 例如，设 α_1 和 α_2 为满足 $\alpha_1+\alpha_2=1$ 的任意常数，则 $\alpha_1\hat{\theta}_1+\alpha_2\hat{\theta}_2$ 都是 θ 的无偏估计量.

一个估计量 $\hat{\theta}$ 如果是 θ 的无偏估计量，则称 $\hat{\theta}-E(\hat{\theta})$ 为估计量 $\hat{\theta}$ 的偏差，通常可以认为偏差越小越好. 于是，人们又在无偏性的基础上增加了对方差 $D(\hat{\theta})=E\left[\hat{\theta}-E(\hat{\theta})\right]^2$ 的要求. 若估计量的方差越小，则表明该估计量的取值(即估计值)围绕着待估参数的波动就越小，也就是更为理想的估计量. 为此，引入估计量的第二个评价标准 —— 有效性.

2. 有效性

定义 2 设 $\hat{\theta}_1$ 和 $\hat{\theta}_2$ 均为 θ 的无偏估计量，若对任意样本容量 n 有

$$D(\hat{\theta}_1)<D(\hat{\theta}_2) \tag{2}$$

则称估计量 $\hat{\theta}_1$ 比 $\hat{\theta}_2$ 有效.

定义 3 如果存在 θ 的一个无偏估计量 $\hat{\theta}_0$，使对 θ 的任意无偏估计量 $\hat{\theta}$，都有

$$D(\hat{\theta}_0)\leqslant D(\hat{\theta}) \tag{3}$$

则称 $\hat{\theta}_0$ 是 θ 的最小方差无偏估计(量)，缩写为 MVUE.

例 9 设 (X_1,X_2,X_3) 是来自总体 X 的样本，总体 X 的数学期望与方差分别为 μ,σ^2，试判定下列关于总体 X 的数学期望 μ 的估计量哪个更有效.

$$X_1,\quad \frac{1}{3}X_1+\frac{2}{3}X_2,\quad \frac{1}{4}X_1+\frac{1}{2}X_2+\frac{1}{4}X_3,\quad \frac{1}{3}X_1+\frac{1}{3}X_2+\frac{1}{3}X_3$$

解 显然，这 4 个统计量均是 μ 的无偏估计，而它们的方差分别为

$$D(X_1)=D(X)=\sigma^2$$

$$D\left(\frac{1}{3}X_1+\frac{2}{3}X_2\right)=\frac{1}{9}D(X_1)+\frac{4}{9}D(X_2)=\frac{5}{9}\sigma^2$$

$$D\left(\frac{1}{4}X_1+\frac{1}{2}X_2+\frac{1}{4}X_3\right)=\frac{1}{16}D(X_1)+\frac{1}{4}D(X_2)+\frac{1}{16}D(X_3)=\frac{3}{8}\sigma^2$$

$$D\left(\frac{1}{3}X_1+\frac{1}{3}X_2+\frac{1}{3}X_3\right)=\frac{1}{9}D(X_1)+\frac{1}{9}D(X_2)+\frac{1}{9}D(X_3)=\frac{1}{3}\sigma^2$$

而

$$\frac{1}{3}\sigma^2<\frac{3}{8}\sigma^2<\frac{5}{9}\sigma^2<\sigma^2$$

因而估计量 $\frac{1}{3}X_1+\frac{1}{3}X_2+\frac{1}{3}X_3$ 最有效.

三、参数的区间估计

未知参数的点估计，是用样本的观测值计算出来的一个数值作为参数的

估计值,它与所估计参数的真值之间存在一定的偏差,由于参数的真值是未知的,因而这个偏差是未知的. 所以用参数的点估计得不到估计的精度. 为了能够得到估计的精度,需要得到参数的一个取值范围,这个范围就可用参数的区间估计得到.

定义4 设总体X的分布函数为$F(x;\theta)$,θ为未知参数,$(X_1,X_2,\cdots,X_n)$是来自总体 X 的样本. 如果存在两个统计量 $\hat{\theta}_1(X_1,X_2,\cdots,X_n)$ 和 $\hat{\theta}_2(X_1,X_2,\cdots,X_n)$,对于给定的常数 $\alpha(0<\alpha<1)$,使得

$$P\{\hat{\theta}_1(X_1,X_2,\cdots,X_n)\leqslant\theta\leqslant\hat{\theta}_2(X_1,X_2,\cdots,X_n)\}=1-\alpha \tag{4}$$

则称区间$[\hat{\theta}_1,\hat{\theta}_2]$为参数$\theta$的置信度为$1-\alpha$的置信区间,$\hat{\theta}_1$ 称为置信下限,$\hat{\theta}_2$称为置信上限.

当总体 X 的样本观测值$x_1,x_2,\cdots,x_n$给定后,由参数的区间估计就可以确定一个区间$[\hat{\theta}_1(x_1,x_2,\cdots,x_n),\hat{\theta}_2(x_1,x_2,\cdots,x_n)]$, 对于任意的 $y\in[\hat{\theta}_1(x_1,x_2,\cdots,x_n),\hat{\theta}_2(x_1,x_2,\cdots,x_n)]$都可以作为参数$\theta$的估计值,并且估计值的偏差$|y-\theta|\leqslant|\hat{\theta}_1-\hat{\theta}_2|$的概率为$1-\alpha$.

本节仅讨论正态总体下参数的区间估计问题.

1. 方差σ^2 已知,均值μ的区间估计

设总体$X\sim N(\mu,\sigma^2)$,σ^2已知,$X_1,X_2,\cdots,X_n$是来自总体X的一个样本,自然想到用$\overline{X}$对μ作点估计,由13.1节中的定理1可知$\overline{X}\sim N\left(\mu,\frac{\sigma^2}{n}\right)$,故

$$U=\frac{\overline{X}-\mu}{\sigma/\sqrt{n}}\sim N(0,1)$$

由正态分布表(附表2)可知,对于给定的α,存在一个值$u_{\alpha/2}$,使得

$$P\{|U|\leqslant u_{\alpha/2}\}=1-\alpha$$

式中,$u_{2/\alpha}$是标准正态分布$\alpha/2$上侧分位数.

于是

$$P\left\{\left|\frac{\overline{X}-\mu}{\sigma/\sqrt{n}}\right|\leqslant u_{\alpha/2}\right\}=1-\alpha \tag{5}$$

即

$$P\left\{\overline{X}-u_{\alpha/2}\frac{\sigma}{\sqrt{n}}\leqslant\mu\leqslant\overline{X}+u_{\alpha/2}\frac{\sigma}{\sqrt{n}}\right\}=1-\alpha$$

故μ的置信度为$1-\alpha$的置信区间为

$$\left[\overline{X}-u_{\alpha/2}\frac{\sigma}{\sqrt{n}},\overline{X}+u_{\alpha/2}\frac{\sigma}{\sqrt{n}}\right] \tag{6}$$

若给定 $\alpha=0.05$，查正态分布表知 $u_{0.025}=1.96$，于是得 μ 的置信度为 95% 的置信区间为

$$\left[\overline{X}-1.96\frac{\sigma}{\sqrt{n}},\overline{X}+1.96\frac{\sigma}{\sqrt{n}}\right] \tag{7}$$

这意味着置信区间 $\left[\overline{X}-1.96\frac{\sigma}{\sqrt{n}},\overline{X}+1.96\frac{\sigma}{\sqrt{n}}\right]$ 以 95% 的概率包含总体均值 μ. 在实际应用中，作一次抽样算出的置信区间，就认为它包含了 μ，即是 μ 的区间估计. 当然，也可能遇到算出的区间不含 μ 的偶然情况，但这种情况出现的可能性很小(约为 5%). 此外，由式(5)可知

$$P\left\{|\overline{X}-\mu|\leqslant 1.96\frac{\sigma}{n}\right\}=95\%$$

这表明当方差已知时，用 $\overline{X}$ 作为 μ 的点估计，其绝对误差以 95% 的概率不超过 $1.96\sigma/\sqrt{n}$，由此便确定了点估计的估计精度和误差范围.

例 10 某车间生产的滚珠直径 X 服从正态分布 $N(\mu,0.06)$，现从某天生产的产品中抽取 6 个，测得直径(单位:mm)分别为

14.6 15.1 14.9 14,8 15.2 15.1

试求平均直径置信度 95% 的置信区间.

解 置信度 $1-\alpha=0.95$，$\alpha=0.05$，$u_{\frac{\alpha}{2}}=u_{0.025}=1.96$，又因样本均值 $\overline{X}=14.95$，$n=6$，$\sigma=\sqrt{0.06}$，由式(6)可得

置信下限 $\overline{X}-u_{\alpha/2}\frac{\sigma}{\sqrt{n}}=14.95-1.96\sqrt{\frac{0.06}{6}}\approx 14.75$

置信上限 $\overline{X}+u_{\alpha/2}\frac{\sigma}{\sqrt{n}}=14.95+1.96\sqrt{\frac{0.06}{6}}\approx 15.15$

所以平均直径 μ 的置信度为 95% 的置信区间为[14.75,15.15].

2. 方差 σ^2 未知，均值 μ 的区间估计

设总体 $X\sim N(\mu,\sigma^2)$，$(X_1,X_2,\cdots,X_n)$ 是来自总体 X 的一个样本，由于 σ^2 未知，若仍用上述 U 统计量求 μ 的置信区间，因置信上下限包含 σ 而无法计算. 此时，自然想到用样本标准差 S_n^* 来代替 σ，由 13.1 节定理 4 可知

$$T=\frac{\overline{X}-\mu}{S_n^*/\sqrt{n}}\sim t(n-1) \tag{8}$$

从而，对给定的置信度为 $1-\alpha$，存在 $t_{\alpha/2}(n-1)$，使得

$$P\{|T|\leqslant t_{\alpha/2}(n-1)\}=1-\alpha$$

式中，$t_{\alpha/2}(n-1)$是自由度为$n-1$的t分布关于$\alpha/2$的上侧分位数，它可由附表4查得，于是有

$$P\left\{\left|\frac{\overline{X}-\mu}{S_n^*/\sqrt{n}}\right|\leqslant t_{\alpha/2}(n-1)\right\}=1-\alpha$$

即

$$P\left\{\overline{X}-t_{\alpha/2}\frac{S_n^*}{\sqrt{n}}\leqslant\mu\leqslant\overline{X}+t_{\alpha/2}\frac{S_n^*}{\sqrt{n}}\right\}=1-\alpha$$

故μ的置信度为$1-\alpha$的置信区间为

$$\left[\overline{X}-t_{\alpha/2}\frac{S_n^*}{\sqrt{n}},\overline{X}+t_{\alpha/2}\frac{S_n^*}{\sqrt{n}}\right] \tag{9}$$

例 11 某糖厂用自动包装机装糖，设每包糖的重量服从正态分布$N(\mu,\sigma^2)$，某日开工后测得9包糖的重量分别为(单位：kg)

99.3　98.7　100.5　101.2　98.3　99.7　99.5　102.1　100.5

试求每包糖平均重量μ的置信度为95%的置信区间.

解 置信度$1-\alpha=0.95$，$\alpha=0.05$，查附表3得$t_{\alpha/2}(n-1)=t_{0.025}(8)=2.306$，由样本值算得$\overline{X}=99.978$，${S_n^*}^2=1.47$，$n=9$，根据式(9)可知

置信下限　$\overline{X}-t_{\alpha/2}\dfrac{S^*}{\sqrt{n}}=99.978-2.306\sqrt{\dfrac{1.47}{9}}=99.046$

置信上限　$\overline{X}+t_{\alpha/2}\dfrac{S^*}{\sqrt{n}}=99.978+2.306\sqrt{\dfrac{1.47}{9}}=100.91$

所以μ的置信度为95%的置信区间为[99.046,100.91].

3. 均值μ未知，方差σ^2的区间估计

设总体$X\sim N(\mu,\sigma^2)$，μ,σ^2未知，$(X_1,X_2,\cdots,X_n)$是来自总体X的样本，现求总体方差σ^2或标准差σ的区间估计.

考虑用S_n^{*2}估计σ^2，由13.1节中定理3可知

$$\chi^2=\frac{(n-1)S_n^{*2}}{\sigma^2}\sim\chi^2(n-1)$$

于是，对于给定的置信度$1-\alpha$，根据附表3可以查得$\chi^2_{\alpha/2}(n-1)$和$\chi^2_{1-\alpha/2}(n-1)$，使得

$$P\{\chi^2>\chi^2_{\alpha/2}(n-1)\}=\frac{\alpha}{2}$$

$$P\{\chi^2_{1-\alpha/2}(n-1)<\chi^2\}=\frac{\alpha}{2}$$

于是就有

$$P\{\chi^2_{1-\alpha/2}(n-1)\leqslant\chi^2\leqslant\chi^2_{\alpha/2}(n-1)\}=1-\alpha \tag{10}$$

即

$$P\left\{\chi^2_{1-\alpha/2}(n-1)\leqslant\frac{(n-1)S_n^{*2}}{\sigma^2}\leqslant\chi^2_{\alpha/2}(n-1)\right\}=1-\alpha$$

因而　$$P\left\{\frac{(n-1)S_n^{*2}}{\chi^2_{\alpha/2}(n-1)}\leqslant\sigma^2\leqslant\frac{(n-1)S_n^{*2}}{\chi^2_{1-\alpha/2}(n-1)}\right\}=1-\alpha$$

故 σ^2 的置信度为 $1-\alpha$ 的置信区间为

$$\left[\frac{(n-1)S_n^{*2}}{\chi^2_{\alpha/2}(n-1)},\frac{(n-1)S_n^{*2}}{\chi^2_{1-\alpha/2}(n-1)}\right] \tag{11}$$

而 σ 的置信度为 $1-\alpha$ 的置信区间为

$$\left[\sqrt{\frac{(n-1)S_n^{*2}}{\chi^2_{\alpha/2}(n-1)}},\sqrt{\frac{(n-1)S_n^{*2}}{\chi^2_{1-\alpha/2}(n-1)}}\right] \tag{12}$$

例 12　从自动机床加工的同类零件中任意抽取 16 件，测得长度值(单位:cm) 分别为

12.15　12.12　12.01　12.08　12.09　12.16　12.06　12.13
12.07　12.11　12.08　12.01　12.03　12.01　12.03　12.06

假设零件的长度服从正态分布 $N(\mu,\sigma^2)$，试分别求零件长度方差 σ^2 和标准差 σ 的置信度为 95% 的置信区间.

解　根据题意，$n=16$，$1-\alpha=0.95$，$\alpha=0.05$，查附表 4 得 $\chi^2_{0.025}(15)=27.5$，$\chi^2_{0.975}(15)=6.26$，又 $\overline{X}=12.08$，$(n-1)S_n^{*2}=0.037$，由式(11) 可得 σ^2 区间估计为

置信下限　$$\frac{(n-1)S_n^{*2}}{\chi^2_{\alpha/2}(n-1)}=\frac{0.037}{27.5}\approx 0.001\,3$$

置信上限　$$\frac{(n-1)S_n^{*2}}{\chi^2_{1-\alpha/2}(n-1)}=\frac{0.037}{6.26}\approx 0.005\,9$$

所以 σ^2 的置信度为 95% 的置信区间为[0.001 3,0.005 9]，而 σ 的置信度为 95% 的置信区间为[0.036,0.077].

习　题　13.2

1. 已知总体 X 的分布列为

X	1	2	3
P	θ^2	$2\theta(1-\theta)$	$(1-\theta)^2$

$0<\theta<1$；$x_1,x_2,\cdots,x_n$ 是来自该总体的样本值.求 θ 的矩估计.

2.设总体 X 的概率分布密度函数为

$$p(x;\theta)=\frac{1}{2\theta}\exp\left(-\frac{|x|}{\theta}\right)\quad(-\infty<x<+\infty)$$

$(X_1,X_2,\cdots,X_n)$ 是来自总体 X 的样本，试求参数 θ 的矩估计和最大似然估计.

3.设总体 X 的概率分布密度函数为

$$p(x)=\frac{1}{\theta_2}e^{-\frac{x-\theta_1}{\theta_2}}\quad(\theta_1<x<+\infty,\theta_2>0)$$

$(X_1,X_2,\cdots,X_n)$ 为来自总体 X 的样本，试求 θ_1 和 θ_2 的矩估计.

4.设总体 X 的概率分布密度函数为

$$p(x)=\begin{cases}e^{-(x-\theta)}, & x\geqslant\theta\\ 0, & x<\theta\end{cases}$$

$(X_1,X_2,\cdots,X_n)$ 是来自总体 X 的一个样本，试求参数 θ 的最大似然估计.

5.已知灯泡寿命的标准差 $\sigma=50$ h，从中抽出 25 个灯泡检验，得到平均寿命为 $\overline{X}=500$ h，试以 95% 的可靠性对灯泡的平均寿命进行区间估计(假设灯泡寿命服从正态分布).

6.某商店为了了解居民对某种商品的需求，调查了 100 家住户，得出每户每月平均需求量为 10 kg，方差为 9，如果这个商店供应 10 000 户，试就居民对该商品的平均需求量进行区间估计($\alpha=0.01$).

7.设轴承内环的锻压零件的高度 $\xi\sim N(\mu,0.4^2)$，现从中抽取 20 只内环，其平均高度 $\overline{X}=32.3$ mm，求 μ 的置信度为 95% 的置信区间.

8.某市教科所进行初中数学教学实验，实验班是从全市初一新生中抽取的一个 $n=50$ 的随机样本.初中毕业时该班参加全省毕业会考的平均分为 84.3，标准差为 10.78，如果全市都进行这种教学实验，且实验后全市毕业生的会考成绩服从正态分布，那么，全市初中毕业会考成绩的平均分不会低于多少(置信度为 0.95)？并将其与现在全市初中毕业会考成绩的平均分 71.9 进行比较.

13.3 参数的假设检验

前面讨论了参数估计的方法,但是在实际问题中有许多问题与参数估计提法不同.需要我们讨论另一种常见的统计推断方法——假设检验.

一、假设检验的基本概念

假设检验是统计推断的另一类重要问题.对总体的分布函数的某些参数或分布函数的形式作某种假设,然后利用样本的有关信息对所作的假设的正确性进行推断,这类统计问题称为假设检验.

例1 某厂有一批产品,共有200件,需检验合格才能出厂.按国家标准,次品率不得超过3%.今在其中随机地抽取10件,发现其中有2件次品,问这批产品能否出厂?

分析 如果用点估计方法作为检验方法,显然$\frac{2}{10} > 3\%$,这批货物是要被拒出厂的.但是厂家有理由反对用这种检验方法.他们认为,由于抽样是随机的,在这次抽样中,次品的频率超过3%,不等于说这批产品的次品率p(概率)超过了3%.就如同说掷一枚钱币,正、反两面出现的概率各为1/2,但若掷两次钱币,不见得正、反面正好各出现一次一样.就是说,即使该批货的次品率低于3%,仍有很大的概率使得在抽检10件产品时出现两个以上的次品,因此需要用别的方法.

事实上,对于这类问题,通常就是采用假设检验的方法.具体来说就是先假设次品率$p \leqslant 3\%$,然后从抽样的结果来说明$p \leqslant 3\%$这一假设是否合理.注意,这里用的是"合理"一词,而不是"正确",粗略地说就是"认为$p \leqslant 3\%$"能否说得过去.

1.小概率原理与显著性水平

小概率原理(或实际推断原理),即"小概率事件在一次试验中,实际上可认为几乎不会发生".所谓"小概率事件"通常是指事件发生的概率$\alpha \leqslant 0.05$,通常认为概率不超过α的事件是在一次试验中不会发生的事件,这个α称为显著性水平.对于实际问题应根据不同的需要和侧重,指定不同的显著性水平.但为了制表方便,通常可选取$\alpha = 0.01, 0.05, 0.10$等.

假设检验的基本原理就是应用了小概率原理解决问题的.首先假设原假设为真,如果由此得到在一次观测中发生了小概率事件,那么就拒绝原假设,接受备择假设;否则就接受原假设.

下面将通过解决例1来阐述假设检验的基本概念和步骤.

(1) 提出假设

$$H_0: p \leqslant 3\%, \quad H_1: p > 3\%$$

式中,H_0 称为原假设,H_1 称为备选假设或备择假设,备选假设也可以不写.

(2) 构造统计量:取统计量为

$$T = \{\text{从 200 件产品中任意抽取 10 种产品,抽到次品的个数}\}$$

(3) 在 H_0 成立下,统计量 T 的分布:在 H_0 成立下,抽样结果服从二项分布,则 $T \sim B(10, p)$,其分布律为

$$p_k = \mathrm{C}_{10}^{k}\,(p)^k\,(1-p)^{10-k} \quad (k = 0, 1, 2, \cdots, 10)$$

(4) 计算此次试验发生的概率

$$p_2 = \mathrm{C}_{10}^{2}\,(p)^2\,(1-p)^8 \leqslant p = \mathrm{C}_{10}^{2} \times 0.03^2 \times 0.97^8 \approx 0.030\,7$$

(5) 作判断:显然此次试验发生的概率小于5%,因而是个小概率事件,这就违背了小概率原理,故可以断定原假设错误,拒绝原假设,接受备择假设,认为这批产品次品率超过标准,不能出厂.

设 Ω 是所有样本观测值 $x = (x_1, x_2, \cdots, x_n)$ 的集合,令

$$W = \{x \mid x \in \Omega,\ x \text{ 使 } H_0 \text{ 否定}\}$$

则称此集合为 H_0 的拒绝域,其余集 $\overline{W}$ 称为 H_0 的接受域.

2. 假设检验的基本步骤

(1) 根据实际问题的要求,提出原假设 H_0 及备选假设 H_1.

(2) 构造适当的检验统计量 T,要求在 H_0 成立的条件下,统计量 T 的分布是确定和已知的.

(3) 给定显著性水平 α,确定拒绝域 W.

(4) 由样本观测值计算统计量 T 的值 t_0.

(5) 作出判断:若 $t_0 \in W$,则拒绝 H_0;否则,接受 H_0.

3. 两类错误

假设检验的依据是:小概率事件在一次试验中很难发生.但很难发生不等于不发生,因而假设检验所作的结论也可能是错误的.这种错误有两类:

(1) 第一类错误.当原假设 H_0 为真时,因观测值落在拒绝域 W 中,而错误地作出拒绝 H_0 的判断.犯第一类错误的概率恰好是显著性水平 α.

(2) 第二类错误.当原假设 H_0 不真时,因观测值未落在拒绝域 W 中,而错误地作出接受 H_0 的判断.

由于构造的检验统计量分布函数很难确定,因而本书仅讨论正态总体均值与方差的检验问题.

二、正态总体均值 μ 的检验

1. 一个正态总体情形

设总体 $X \sim N(\mu,\sigma^2)$,样本 $(X_1,X_2,\cdots X_n)$ 来自总体 X,σ^2 已知.

(1) 提出假设 $H_0:\mu=\mu_0$;$H_1:\mu\neq\mu_0$.

(2) 取检验统计量 $U=\dfrac{\overline{X}-\mu_0}{\sigma/\sqrt{n}}$,在 H_0 成立的条件下,$U=\dfrac{\overline{X}-\mu_0}{\sigma/\sqrt{n}}\sim N(0,1)$.

(3) 给定显著性水平 $\alpha(0<\alpha\leqslant 0.05)$,$P\{|U|\geqslant u_{\frac{\alpha}{2}}\}=\alpha$(参见图 13.1),由 $\Phi(u_{\frac{\alpha}{2}})=1-\dfrac{\alpha}{2}$,查表可得上侧分位数 $u_{\frac{\alpha}{2}}$.拒绝域 $W=\{(x_1,x_2,\cdots,x_n):|u|\geqslant u_{\frac{\alpha}{2}}\}$.

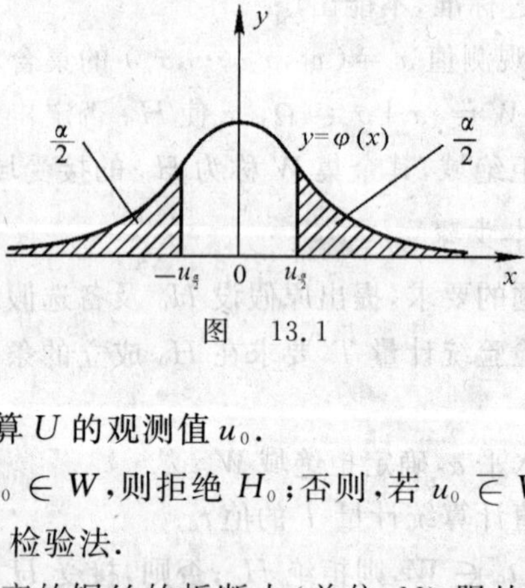

图 13.1

(4) 由样本值计算 U 的观测值 u_0.

(5) 作判断:若 $u_0\in W$,则拒绝 H_0;否则,若 $u_0\in W$,则接受 H_0.

此检验法称为 U 检验法.

例 2 某工厂生产的铜丝的折断力(单位:N)服从正态分布 $N(\mu,8^2)$.某日抽取 10 根铜丝,进行折断力试验,测得结果如下:

578 572 570 568 572 570 572 596 584 570

若已知 $\mu=576$,问是否可以认为该日生产的铜丝合格($\alpha=0.10$)?

解 假设 $H_0:\mu=576$;$H_1:\mu\neq576$.取检验统计量 $U=\dfrac{\overline{X}-576}{8/\sqrt{10}}$,在 H_0 成立的条件下,$U=\dfrac{\overline{X}-576}{8/\sqrt{10}}\sim N(0,1)$.

给定显著性水平 $\alpha=0.10$,查表可得上侧分位数 $u_{0.05}=1.645$.

拒绝域:$W=\{(x_1,x_2,\cdots,x_n):|u|\geqslant u_{0.05}=1.645\}$.

由样本值计算 U 的观测值 u_0. 这里 $n=10$, 算得 $\overline{X}=575.2$,于是

$$|u_0|=\left|\frac{575.2-576}{8}\sqrt{10}\right|=0.316<1.645$$

因为 $u_0\overline{\in}W$,所以接受 H_0,即在显著水平 $\alpha=0.10$ 下,可认为该日生产的铜丝合格.

在上述问题中,如果总体的方差未知,如何对均值 μ 进行检验? 显然检验统计量 $U=\dfrac{\overline{X}-\mu_0}{\sigma/\sqrt{n}}$ 无法使用,然而,可以用 S_n^{*2} 替代 σ^2,这样就可以构造出新的统计量.

(1) 提出假设 $H_0:\mu=\mu_0;H_1:\mu\neq\mu_0$.

(2) 取检验统计量 $T=\dfrac{\overline{X}-\mu_0}{S_n^*/\sqrt{n}}$, 在 H_0 成立的条件下,$T=\dfrac{\overline{X}-\mu_0}{S_n^*/\sqrt{n}}\sim t(n-1)$.

(3) 给定显著性水平 $\alpha(0<\alpha\leqslant 0.05)$,$P\{|T|\geqslant t_{\frac{\alpha}{2}}(n-1)\}=\alpha$(见图 13.2),查表可得上侧分位数 $t_{\frac{\alpha}{2}}(n-1)$.

拒绝域:$W=\{(x_1,x_2,\cdots,x_n):|t|\geqslant t_{\frac{\alpha}{2}}(n-1)\}$.

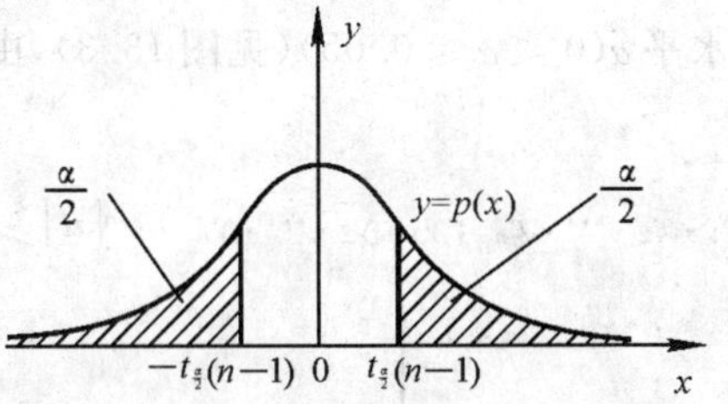

图　13.2

(4) 由样本值计算 T 的观测值 t_0.

(5) 作判断,若 $t_0\in W$,则拒绝 H_0;否则,若 $t_0\overline{\in}W$, 则接受 H_0.

此检验法称为 t 检验法.

例 3　设某次考试中考生成绩服从正态分布,从中随机地抽取 36 位考生的成绩,算得平均成绩为 66.5 分,修正的标准差为 15 分. 问:在显著水平为 0.05 下,是否可以认为这次考试全体考生的平均成绩为 70 分?

解　设这次考试的学生成绩为 X,则 $X\sim N(\mu,\sigma^2)$.

提出假设 $H_0:\mu=70$，$H_0:\mu\neq 70$.

取检验统计量 $T=\dfrac{\overline{X}-\mu_0}{S_n^*/\sqrt{n}}$，在 H_0 成立的条件下，$T=\dfrac{\overline{X}-\mu_0}{S_n^*/\sqrt{n}}\sim t(n-1)$.

给定显著性水平 $\alpha=0.05$，由 $n=36$，查表可得上侧分位数 $t_{\frac{\alpha}{2}}(n-1)=t_{0.025}(35)=2.030\,1$. 拒绝域 $W=\{(x_1,x_2,\cdots,x_n):|t|\geqslant 2.030\,1\}$.

计算 T 的观测值：

$$|t_0|=\left|\frac{66.5-70}{15}\times\sqrt{36}\right|=1.4<2.030\,1$$

显然，$t_0\notin W$，所以接受 H_0，即在显著水平 $\alpha=0.05$ 下，可以认为这次考试全体考生的平均成绩为 70 分.

2. 两个正态总体情形

设 $(X_1,X_2,\cdots,X_{n_1})$ 为出自 $N(\mu_1,\sigma_1^2)$ 的样本，$(Y_1,Y_2,\cdots,Y_{n_2})$ 为出自 $N(\mu_2,\sigma_2^2)$ 的样本，σ_1,σ_2 已知，两个总体的样本之间相互独立.

(1) 提出假设 $H_0:\mu_1=\mu_2$，$H_1:\mu_1\neq\mu_2$.

(2) 取检验统计量 $U=\dfrac{(\overline{X}-\overline{Y})}{\sqrt{\dfrac{\sigma_1^2}{n_1}+\dfrac{\sigma_2^2}{n_2}}}$，在 H_0 成立的条件下，$U=\dfrac{(\overline{X}-\overline{Y})}{\sqrt{\dfrac{\sigma_1^2}{n_1}+\dfrac{\sigma_2^2}{n_2}}}\sim N(0,1)$.

(3) 给定显著性水平 $\alpha(0<\alpha\leqslant 0.05)$（见图 13.3），由 $\Phi(u_{\frac{\alpha}{2}})=1-\dfrac{\alpha}{2}$，查表可得上侧分位数 $u_{\frac{\alpha}{2}}$.

拒绝域 $W=\{(x_1,x_2,\cdots,x_{n_1};y_1,y_2,\cdots,y_{n_2}):|u|\geqslant u_{\frac{\alpha}{2}}\}$.

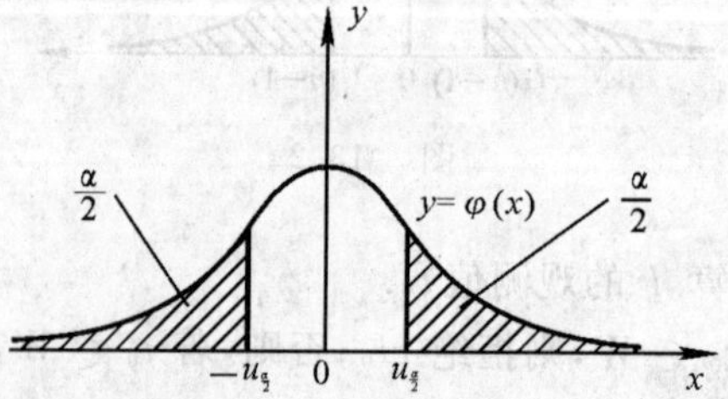

图 13.3

(4) 由样本值计算 U 的观测值 u_0.

(5) 作判断，若 $u_0\in W$，则拒绝 H_0；否则，若 $u_0\notin W$，则接受 H_0.

此检验法称为 U 检验法.

例4 一卷烟厂向化验室送去A, B两种烟草,化验尼古丁的含量是否相同,从A, B中各随机抽取重量相同的5例进行化验,测得尼古丁的含量(单位:mg)为

$$A:24\quad 27\quad 26\quad 21\quad 24$$

$$B:27\quad 28\quad 23\quad 31\quad 26$$

据经验知,尼古丁含量服从正态分布,且A种的方差为5,B种的方差为8,取$\alpha=0.05$,问两种烟草的尼古丁含量是否有差异?

解 设两种烟草的尼古丁平均含量分别为μ_1和μ_2.

提出假设$H_0:\mu_1=\mu_2, H_1:\mu_1\neq\mu_2$.

取检验统计量$U=\dfrac{(\overline{X}-\overline{Y})}{\sqrt{\dfrac{\sigma_1^2}{n_1}+\dfrac{\sigma_2^2}{n_2}}}$,在$H_0$成立的条件下,$U=\dfrac{(\overline{X}-\overline{Y})}{\sqrt{\dfrac{\sigma_1^2}{n_1}+\dfrac{\sigma_2^2}{n_2}}}\sim N(0,1)$.

给定显著性水平$\alpha=0.05$,查表可得上侧分位数$u_{0.025}=1.96$. 则拒绝域为

$$W=\{(x_1,x_2,\cdots,x_{n_1};y_1,y_2,\cdots,y_{n_2}):|u|\geqslant 1.96\}$$

计算U的观测值

$$u_0=\frac{(\overline{x}-\overline{y})}{\sqrt{\dfrac{\sigma_1^2}{n_1}+\dfrac{\sigma_2^2}{n_2}}}=\frac{24.4-27}{\sqrt{\dfrac{5}{5}+\dfrac{8}{5}}}=-1.612$$

显然,$u_0\in W$,所以接受H_0,即在显著水平$\alpha=0.05$下,认为两种烟草的尼古丁含量无显著差异.

三、正态总体方差σ^2的检验

设$(X_1,X_2,\cdots,X_n)$为出自$N(\mu,\sigma^2)$的样本,要对参数σ^2进行检验,假设μ是未知的.

(1) 提出假设$H_0:\sigma^2=\sigma_0^2; H_1:\sigma^2\neq\sigma_0^2$.

(2) 选择统计量 $\chi^2=\dfrac{(n-1)S_n^{*2}}{\sigma_0^2}\sim\chi^2(n-1)$

(3) 给定显著性水平$\alpha(0<\alpha\leqslant 0.05)$,查表得上侧分位数$\chi^2_{\frac{\alpha}{2}}(n-1)$与$\chi^2_{1-\frac{\alpha}{2}}(n-1)$(参见图13.4),则拒绝域为

$$W=\{(x_1,x_2,\cdots,x_n):[\chi^2\geqslant\chi^2_{\frac{\alpha}{2}}(n-1)]\cup[\chi^2\leqslant\chi^2_{1-\frac{\alpha}{2}}(n-1)]\}$$

(4) 由样本值计算χ^2的观测值χ_0^2.

(5) 作判断,若 $\chi_0^2 \in W$,则拒绝 H_0;否则,若 $\chi_0^2 \overline{\in} W$,则接受 H_0.

此检验法称为 χ^2 检验法.

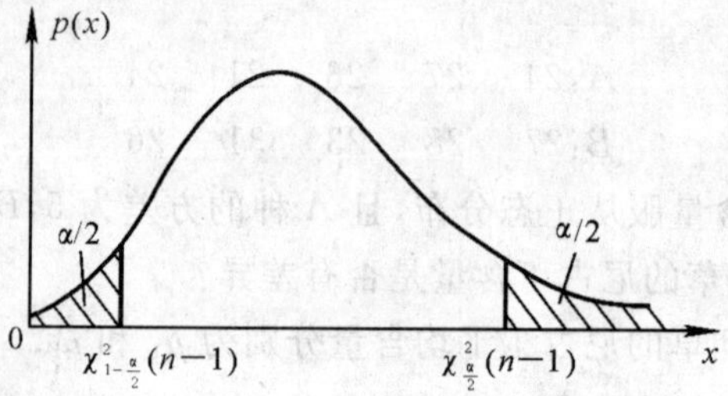

图 13.4

例 5 某厂生产的汽车蓄电池使用寿命服从正态分布,其说明书上写明其标准差为0.9,现随机抽取10只,得修正样本标准差为1.2,试在 $\alpha=0.05$ 水平下检验厂方说明书上所写的标准差是否可信.

解 假设 $H_0:\sigma^2=0.9^2$,$H_1:\sigma^2\neq 0.9^2$.

选择统计量:

$$\chi^{*2}=\frac{(n-1)S_n^{*2}}{\sigma^2}\sim\chi^2(n-1)=\chi^2(9)$$

给定显著性水平 $\alpha=0.05$,查表得 $\chi^2_{\alpha}(9)=\chi^2_{0.05}(9)=16.919$,$\chi^2_{1-\alpha}(9)=\chi^2_{0.95}(9)=3.325$,则拒绝域为

$$W=\{(x_1,x_2,\cdots,x_n):\chi^2_{1-\frac{\alpha}{2}}(n-1)\leqslant 3.325\cup\chi^2_{\frac{\alpha}{2}}(n-1)\geqslant 16.919\}$$

计算 χ^2 的观测值 $\chi_0^2=\dfrac{9\times 1.2^2}{0.9^2}=16$

显然 $\chi_0^2 \overline{\in} W$,所以接受 H_0,即认为在 $\alpha=0.05$ 水平下厂方说明书上所写的标准差可信.

习 题 13.3

1. 某区进行数学统考,初二年级平均成绩为75.6分,标准差为7.4分,从该区某中学中抽取50位初二学生,测得平均数学统考成绩为78分,试问该中学初二的数学成绩与全区数学成绩有无显著差异?($\alpha=0.05$)

2. 已知某炼钢厂铁水含碳量(单位:%)服从正态分布 $N(4.55,0.108^2)$,现测定了9炉 铁水,其平均含碳量为4.484,假设方差在此过程中没有变化,可否认为现在生产的铁水平均含碳量仍为4.55?($\alpha=0.05$)

3. 已知某一试验，其温度服从正态分布$N(\mu,\sigma^2)$，现在测量了温度的5个值为

1 250　1 265　1 245　1 260　1 275

问是否可以认为$\mu=1\ 277$？($\alpha=0.05$)

4. 某切割机在正常工作时，切割每段金属棒的平均长度为10.5 cm，标准差是0.15 cm，今从一批产品中随机的抽取15段进行测量，其结果如下(单位:cm)：

10.4　10.6　10.1　10.4　10.5　10.3　10.3　10.2

10.9　10.6　10.8　10.5　10.7　10.2　10.7

问能否认为该机工作正常？($\alpha=0.05$)

5. 从一批灯泡抽取50个，算得的样本平均值$\overline{X}=1\ 900$h，修正样本标准差$S_n^*=490$ h，试检验该批灯泡的平均寿命是否为2 000h.($\alpha=0.05$)

6. 两种羊毛在处理前后，各抽取样本，测得含脂率(%)如下：

处理前：19　18　21　30　66　42　8　12　30　27

处理后：15　13　7　24　19　4　8　16

假设羊毛含脂率处理前后均服从正态分布，处理前后的方差分别为6.5和7.5，试判定羊毛处理前、后含脂率有无显著变化.($\alpha=0.05$)

7. 在漂白工艺中要改变温度对针织品断裂强力的影响，在两种不同温度下分别作了8次试验，测得断裂强力的数据如下(单位:N)：

70℃：205　188　198　209　215　195　211　214

80℃：177　203　200　188　190　201　203　191

假设断裂强力均服从正态分布，70℃和80℃下其方差分别为3.2和3.6，试判定两种温度下的断裂强力有无显著差异.($\alpha=0.01$)

8. 某厂生产的某种型号的电池，其寿命长期以来服从方差为5 000(h^2)的正态分布，现有一批这种电池，从它的生产情况来看，寿命的波动性有所变化. 现随机取26只电池，测出其寿命的样本方差为9 200(h^2).问根据这一数据能否推断这批电池的寿命的波动性较以往的有显著的变化？($\alpha=0.01$)

总习题13

1. 判断题

(1) 设$(X_1,X_2,\cdots,X_n)$是来自总体的一个样本，则函数$f(X_1,X_2,\cdots,X_n)$是一个统计量.　(　　)

(2) 设总体的分布函数为 $F(x,\theta)$，$\hat{\theta}_1$ 与 $\hat{\theta}_2$ 均是参数 θ 的估计量，如果 $D(\hat{\theta}_1)<D(\hat{\theta}_2)$，则 $\hat{\theta}_1$ 比 $\hat{\theta}_2$ 更有效.　　(　　)

(3) 设 $(X_1,X_2,\cdots,X_n)$ 是来自正态总体 $N(\mu,\sigma^2)$ 的一个样本，μ 为未知参数，则 μ 的置信水平为 0.95 的置信区间为 $\left[\overline{X}-u_{\frac{\alpha}{2}}\dfrac{\sigma}{\sqrt{n}},\overline{X}+u_{\frac{\alpha}{2}}\dfrac{\sigma}{\sqrt{n}}\right]$.　　(　　)

(4) 设 $(X_1,X_2,\cdots,X_n)$ 是来自正态总体 $N(\mu,\sigma^2)$ 的一个样本，检验假设 $H_0:\mu=\mu_0$，$H_1:\mu\neq\mu_0$，其拒绝域为 $W=\{(x_1,x_2,\cdots,x_n):|t|\geqslant t_{\frac{\alpha}{2}}(n-1)\}$.　　(　　)

(5) 最大似然估计就是选择一个参数 θ，使得似然函数 $L(\theta,x_1,x_2,\cdots,x_n)$ 达到最大.　　(　　)

(6) 总体参数的矩估计是用样本原点矩估计总体的原点矩，用样本的中心距估计总体的中心距.　　(　　)

(7) 区间估计是每 100 个随机区间中含有待估参数 θ 的约有 95 个，不含待估参数 θ 的约为 5 个(置信度为 95%).　　(　　)

2. 选择题

(1) 设 $(X_1,X_2,\cdots,X_n)$ 是来自正态总体 $N(\mu,\sigma^2)$(μ,σ^2 均未知)的一个样本，则(　　)是统计量.

A. X_1　　B. $\overline{X}+\mu$　　C. $\dfrac{X_1}{\sigma^2}$　　D. μX_1

(2) 设总体 X 的均值 μ 与方差 σ^2 都存在，且均为未知数，$(X_1,X_2,\cdots,X_n)$ 是来自总体的一个样本，$\overline{X}=\dfrac{1}{n}\sum\limits_{i=1}^{n}X_i$，则总体方差 σ^2 的矩估计为(　　).

A. $\overline{X}$　　B. $\dfrac{1}{n}\sum\limits_{i=1}^{n}(X_i-\mu)$

C. $\dfrac{1}{n}\sum\limits_{i=1}^{n}(X_i-\overline{X})^2$　　D. $\dfrac{1}{n}\sum\limits_{i=1}^{n}(X_i)^2$

(3) 设 (X_1,X_2) 是来自正态总体 $N(\mu,1)$ 的一个样本，其中 μ 为未知参数，以下关于 μ 的估计中，只有(　　)才是 μ 的无偏估计.

A. $\dfrac{2}{3}X_1+\dfrac{4}{3}X_2$　　B. $\dfrac{1}{4}X_1+\dfrac{2}{4}X_2$

C. $\dfrac{1}{4}X_1+\dfrac{3}{4}X_2$　　D. $\dfrac{1}{5}X_1+\dfrac{7}{5}X_2$

(4) 设$(X_1, X_2, \cdots, X_n)$是来自正态总体$N(\mu, \sigma^2)$的一个样本，σ^2为已知参数，μ为未知参数，记$\overline{X}=\frac{1}{n}\sum_{i=1}^{n}X_i$，$\Phi(x)$为标准正态分布$N(0,1)$的分布函数，$\Phi(1.96)=0.975$，$\Phi(1.18)=0.900$，则$\mu$的置信水平为0.95的置信区间为(　　).

A. $\left[\overline{X}-0.975\frac{\sigma}{\sqrt{n}}, \overline{X}+0.975\frac{\sigma}{\sqrt{n}}\right]$　　B. $\left[\overline{X}-1.96\frac{\sigma}{\sqrt{n}}, \overline{X}+1.96\frac{\sigma}{\sqrt{n}}\right]$

C. $\left[\overline{X}-1.28\frac{\sigma}{\sqrt{n}}, \overline{X}+1.28\frac{\sigma}{\sqrt{n}}\right]$　　D. $\left[\overline{X}-0.90\frac{\sigma}{\sqrt{n}}, \overline{X}+0.90\frac{\sigma}{\sqrt{n}}\right]$

(5) 在正态总体$N(\mu, \sigma^2)$中随机抽取容量为n的样本，检验假设

$$H_0: \mu=\mu_0, \quad H_1: \mu \neq \mu_0$$

若用t检验法，在显著性水平为α下的拒绝域为(　　).

A. $|t| < t_{\frac{\alpha}{2}}(n-1)$　　B. $t \geqslant t_{\frac{\alpha}{2}}(n-1)$

C. $|t| \geqslant t_{\frac{\alpha}{2}}(n-1)$　　D. $t < -t_{\frac{\alpha}{2}}(n-1)$

3. 填空题

(1) 设$(X_1, X_2, \cdots, X_n)$是来自总体$B(N, p)$的样本，则$E(\overline{X})=$________，$D(\overline{X})=$________，$E(S_n^2)=$________，$E(S_n^{*2})=$________.

(2) 设$(X_1, X_2, \cdots, X_n)$是来自总体为泊松分布$P(\lambda)$的样本，则样本$E(\overline{X})=$________，$D(\overline{X})=$________，$E(S_n^2)=$________，$E(S_n^{*2})=$________.

(3) 设(4,6,4,3,5,4,5,8,4,7)是来自总体X的一个样本值，则样本均值$\overline{X}=$________，样本方差$S_{10}^2=$________，修正样本方差$S_{10}^{*2}=$________.

(4) 比较估计量好坏的两个标准是________，________.

(5) 假设检验中的显著性水平α是第________类错误的概率.

(6) 设$\overline{X}=\frac{1}{n}\sum_{i=1}^{n}X_i$为来自正态总体$N(\mu, \sigma^2)$的样本均值，$\mu$未知，欲检验假$H_0: \sigma^2=\sigma_0^2$($\sigma_0$已知)，应用________检验法，检验的统计量为________.

(7) 设$\overline{X}=\frac{1}{m}\sum_{i=1}^{m}X_i$和$\overline{Y}=\frac{1}{n}\sum_{i=1}^{n}Y_i$分别为来自两个独立正态总体$N(\mu_1, \sigma_1^2)$和$N(\mu_2, \sigma_2^2)$的样本均值，参数$\sigma_1^2, \sigma_2^2$均已知，欲检验假设$H_0: \mu_1=\mu_2$，应用________检验法，检验的统计量为________.

4. 设总体 X 服从几何分布 $P(X=k)=p(1-p)^{k-1}(k=1,2,\cdots)$，$(X_1, X_2,\cdots,X_n)$ 是来自总体的一个样本，求参数 $p(0<p<1)$ 的矩估计和最大似然估计.

5. 设总体密度为

$$p(x)=\begin{cases}\sqrt{\theta}x^{\sqrt{\theta}-1}, & 0\leqslant x\leqslant 1\\ 0, & 其他\end{cases}$$

$(X_1,X_2,\cdots,X_n)$ 是来自总体的一个样本，求参数 θ 的矩估计和最大似然估计.

6. 某种零件长度服从正态分布，现测得 16 个该零件的长度的平均值为 $\overline{X}=12.075$ mm，修正的样本方差为 $S_n^{*2}=0.002\,44$，求

(1) 零件长度数学期望对应于置信度 0.95 的置信区间.

(2) 零件长度的标准差对应于置信度 0.99 的置信区间.

7. 设某批零件的长度 $X\sim N(\mu,3^2)$，今从中抽取 36 件测得样本均值为 $\overline{X}=14.6$ cm，试在 $\alpha=0.05$ 下确定这批零件的平均长度是否为 14cm.

8. 电工器材厂生产一批保险丝，抽取 10 根试验其熔化时间，测得如下数据：

42　65　75　78　71　59　57　68　55　54

设整批保险丝的熔化时间服从正态分布，试问可否认为总体方差 $\sigma^2=144$？$(\alpha=0.05)$

9. 从一批木材中抽取 5 根，测得大头直径(单位：cm)如下：

12.3　12.8　12.4　12.1　12.7

设测量值 $X\sim N(\mu,\sigma^2)$，试在 $\alpha=0.05$ 下检验这批木材的平均大头直径是否为 12.3 cm.

第 14 章　方差分析与回归分析

方差分析是通过实验，观察某一种或多种因素的变化对实验结果的影响，从而确定最优生产条件的一种方法. 在实际生产和科学实验中，常常需要处理实验数据，经常会发现，在不同的实验条件下，得到的实验结果不同，有时在相同实验条件下，也会得到不同的实验结果. 那么，自然要问实验结果的差异到底是什么因素引起的，是由于实验条件的不同引起的还是实验误差引起的？如果是实验条件引起的，那么对试验指标有利的试验条件如何确定？方差分析将会为解决此问题提供良好的方法.

在现实生活中，变量与变量之间存在一些关系，这些关系有时可以用函数形式量化，例如圆的面积和半径的关系 $S=\pi r^2$；但有些关系却是无法用准确的函数关系加以描述的，例如，身高和体重二者之间有一定关系，但二者不存在准确的函数关系，这样的关系可以称之为相关关系. 这种不确定的相关关系可以用回归分析的方法探讨其内在的规律.

一、教学内容

方差分析：单因素方差分析的基本思想、基本方法以及显著性判别.

回归分析：一元线性回归模型，最小二乘法，参数估计，显著性检验，预测.

二、重要概念、结论与公式

1. 单因素方差分析

(1) 模型

$$\begin{cases} X_{ij}=\mu_i+\varepsilon_{ij} \\ \varepsilon_{ij}\sim N(0,\sigma^2) \end{cases} \quad (i=1,2,\cdots,r;j=1,2,\cdots,n_i)$$

(2) 离差平方和分解

$$S_T=S_A+S_E$$

$$S_T=\sum_{i=1}^{r}\sum_{j=1}^{n_i}(X_{ij}-\overline{X})^2 \text{—— 总离差平方和}$$

$$S_A=\sum_{i=1}^{r}\sum_{j=1}^{n_i}(\overline{X}_{i.}-\overline{X})^2\text{—— 组间平方和}$$

$$S_E=\sum_{i=1}^{r}\sum_{j=1}^{n_i}(X_{ij}-\overline{X}_{i.})^2\text{—— 组内平方和}$$

(3) 假设检验

$H_0:\mu_1=\mu_2=\cdots=\mu_r$, $H_1:\mu_i\neq\mu_j$ 至少有一对这样的 i,j.

(4) 检验统计量与拒绝域

$$F=\frac{(n-r)S_A}{(r-1)S_E}\sim F(r-1,n-r)$$

$$W=\{F\geqslant F_\alpha(r-1,n-r)\}$$

2. 一元线性回归分析

(1) 模型

$$Y=a+bx+\varepsilon,\quad \varepsilon\sim N(0,\sigma^2)$$

(2) 参数估计

$$\hat{a}=\overline{Y}-\hat{b}\overline{x},\quad \hat{b}=\frac{\sum_{i=1}^{n}(x_i-\overline{X})(Y_i-\overline{Y})}{\sum_{i=1}^{n}(x_i-\overline{x})^2}$$

$$\hat{\sigma}^2=\frac{1}{n}\sum_{i=1}^{n}(Y_i-\overline{Y})^2-\hat{b}^2\frac{1}{n}\sum_{i=1}^{n}(x_i-\overline{x})^2$$

(3) 线性回归方程

$$\widetilde{Y}=\hat{a}+\hat{b}x$$

(4) 回归方程的显著性检验

拒绝域为 $W=\{(x_1,y_1),(x_2,y_2),\cdots,(x_n,y_n)\mid F\geqslant F_\alpha(1,n-2)\}$

(5) 预测

点预测 $\widetilde{Y}_0=\hat{a}+\hat{b}x_0$

区间预测 $(\hat{a}+\hat{b}x_0-\delta(x_0),\hat{a}+\hat{b}x_0+\delta(x_0))=(\widetilde{Y}_0-\delta(x_0),\widetilde{Y}_0+\delta(x_0))$

14.1 单因素方差分析

通常把生产实践和科学实验中的结果,如产品的性能、产量等统称为指标,影响产品指标的因素用 $A,B,C,\cdots$ 表示,因素在试验中所取的不同状态称为水平,因素 A 的不同水平用 $A_1,A_2,A_3,\cdots$ 表示.

在一项试验中，如果让一个因素的水平变化，其他因素水平保持不变，这样的试验叫做单因素试验，处理单因素试验的统计推断问题就称之为单因素方差分析．本节仅介绍单因素方差分析．首先通过一个实例来了解这类试验以及这类试验需要处理的问题．

例 1 人造纤维的抗拉强度是否受掺入其中的棉花的百分比的影响，为了证实这个问题，对此进行试验，在棉花百分比的 5 个水平：15%，20%，25%，30%，35%，每个水平测得 5 个抗拉强度的值（见表 14.1），试分析抗拉强度是否受到掺入棉花百分比的影响．($\alpha=0.01$)

表 14.1 人造纤维的抗拉强度

棉花的百分比(i)/(%)	抗拉强度观测值(j)/Pa					
	1	2	3	4	5	$\sum$
15	7	7	15	11	9	49
20	12	17	12	18	18	77
25	14	18	18	19	19	88
30	19	25	22	19	23	108
35	7	10	11	15	11	54

显然，该试验是一个单因素试验，只考虑掺入棉花的多少对抗拉强度的影响，在试验过程中，选取了掺入棉花的 5 个不同的百分比，这 5 个不同的百分比就是该因素的 5 个水平．从试验结果可以看到，掺入棉花的百分比多少对抗拉强度产生了影响，但这种影响是由于随机因素影响的结果还是掺入棉花百分比影响的结果？掺入棉花百分比的多少对抗拉强度影响是否显著？下面进行讨论．

一、数学模型

为了解决例 1 的问题，下面将讨论此问题一般情形下的结论．设单因素 A 有 r 个水平 $A_1,A_2,\cdots,A_r$，在水平 $A_i(i=1,2,\cdots,r)$ 下，进行 n_i 次独立试验，得到试验指标的观测值，列于表 14.2.

表 14.2　试验指标的观测值

试验号 / 水平	1	2	…	n_i
A_1	x_{11}	x_{12}	…	x_{1n_1}
A_2	x_{21}	x_{22}	…	x_{2n_2}
⋮	⋮	⋮	…	⋮
A_i	x_{i1}	x_{i2}	…	x_{in_i}
⋮			…	⋮
A_r	x_{r1}	x_{r2}	…	x_{m_r}

假定在各个水平 $A_i(i=1,2,\cdots,r)$ 下的样本为 $X_{i1},X_{i2},\cdots,X_{in_i}$，它们具有相同方差 σ^2，均值分别为 μ_i 的正态总体 $X_i\sim N(\mu_i,\sigma^2)$，其中，$\mu_i,\sigma^2$ 均为未知，并且不同水平下的样本之间相互独立. 可以建立如下的线性统计模型：

$$\begin{cases}X_{ij}=\mu_i+\varepsilon_{ij}\\ \varepsilon_{ij}\sim N(0,\sigma^2)\end{cases}\quad (i=1,2,\cdots,r;j=1,2,\cdots,n_i) \tag{1}$$

式中，ε_{ij} 是随机误差，并且 ε_{ij} 相互独立.

设 $\mu=\dfrac{1}{\sum\limits_{i=1}^{r}n_i}\sum\limits_{i=1}^{r}n_i\mu_i$ 为总平均值；$\delta_i=\mu_i-\mu$ 为第 i 个水平 A_i 的效应. 由于 $\sum\limits_{i=1}^{r}n_i\delta_i=0$，则式(1) 就转化为

$$\begin{cases}X_{ij}=\mu+\delta_i+\varepsilon_{ij}\\ \varepsilon_{ij}\sim N(0,\sigma^2)\end{cases}\quad (i=1,2,\cdots,r;j=1,2,\cdots,n_i) \tag{2}$$

式中，ε_{ij} 是随机误差，并且 ε_{ij} 相互独立.

单因素方差分析的任务就是检验线性统计模型(1) 中 r 个总体 $N(\mu_i,\sigma^2)$ 中的各个 μ_i 是否相等，即有

$$H_0:\mu_1=\mu_2=\cdots=\mu_r,\quad H_1:\mu_i\neq\mu_j$$

至少有一对这样的 i,j；它也等价于模型(2) 中的假设

$$H_0:\delta_1=\delta_2=\cdots=\delta_r=0,\quad H_1:\delta_i\neq 0$$

至少有一个这样的 i.

二、离差平方和分解

在例 1 中,要判断抗拉强度是否受到掺入棉花百分比的影响,其实就是判断掺入棉花百分比对应总体的期望值是否相等,即判断 $\delta_1=\delta_2=\cdots=\delta_r$ 是否等于 0,因而可以通过判定它们均值的估计值是否有显著性的变化来达到目的.

设 $\overline{X}_{i.}=\dfrac{1}{n_i}\sum\limits_{j=1}^{n_i}X_{ij}$ 为水平 A_i 的样本均值,$n=\sum\limits_{i=1}^{r}n_i$,$\overline{X}=\dfrac{1}{n}\sum\limits_{i=1}^{r}\sum\limits_{j=1}^{n_i}X_{ij}$ 为样本的总平均值,总离差平方和为

$$S_T=\sum_{i=1}^{r}\sum_{j=1}^{n_i}(X_{ij}-\overline{X})^2=$$

$$\sum_{i=1}^{r}\sum_{j=1}^{n_i}(\overline{X}_{i.}-\overline{X})^2+\sum_{i=1}^{r}\sum_{j=1}^{n_i}(X_{ij}-\overline{X}_{i.})^2=S_A+S_E$$

式中,$S_A=\sum\limits_{i=1}^{r}\sum\limits_{j=1}^{n_i}(\overline{X}_{i.}-\overline{X})^2$ 为因素 A 效应的平方和(又叫组间平方和),它主要描述了各个样本均值之间的差异程度,其中包含了由于因素取不同水平引起的差异. 其数值的大小体现出因素及其水平对试验结果的影响的显著性.

$S_E=\sum\limits_{i=1}^{r}\sum\limits_{j=1}^{n_i}(X_{ij}-\overline{X}_{i.})^2$ 为误差平方和(又叫组内平方和),主要体现了随机误差引起的差异.

在假设 $H_0:\delta_1=\delta_2=\cdots=\delta_r=0$ 成立(即 $H_0:\mu_1=\mu_2=\cdots=\mu_r$ 成立)的条件下,由于 $X_{ij}\sim N(\mu_i,\sigma^2)$ 以及 $S_T=\sum\limits_{i=1}^{r}\sum\limits_{j=1}^{n_i}(X_{ij}-\overline{X})^2=(n-1)S_n^*$(其中修正的样本方差为 $S_n^{*2}=\dfrac{1}{n-1}\sum\limits_{i=1}^{r}\sum\limits_{j=1}^{n_i}(X_{ij}-\overline{X})^2$),因此根据13.1节定理3可得

$$\frac{S_T}{\sigma^2}=\frac{(n-1)S_2^{*2}}{\sigma^2}\sim\chi^2(n-1)$$

同样也可以得到

$$\frac{S_E}{\sigma^2}=\sum_{i=1}^{r}\frac{(n_i-1)S_{n_i}^*}{\sigma^2}\sim\chi^2(n-r) \tag{3}$$

$$\frac{S_A}{\sigma^2}\sim\chi^2(r-1) \tag{4}$$

三、假设检验

根据式(3)(4)以及13.1节定义7可以构造如下统计量：

$$F=\frac{(n-r)S_A}{(r-1)S_E}\sim F(r-1,n-r)$$

由于 $S_A=\sum_{i=1}^{r}\sum_{j=1}^{n_i}(\overline{X}_{i.}-\overline{X})^2$ 的大小反映了因素及其不同水平对试验结果的影响，而 S_E 集中体现了随机误差对试验结果的影响，因而要判断因素及其不同水平对试验结果影响是否显著，只需要根据 $F=\frac{(n-r)S_A}{(r-1)S_E}$ 的大小来判断. 显然，如果 H_0 不成立，即 $\delta_i\neq 0$(至少有一个 i)，S_A 偏大，导致 F 偏大，则拒绝 H_0；否则，F 值就会偏小.

对于给定的显著水平 α，查 F 分布临界值表(附表5～附表8)得 $F_\alpha(r-1,n-r)$ 的值，检验假设

$$H_0:\delta_1=\delta_2=\cdots=\delta_r=0$$

拒绝域为

$$W=\{F\geqslant F_\alpha(r-1,n-r)\}$$

由样本值计算 S_A,S_E，如果 $F\geqslant F_\alpha(r-1,n-r)$，则拒绝 H_0；若 $F<F_\alpha(r-1,n-r)$，则接受 H_0.

求解例1，设抗拉强度为

$$X_{ij}=\mu_i+\varepsilon_{ij}\quad(i,j=1,2,3,4,5)$$

$H_0:\mu_1=\mu_2=\mu_3=\mu_4=\mu_5$，$H_1:\mu_i\neq\mu_j$，至少有一对 i,j.

(等价的假设为 $H_0:\delta_1=\delta_2=\delta_3=\delta_4=\delta_5=0$，$H_1:\delta_i\neq 0$)

这里 $r=5$，$n_i=5(i=1,2,3,4,5)$，$n=25$，$\alpha=0.01$.

$$S_T=636.96,\quad S_A=475.76,\quad S_E=S_T-S_A=161.20$$

$$F_\alpha(r-1,n-r)=F_{0.01}(4,20)=4.43$$

$$F=14.76>4.43=F_{0.01}(4,20)$$

故拒绝原假设 H_0，接受 H_1，说明棉花的百分比对人造纤维的抗拉强度有显著性的影响. 由例1中的数据可以看出，掺入棉花百分比为30%时，纤维的抗拉强度最大.

四、表格化表示

通过上述例子的讨论，可以将单因素方差分析判断过程表格化，总结见表14.3.

表 14.3 单因素方差分析表

方差来源	离差平方和	自由度	平均离差	F 值	判 断
组间平方和	S_A	$r-1$	$S_A/r-1$	F	$F \geqslant F_\alpha(r-1,n-r)$ 拒绝原假设
随机误差	S_E	$n-r$	$S_E/r-1$		
总 和	S_T	$n-1$			

例 2 为了比较 4 种不同肥料对某种作物产量的影响，选取土壤条件和水利灌溉条件差不多的 16 块土地进行试验，每种肥料等量的施用在 4 块土地上，作物收获后统计亩产量见表 14.4，试判定肥料种类对亩产量是否有显著性的影响.($\alpha=0.05$)

表 14.4

肥料品种(水平 i)	亩产量 X_{ij}/kg			
A_1	198	196	190	166
A_2	160	169	167	150
A_3	179	164	181	170
A_4	190	170	179	188

解 假设 $H_0:\mu_1=\mu_2=\mu_3=\mu_4$，$H_1:\mu_i\neq\mu_j$，至少有一对 i,j.

显然 $n=16, r=4, \alpha=0.05$. 列表分析如表 14.5 所示。

表 14.5 单因素方差分析表

方差来源	离差平方和	自由度	平均离差	F 值	判 断
组间平方和	$S_A=1\ 527.19$	3	509.06	$F=4.65$	$F=4.65>$ $F_{0.05}(3,12)=3.49$ 拒绝原假设，有显著性影响
随机误差	$S_E=1\ 313.75$	12	109.48		
总和	$S_T=2\ 840.69$	15			

习 题 14.1

1. 设有 3 台机器，用来生产规格相同的铝合金薄板。取样测量薄板的厚度，精确至 0.01 cm，得结果如表 14.6 所示，试检验各台机器所生产的薄板的厚度有无显著的差异．($\alpha=0.05$)

表 14.6

机器	厚度 /cm				
机器 1	0.236	0.238	0.248	0.245	0.243
机器 2	0.257	0.253	0.255	0.254	0.261
机器 3	0.258	0.264	0.259	0.267	0.262

2. 建筑横梁强度的研究：3 000 lb① 力量作用在 1 ft② 的横梁上来测量横梁的强度，钢筋横梁的测试强度(单位：MPa) 是

82 86 79 83 84 85 86 87

其余两种更贵的合金横梁强度(单位：MPa) 测试为

合金 1：74 82 78 75 76 77

合金 2：79 79 77 78 82 79

试检验这些合金强度有无明显差异．($\alpha=0.05$)

3. 3 支温度计 A_1,A_2,A_3，被用来测定氢化奎宁的熔点，结果如下(单位：℃)：

A_1	171.5	171.0	173.0
A_2	173.0	172.0	173.5
A_3	173.5	171.0	172.0

试判定氢化奎宁的熔点测定结果是否受使用温度计的影响．($\alpha=0.05$)

4. 为考察反应温度对某化工产品得率的影响，选择 4 种温度，并在每一温度下各做 3 次试验，结果如表 14.7 所示，试分析温度对产品得率是否有显著影响．($\alpha=0.05$)

① 1 lb = 0.453 6 kg.

② 1 ft = 0.304 8 m.

表　14.7

反应温度 /℃	得率 /(%)		
18	89.14	89.15	88.87
25	88.78	88.59	88.72
38	88.47	88.62	88.80
45	88.46	88.68	88.71

5. 某粮库采用 3 种不同的粮食存储方法，一段时间后抽样测试其含水率(%)，结果如表 14.8 所示，试判断不同的存储方式对粮食含水率的影响是否显著. ($\alpha=0.05$)

表　14.8

存储方法	含水率 /(%)				
A	5.3	4.9	5.5	5.8	5.4
B	5.7	4.5	4.9		
C	5.0	4.3	4.1	5.2	

14.2　一元线性回归分析

回归分析是研究两个和两个以上变量之间相互关系的一种方法，目前应用比较广泛. 现实生活中许多现象相互之间存在着一定的因果关系. 这种关系可以分为两大类：一类是确定性关系，亦即函数关系. 例如，圆面积 S 和半径 r 之间有关系式 $S=\pi r^2$；质点作匀速直线运动时路程与时间的关系为 $s=s_0+vt$，它们都是确定的函数关系. 另一类是非确定性的关系. 例如：人的年龄 x 与血压 Y 的关系，一般地说，年龄愈大者血压愈高，但年龄相同者，血压不一定相同. 在土壤、水利、种子和耕作技术等条件基本相同的情况下，亩产量 Y 与施肥量 x 有一定的关系，但施肥量相同，亩产量却不一定相同. 这两个例子表明当自变量取确定值时，因变量的值是不确定的，但二者有一定的关系，变量间这种不确定性的关系称为相关关系. 上述例子中的变量年龄 x 与施肥量 x 是可以在某一范围内随意指定的值，这类变量称为可控变量；而血压 Y 与亩产量 Y 都是随机变量，具有各自的概率分布，称这种变量为不可控变量. 当自变量是可控变量，因变量是随机变量时，变量间关系的分析和讨论可用回归分析法.

只有一个自变量的回归分析称为一元回归分析，多于一个自变量的回归分析称为多元回归分析.

一、一元线性回归模型

例 1 测 14 名成年女子的身高和腿长所得数据如表 14.9 所示．为了从这些数据研究身高和腿长之间的规律，以身高 x 为横坐标，以腿长 y 为纵坐标将这些数据点 (x_i, y_i) 在平面直角坐标系上标出，如图 14.1 所示，称这个图为散点图.

表 14.9

身高 /cm	143	145	146	147	149	150	153	154	155	156	157	160	162	164
腿长 /cm	88	85	88	91	92	93	93	95	69	98	97	99	100	102

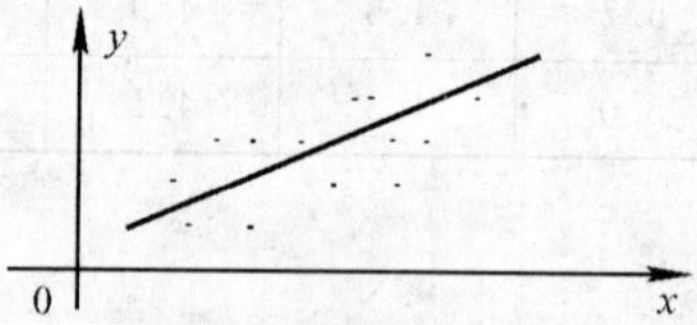

图 14.1

由图 14.1 看到，数据点大致落在一条直线附近，这说明变量 x 与 y 之间的关系大致可以看做是直线关系．不过这些点不都在一条直线上，这表明 x 与 y 之间的关系不是确定性关系．实际上，腿长除了与身高有一定关系以外，还受到其他一些因素的影响．因此，随机变量 Y 与可控变量 x 之间的关系可以描述为

$$Y = a + bx + \varepsilon, \quad \varepsilon \sim N(0, \sigma^2) \tag{1}$$

式中，a, b, σ^2 是为未知参数；ε 为随机误差，表示除了 x 以外其他因素对 Y 的随机影响．Y 与 x 的这种关系称为一元线性回归模型．当 x 取定值时，$E(Y) = a + bx$，且 $Y \sim N(a + bx, \sigma^2)$.

若记 $\widetilde{Y} = E(Y)$，则由 $E(Y) = a + bx$ 得

$$\widetilde{Y} = a + bx \tag{2}$$

称为 $\widetilde{Y}$ 为关于 x 的一元线性回归方程，a, b 为回归系数.

二、模型参数估计

设$(x_1,Y_1),(x_2,Y_2),\cdots,(x_n,Y_n)$为$(x,Y)$的$n$对独立观测值，显然

$$Y_i=a+bx_i+\varepsilon_i\quad(i=1,2,\cdots,n)$$

式中，ε_i表示其i次观测的随机误差，$\varepsilon_1,\varepsilon_2,\cdots,\varepsilon_n$相互独立，且同服从于正态分布$N(0,\sigma^2)$.

对于未知参数的估计，一般采用最小二乘法，令

$$Q(a,b)=\sum_{i=1}^{n}(Y_i-\widetilde{Y}_i)^2=\sum_{i=1}^{n}(Y_i-a-bx_i)^2$$

则$Q(a,b)$反映了真实观测值Y_i与估计值$\widetilde{Y}_i$的偏差程度. 显然$Q(a,b)$的值越小，x与Y间的线性关系越密切. 因此，应求出使得$Q(a,b)$达到极小的a,b作为a,b的估计量（记为$\hat{a},\hat{b}$），于是，$\hat{a},\hat{b}$应满足

$$Q(\hat{a},\hat{b})=\min_{a,b}Q(a,b)=\min_{a,b}\sum_{i=1}^{n}(Y_i-a-bx_i)^2$$

这样得到的a,b的估计量$\hat{a},\hat{b}$称为a,b的最小二乘估计，这种方法称为最小二乘法.

由微积分学可知，使得$Q(a,b)$达到极小的a,b应满足方程组

$$\begin{cases}\dfrac{\partial Q}{\partial a}=-2\sum\limits_{i=1}^{n}[Y_i-a+bx_i)]=0\\[2ex]\dfrac{\partial Q}{\partial b}=-2\sum\limits_{i=1}^{n}[Y_i-a+bx_i)]x_i=0\end{cases}$$

由上述方程组可得

$$\left.\begin{array}{r}na+\sum\limits_{i=1}^{n}x_ib=\sum\limits_{i=1}^{n}Y_i\\[2ex]\sum\limits_{i=1}^{n}x_ia+\sum\limits_{i=1}^{n}x_ib=\sum\limits_{i=1}^{n}x_iY_i\end{array}\right\}\tag{3}$$

方程组(3)称为正规方程组. 记

$$\overline{X}=\frac{1}{n}\sum_{i=1}^{n}x_i,\quad\overline{Y}=\frac{1}{n}\sum_{i=1}^{n}Y_i$$

设方程组的解为$\hat{a},\hat{b}$，由于x_i不完全相同，正规方程的系数行列式为

$$\begin{vmatrix}n & n\bar{x}\\ n\bar{x} & \sum\limits_{i=1}^{n}x_i^2\end{vmatrix}=n\sum_{i=1}^{n}(x_i-\overline{X})^2\neq 0$$

故正规方程组有唯一的一组解

$$\hat{a}=\overline{Y}-\hat{b}\overline{x}$$

$$\hat{b}=\frac{\sum_{i=1}^{n}(x_i-\overline{x})(Y_i-\overline{Y})}{\sum_{i=1}^{n}(x_i-\overline{x})^2}$$

于是得到线性回归方程

$$\widetilde{Y}=\hat{a}+\hat{b}x$$

另外,用矩估计法可以求得 σ^2 的估计量. 由于 $\sigma^2=D(\varepsilon)=E(\varepsilon^2)$,它可以用 $\frac{1}{n}\sum_{i=1}^{n}\varepsilon_i^2$ 作为估计,而 $\varepsilon_i=Y_i-a-bx_i$,这里的 a,b 可以分别用相应的估计量替代,可得 σ^2 的矩估计 $\hat{\sigma}^2$,即

$$\hat{\sigma}^2=\frac{1}{n}\sum_{i=1}^{n}(Y_i-\hat{a}-\hat{b}x_i)^2=\frac{1}{n}\sum_{i=1}^{n}(Y_i-\overline{Y})^2-\hat{b}^2\frac{1}{n}\sum_{i=1}^{n}(x_i-\overline{x})^2$$

例 2 某实验室在做混凝土实验中,考察每立方米混凝土的水泥量(单位:kg),对 28 天后的混凝土抗压强度(单位:MPa)的影响,测得数据如表 14.10 所示,其中水泥量 x 是可控变量,混凝土的抗压强度 Y 是随机变量,求 Y 关于 x 的线性回归方程.

表 14.10

x	150	160	170	180	190	200	210	220	230	240	250	260
Y	56.8	58.3	61.6	64.6	68.1	71.3	74.1	77.4	80.2	82.6	86.4	89.7

解 由题目中的数据可得

$$\overline{x}=\frac{1}{12}\sum_{i=1}^{12}x_i=205,\quad \overline{Y}=\frac{1}{12}\sum_{i=1}^{12}y_i=72.6$$

$$\sum_{i=1}^{12}x_i^2=518\,600,\quad \sum_{i=1}^{12}x_iY_i=182\,943$$

$$n\overline{x}\overline{Y}=178\,596,\quad n\overline{x}^2=504\,300$$

故

$$\hat{b}=\frac{182\,943-178\,596}{518\,600-504\,300}=\frac{4\,347}{14\,300}=0.304$$

$$\hat{a}=\overline{Y}-\hat{b}\overline{x}=72.6-0.304\times 205=10.283$$

于是得到一元线性回归方程为

$$\widetilde{Y}=10.283+0.304x$$

三、参数估计量的分布

为了对回归方程进行显著性检验，需要讨论参数估计的分布．设 $Y_i(i=1,2,\cdots,n)$ 为随机变量，$y_i(i=1,2,\cdots,n)$ 为 $Y_i(i=1,2,\cdots,n)$ 相应的观测值，$\overline{Y}=\dfrac{1}{n}\sum\limits_{i=1}^{n}Y_i$，由前面的推理可知

$$\hat{b}=\frac{\sum\limits_{i=1}^{n}(x_i-\overline{x})(Y_i-\overline{Y})}{\sum\limits_{i=1}^{n}(x_i-\overline{x})^2}=\frac{\sum\limits_{i=1}^{n}(x_i-\overline{x})Y_i}{\sum\limits_{i=1}^{n}(x_i-\overline{x})^2}=\sum_{i=1}^{n}c_iY_i$$

式中，$c_i=(x_i-\overline{x})\Big/\sum\limits_{j=1}^{n}(x_j-\overline{x})^2$，由于 $(Y_1,\cdots,Y_n)$ 相互独立且 $Y_i\sim N(a+bx_i,\sigma^2)$ 分布，则 $\hat{b}$ 服从正态分布，即 $\hat{b}\sim N\Big(b,\sigma^2\Big/\sum\limits_{i=1}^{n}(x_i-\overline{x})^2\Big)$．

又因为

$$\hat{a}=\overline{Y}-\hat{b}\overline{x}=\sum_{i=1}^{n}\left[\frac{1}{n}-(x_i-\overline{x})\overline{x}\Big/\sum_{j=1}^{n}(x_j-\overline{x})^2\right]Y_i$$

则 $\hat{a}$ 亦服从正态分布，即 $\hat{a}\sim N\Big(a,\Big[\dfrac{1}{n}+\overline{x}^2\Big/\sum\limits_{i=1}^{n}(x_i-\overline{x})^2\Big]\sigma^2\Big)$．

由于参数 $\hat{\sigma}^2$ 的期望为 $E(\hat{\sigma}^2)=\dfrac{n-2}{n}\sigma^2$，说明 $\hat{\sigma}^2$ 不是 σ^2 的无偏估计．若记 $\hat{\sigma}_1^{*2}=\dfrac{1}{n-2}\sum\limits_{i=1}^{n}(Y_i-\hat{a}-\hat{b}x_i)^2$，则有

$$E(\hat{\sigma}_1^{*2})=\sigma^2$$

即 $\hat{\sigma}_1^{*2}$ 是 σ^2 的无偏估计，一般称 $\hat{\sigma}_1^{*2}$ 为 σ^2 的修正估计，σ_1^* 为 σ 的估计的修正标准差．同时也可以证明

$$\frac{(n-2)}{\sigma^2}\hat{\sigma}_1^{*2}\sim\chi^2(n-2)$$

式中，$\hat{\sigma}_1^{*2}$ 分别与 $\hat{a},\hat{b}$ 独立．

四、回归方程的显著性检验

对于给定的一组回归观测值，当它们之间存在线性关系时，可按参数估计的讨论，得到一元线性回归方程．但实际情况是有的时候，它们不具备这种线

性关系，但仍可以求出一个线性方程，所以需要对有关假设进行检验.

检验一元线性回归方程模型是否成立，一般需要检验：对于给定的范围，$E(Y)$ 是否是 x 的线性函数. 由回归方程知道，当 $|b|$ 愈大，随机变量 Y 随着可控变量 x 变化的趋势愈明显；反之，当 $|b|$ 愈小，随机变量 Y 随着可控变量 x 变化的趋势越不明显，特别当 $b=0$ 时，则认为随机变量 Y 与可控变量 x 之间不存在线性关系. 当 $b\neq 0$ 时，则认为随机变量 Y 与可控变量 x 之间存在线性关系. 因此问题归结为对假设

$$H_0:b=0;\quad H_1:b\neq 0$$

进行检验. 假设 $H_0:b=0$ 被拒绝，则回归显著，认为随机变量 Y 与可控变量 x 之间存在线性关系，所求得线性回归方程才有意义；否则回归不显著，所得到的线性回归方程无意义.

下面介绍 F 检验法.

(1) 检验假设

$$H_0:b=0;\quad H_1:b\neq 0$$

选用检验统计量：

$$F=\frac{\sum_{i=1}^{n}(\hat{Y}_i-\bar{Y})^2}{\sum_{i}^{n}(Y_i-\hat{Y}_i)^2/(n-2)}\sim F(1,n-2)$$

式中回归方程为 $\hat{Y}=\hat{a}+\hat{b}x$. 当 F 值较大，则表明 x 对 Y 的线性影响较大，就可以认为 x 与 Y 间有线性关系. 反之，当 F 值较小，则表明 x 对 Y 的线性影响较小，就可以认为 x 与 Y 间无线性关系.

(2) 计算拒绝域：对于给定的显著水平 α，查 F 分布临界值表求得临界值 $F_\alpha(1,n-2)$，使得 $P\{F\geqslant F_\alpha\}=\alpha$. 拒绝域为 $W=\{(x_1,Y_1),(x_2,Y_2),\cdots,(x_n,Y_n)\mid F\geqslant F_\alpha(1,n-2)\}$.

(3) 判断：将观测值 $(x_1,y_1),(x_2,y_2),\cdots,(x_n,y_n)$ 代入统计量 F，得到 F_0，并比较 F_α 与 F_0. 如果 $F_0\geqslant F_\alpha(1,n-2)$，则认为显著水平 α 下回归方程显著；反之认为 x 与 Y 间无线性关系，回归方程意义不大.

五、预测与控制

当求出 x 与 Y 的线性回归方程后，就可以利用此方程进行预测与控制. 预测是指给定自变量的 x 的某个观测值 x_0，对随机变量 Y 作出预测，包括点预测和区间预测. 控制是预测的反问题，指给定 Y 一个取值范围 (y_1,y_2)，求出 x 的一个取值区间.

下面首先讨论预测问题. 当 $x=x_0$（x_0 与 $x_1,x_2,\cdots,x_n$ 都不相同）时，可以用 Y_0 的回归值 $\widetilde{Y}_0=\hat{a}+\hat{b}x_0$ 作为 Y_0 的预测值，这就是 Y_0 的一个点预测，而 Y_0 区间预测即 Y_0 的置信区间（置信度为 $1-\alpha$）为

$$(\hat{a}+\hat{b}x_0-\delta(x_0),\hat{a}+\hat{b}x_0+\delta(x_0))=(\widetilde{Y}_0-\delta(x_0),\widetilde{Y}_0+\delta(x_0))$$

式中，$\delta(x)=t_{\alpha/2}(n-2)\sigma_1^*\sqrt{1+\dfrac{1}{n}+(x-\bar{x})^2\Big/\sum\limits_{i=1}^{n}(x_i-\bar{x})^2}$. 当 x_0 变化时，可得 Y 的置信区间为

$$(\widetilde{Y}-\delta(x),\widetilde{Y}+\delta(x))$$

由 Y_0 的置信区间可以看出，对于给定的样本值以及置信度，当 x_0 愈靠近 $\bar{x}$，置信区间的长度愈短，预测就愈精确；当 x_0 愈偏离 $\bar{x}$，置信区间的长度愈大，预测的精度越差. 当 n 很大且 x_0 离 x 不太远时，有近似公式

$$\delta(x_0)\approx u_{\frac{\alpha}{2}}\sigma_1^*$$

其中，$\mu_{\frac{\alpha}{2}}$ 是标准正态分布 $N(0,1)$ 的上侧 $\alpha/2$ 分位数，因此，Y_0 的置信区间（置信度为 $1-\alpha$）可以近似表达为

$$(\hat{a}+\hat{b}x_0-u_{\alpha/2}\sigma_1^*,\hat{a}+\hat{b}x_0+u_{\alpha/2}\sigma_1^*)=(\hat{Y}_0-u_{\alpha/2}\sigma_1^*,\hat{Y}_0+u_{\alpha/2}\sigma_1^*)$$

例 3　利用例 2 中提供的数据，设 $x_0=225$，求 Y_0 的预测值以及预测区间.（$\alpha=0.05$）

解　由回归方程 $\hat{Y}_0=\hat{a}+\hat{b}x_0$ 可知，当 $x_0=225$ 时，Y_0 的预测值为

$$\hat{Y}_0=78.683$$

而

$$\delta(x_0)=\delta(225)=1.149$$

于是可得 Y_0 的置信度为 0.95 预测区间为

$$(\hat{Y}_0-\delta(x_0),\hat{Y}_0+\delta(x_0))=(77.534,79.832)$$

若要使变量 Y_0 以 $1-\alpha$ 的概率落入指定区间（y_1,y_2）之内，则可控变量 x 应在什么范围取值才可以满足上述条件呢？由前面的预测问题可知，若要使得变量 Y_0 以 $1-\alpha$ 的概率落入指定区间（y_1,y_2）之内，只要控制可控变量 x 满足以下两个不等式：

$$\hat{Y}-\delta(x)\geqslant y_1,\quad \hat{Y}+\delta(x)\leqslant y_2$$

由于 $\delta(x)$ 是 x 的非线性函数，计算量较大，因此在解决问题时还需简化. 当 n 比较大且 x 在 $\bar{x}$ 附近取值时，$\delta(x)\approx u_{\alpha/2}\hat{\sigma}_1$. 因此就可以得到

$$Y_1(x)\approx\hat{a}+\hat{b}x-u_{\alpha/2}\hat{\sigma}_1$$

$$Y_2(x)\approx\hat{a}+\hat{b}x+u_{\alpha/2}\hat{\sigma}_1$$

从而满足条件，得可控变量 x 的取值范围是

$$\left[\frac{Y_1(x)+u_{\alpha/2}\sigma_1^*-\hat{a}}{\hat{b}},\frac{Y_2(x)-u_{\alpha/2}\sigma_1^*-\hat{a}}{\hat{b}}\right]$$

习 题 14.2

1. 在某项试验中，测得可控因素 x 与指标 Y 的对应数据如下：

x_i	3	4	5	6	7	8
Y_i	4	5	5.5	6	6.7	7

(1) 作出散点图；

(2) 求出 Y 关于 x 的回归方程，并进行显著性检验(显著性水平 $\alpha=0.05$)；

(3) 当 $x=10$ 时，求指标 Y 的点预测.

2. 在对导线中碳含量对于电阻的效应的研究中，测得如下数据：

碳含量 x_i/(%)	0.10	0.30	0.40	0.55	0.70	0.80	0.95
电阻 $Y_i/\mu\Omega$	15	18	19	21	22.6	23.8	26

(1) 求电阻关于碳含量的回归方程，并作显著性检验(显著性水平 $\alpha=0.05$)；

(2) 在碳含量为 0.50% 时，求电阻的点预测和置信度 95% 的预测区间.

3. 检测用某一特种钢材制成不同厚度 x 的钢板的抗冲击力 Y，试验中得到如下数据：

x_i/mm	5	10	15	20	30	40	50	60	70	90	100
$Y_i/\text{N}\cdot\text{m}\cdot\text{cm}^{-2}$	60	100	100	130	160	170	190	210	240	270	450

(1) 求 Y 关于 x 的回归方程，并作显著性检验(显著性水平 $\alpha=0.05$)；

(2) 对 $x=50$ mm，求 Y 的置信度为 95% 的预测区间.

4. 在指定条件下，一册书的成本费用 Y 与印刷的册数 x 有关，统计数据如下：

印刷册数 x_i/ 千册	1	2	3	4	5	6	8	10	12
每册成本 Y_i/ 元	20.15	15.52	14.08	12.85	12.11	11.62	11.41	11.30	11.21

求 Y 关于 x 的回归方程，并作显著性检验(显著性水平 $\alpha=0.05$).

5. 统计了某市 9 年个人消费支出与收入数据(单位:元)如下：

个人收入 x_i	64	70	77	82	90	107	125	143	165
消费支出 Y_i	56	66	66	70	78	88	102	118	136

(1) 求个人消费支出与个人收入的回归方程，并作显著性检验(显著性水

平 $\alpha=0.05$)；

(2) 当某人收入为 189 元时，预测其支出.

总 习 题 14

1. 判断题(对的打 √，错的打 ×)

(1) 方差分析是研究变量之间相关关系的数理统计方法.　(　　)

(2) 变量与变量之间的关系均可以用一元线性回归方法建立.　(　　)

(3) 方差分析可以解决多个正态总体均值是否相等的假设检验问题.　(　　)

(4) 单因素方差分析采用了 U 检验法.　(　　)

(5) 一元线性回归分析中 Y 的点估计是 $(\tilde{Y}_0-\delta(x_0),\hat{Y}_0+\delta(x_0))$.　(　　)

2. 选择题

(1) 考虑单个因素 A 对试验结果的影响效应，假定 $H_0:\mu_1=\mu_2=\cdots=\mu_r$ 为真，则选用的检验统计量及其概率分布是(　　).

A. $\dfrac{S_A/(r-1)}{S_E/(n-r)}\sim F(n-r,r-1)$　　B. $\dfrac{S_A/(r-1)}{S_E/(n-r)}\sim F(r-1,n-r)$

C. $\dfrac{S_E/(r-1)}{S_A/(n-r)}\sim F(r-1,n-r)$　　D. $\dfrac{S_A/(r-1)}{S_E/(n-r)}\sim F(r-1,n-1)$

(2) 回归分析是研究变量之间(　　)关系的统计方法.

A. 函数　　B. 独立

C. 相关　　D. 对立

(3) 单因素方差分析是指(　　).

A. 只做一次试验　　B. 只有一个总体

C. 只考虑一个因素变化对结果的影响　　D. 只取一个数据

(4) 单因素方差分析中，因素 A 取 r 个水平，每个水平下做 p 次重复试验，则因素 A 的组间平方和 $S_A^2=$(　　)，组内平方和 $S_E^2=$(　　).

A. $\sum\limits_{i=1}^{r}(\overline{X}_i-\overline{X})^2$　　B. $r\sum\limits_{j=1}^{p}(\overline{X}_j-\overline{X})^2$

C. $\sum\limits_{i=1}^{r}\sum\limits_{j=1}^{p}(x_{ij}-\overline{X}_i)^2$　　D. $\sum\limits_{i=1}^{r}\sum\limits_{j=1}^{p}(x_{ij}-\overline{X})^2$

(5) 一元线性回归模型 $Y=a+bx+\varepsilon$ 中 $\varepsilon\sim N(0,\sigma^2)$，其中 σ^2 的无偏估计为(　　).

A. $\frac{1}{n}\sum_{i=1}^{n}(Y_i-\hat{a}-\hat{b}x_i)^2$ B. $\frac{1}{n-1}\sum_{i=1}^{n}(Y_i-\hat{a}-\hat{b}x_i)^2$

C. $\frac{1}{n-2}\sum_{i=1}^{n}(Y_i-\hat{a}-\hat{b}x_i)^2$ D. $\frac{1}{n-3}\sum_{i=1}^{n}(Y_i-\hat{a}-\hat{b}x_i)^2$

3.填空题

(1) 在单因素试验的方差分析中,若因素 A 有 m 个不同水平,则检验假设 H_0:________.

(2) 在单因素试验的方差分析中,若因素 A 有 m 个不同水平,在每个水平下重复做 r 次试验,所得数据为 $x_{ij}(i=1,2,\cdots,m;j=1,2,\cdots,r)$,则数据的总平均 $\overline{X}=$________.

(3) 用最小二乘法求回归方程 $\tilde{Y}=\hat{a}+\hat{b}x$ 中,其正规方程组为________,正规方程组的解为 $\hat{a}=$________,$\hat{b}=$________.

(4) 一元线性回归模型 $Y=a+bx+\varepsilon$ 中 $\varepsilon\sim$________,称为________,表示________对 Y 的随机影响.

(5) 在对一元线性回归方程显著性检验时,检验假设为________,检验统计量为________.

4.某钢厂检查上旬5天中生产的钢锭质量(单位:1 000 kg)如表14.11所示,试检验不同日期生产的钢锭质量有无显著差异.

表 14.11

日 期	质 量			
1	5.80	5.71	5.74	5.50
3	5.64	5.65	5.70	5.70
5	5.48	5.41	5.40	5.43
7	5.61	5.70	5.40	5.61
9	5.60	5.44	5.50	5.68

5.某化工厂做了一种原料含量 x 和产品收率 Y 之间的相关试验,4次试验结果如下:

x_i	2	4	6	8
Y_i	10	20	20	30

试求 Y 对 x 的回归方程.

6.产品产量 x 与煤耗量 Y 有直接关系,今随机测试5组值,计算得

$$\bar{x}=5,\quad \bar{Y}=4,\quad \sum_{i=1}^{5}(x_i-\bar{X})^2=36.02$$

$$\sum_{i=1}^{5}(x_i-\bar{X})(Y_i-\bar{Y})=30.9,\quad \sum_{i=1}^{5}(Y_i-\bar{Y})^2=27.5$$

试求回归方程,并对此回归方程进行检验(显著性水平 $\alpha=0.05$).

附表　常用统计数值表

附表 1　泊松分布表

$$P(X=m)=\frac{\lambda^m}{m!}e^{-\lambda}$$

m \ λ (P)	0.1	0.2	0.3	0.4	0.5	0.6	0.7	0.8	0.9
0	0.904 8	0.818 7	0.740 8	0.670 3	0.606 5	0.548 8	0.496 6	0.449 3	0.406 6
1	0.090 5	0.163 8	0.222 2	0.268 1	0.303 3	0.329 3	0.347 6	0.359 5	0.365 9
2	0.004 5	0.016 4	0.033 3	0.053 6	0.075 8	0.098 8	0.121 7	0.143 8	0.164 7
3	0.000 2	0.001 1	0.003 3	0.007 2	0.012 6	0.019 8	0.028 4	0.038 3	0.049 4
4		0.000 1	0.000 3	0.000 7	0.001 6	0.003 0	0.005 0	0.007 7	0.011 1
5				0.000 1	0.000 2	0.000 4	0.000 7	0.001 2	0.002 0
6							0.000 1	0.000 2	0.000 3

m \ λ	1.0	1.5	2.0	2.5	3.0	3.5	4.0	4.5	5.0
0	0.367 9	0.223 1	0.135 3	0.082 1	0.049 8	0.030 2	0.018 3	0.011 1	0.006 7
1	0.367 9	0.334 7	0.270 7	0.2 052	0.149 4	0.105 7	0.073 3	0.050 0	0.033 7
2	0.183 9	0.251 0	0.270 7	0.256 5	0.224 0	0.185 0	0.146 5	0.112 5	0.084 2
3	0.061 3	0.125 5	0.180 5	0.213 8	0.224 0	0.215 8	0.195 4	0.168 7	0.140 0
4	0.015 3	0.047 1	0.090 2	0.133 6	0.168 0	0.188 8	0.195 4	0.189 8	0.175 5
5	0.003 1	0.014 1	0.036 1	0.066 8	0.100 8	0.132 2	0.156 3	0.170 8	0.175 5
6	0.000 5	0.003 5	0.012 0	0.027 8	0.050 4	0.077 1	0.104 2	0.128 1	0.146 2
7	0.000 1	0.000 8	0.003 4	0.009 9	0.021 6	0.038 6	0.059 5	0.082 4	0.104 5
8		0.000 1	0.000 9	0.003 1	0.008 1	0.016 9	0.029 8	0.046 3	0.065 3
9			0.000 2	0.000 9	0.002 7	0.006 6	0.013 2	0.023 2	0.036 3
10				0.000 2	0.000 8	0.002 3	0.005 3	0.010 4	0.018 1
11				0.000 1	0.000 2	0.000 7	0.001 9	0.004 3	0.008 2
12					0.000 1	0.000 2	0.000 6	0.001 6	0.003 4
13						0.000 1	0.000 2	0.000 6	0.001 3
14							0.000 1	0.000 2	0.000 5
15								0.000 1	0.000 2
16									0.000 1

续表

m \ λ (P)	6	7	8	9	10
0	0.002 5	0.000 9	0.000 3	0.000 1	
1	0.014 9	0.006 4	0.002 7	0.001 1	0.000 5
2	0.044 6	0.022 3	0.010 7	0.005 0	0.002 3
3	0.089 2	0.052 1	0.028 6	0.015 0	0.007 6
4	0.133 9	0.091 2	0.057 3	0.033 7	0.018 9
5	0.160 6	0.127 7	0.091 6	0.060 7	0.037 8
6	0.160 6	0.149 0	0.122 1	0.091 1	0.063 1
7	0.137 7	0.149 0	0.139 6	0.117 1	0.090 1
8	0.103 3	0.130 4	0.139 6	0.131 8	0.112 6
9	0.068 8	0.101 4	0.124 1	0.131 8	0.125 1
10	0.041 3	0.071 0	0.099 3	0.118 6	0.125 1
11	0.022 5	0.045 2	0.072 2	0.097 0	0.113 7
12	0.011 3	0.026 4	0.048 1	0.072 8	0.094 8
13	0.005 2	0.014 2	0.029 6	0.050 4	0.072 9
14	0.002 2	0.007 1	0.016 9	0.032 4	0.052 1
15	0.000 9	0.003 3	0.009 0	0.019 4	0.034 7
16	0.000 3	0.001 5	0.004 5	0.010 9	0.021 7
17	0.000 1	0.000 6	0.002 1	0.005 8	0.012 8
18		0.000 2	0.000 9	0.002 9	0.007 1
19		0.000 1	0.000 4	0.001 4	0.003 7
20			0.000 2	0.000 6	0.001 9
21			0.000 1	0.000 3	0.000 9
22				0.000 1	0.000 4
23					0.000 2
24					0.000 1

λ = 20			
m	P	m	P
5	0.000 1	20	0.088 8
6	0.000 2	21	0.084 6
7	0.000 5	22	0.076 9
8	0.001 3	23	0.066 9
9	0.002 9	24	0.055 7
10	0.005 8	25	0.044 6
11	0.010 6	26	0.034 3
12	0.017 6	27	0.025 4
13	0.027 1	28	0.018 2
14	0.038 2	29	0.021 5
15	0.051 7	30	0.008 3
16	0.064 6	31	0.005 4
17	0.076 0	32	0.003 4
18	0.084 4	33	0.002 0
19	0.088 8	34	0.001 2
		35	0.000 7
		36	0.000 4
		37	0.000 2
		38	0.000 1
		39	0.000 1

续表

λ = 30				λ = 40				λ = 50			
m	*P*	*m*	*P*	*m*	*P*	*m*	*P*	*m*	*P*	*m*	*P*
10		30	0.072 6	15		40	0.063 0	25		50	0.056 3
11		31	0.070 3	16		41	0.061 4	26	0.000 1	51	0.055 2
12	0.000 1	32	0.065 9	17		42	0.058 5	27	0.000 1	52	0.053 1
13	0.000 2	33	0.059 9	18	0.000 1	43	0.054 4	28	0.000 2	53	0.050 1
14	0.000 5	34	0.052 9	19	0.000 1	44	0.049 5	29	0.000 4	54	0.046 4
15	0.001 0	35	0.045 3	20	0.000 2	45	0.044 0	30	0.000 7	55	0.042 2
16	0.001 9	36	0.037 8	21	0.000 4	46	0.038 2	31	0.001 1	56	0.037 7
17	0.003 4	37	0.030 6	22	0.000 7	47	0.032 5	32	0.001 7	57	0.033 0
18	0.005 7	38	0.024 2	23	0.001 2	48	0.027 1	33	0.002 6	58	0.028 5
19	0.008 9	39	0.018 6	24	0.001 9	49	0.022 1	34	0.003 8	59	0.024 1
20	0.013 4	40	0.013 9	25	0.003 1	50	0.017 7	35	0.005 4	60	0.020 1
21	0.019 2	41	0.010 2	26	0.004 7	51	0.013 9	36	0.007 5	61	0.016 5
22	0.026 1	42	0.007 3	27	0.007 0	52	0.010 7	37	0.010 2	62	0.013 3
23	0.034 1	43	0.005 1	28	0.010 0	53	0.008 1	38	0.013 4	63	0.010 6
24	0.042 6	44	0.003 5	29	0.013 9	54	0.006 0	39	0.017 2	64	0.008 2
25	0.051 1	45	0.002 3	30	0.018 5	55	0.004 3	40	0.021 5	65	0.006 3
26	0.059 0	46	0.001 5	31	0.023 8	56	0.003 1	41	0.026 2	66	0.004 8
27	0.065 5	47	0.001 0	32	0.029 8	57	0.002 2	42	0.031 2	67	0.003 6
28	0.070 2	48	0.000 6	33	0.036 1	58	0.001 5	43	0.036 3	68	0.002 6
29	0.072 6	49	0.000 4	34	0.042 5	59	0.001 0	44	0.041 2	69	0.001 9
		50	0.000 2	35	0.048 5	60	0.000 7	45	0.045 8	70	0.001 4
		51	0.000 1	36	0.053 9	61	0.000 5	46	0.049 8	71	0.000 7
		52	0.000 1	37	0.058 3	62	0.000 3	47	0.053 0	72	0.000 7
				38	0.000 1	63	0.000 2	48	0.055 2	73	0.000 5
				39	0.063 0	64	0.000 1	49	0.056 3	74	0.000 3
						65	0.000 1			75	0.000 2
										76	0.000 1
										77	0.000 1
										78	0.000 1

附表 2 正态分布表

$$\Phi(\lambda)=\frac{1}{\sqrt{2\pi}}\int_{-\infty}^{\lambda}e^{-\frac{x^2}{2}}dx \quad (\lambda \geqslant 0)$$

λ	0.00	0.01	0.02	0.03	0.04	0.05	0.06	0.07	0.08	0.09	λ
0.0	0.500 0	0.504 0	0.508 0	0.512 0	0.516 0	0.519 9	0.523 9	0.527 9	0.531 9	0.535 9	0.0
0.1	0.539 8	0.543 8	0.547 8	0.551 7	0.555 7	0.559 6	0.563 6	0.567 5	0.571 4	0.575 3	0.1
0.2	0.579 3	0.583 2	0.587 1	0.591 0	0.594 8	0.598 7	0.602 6	0.606 4	0.610 3	0.614 1	0.2
0.3	0.617 9	0.621 7	0.625 5	0.629 3	0.633 1	0.636 8	0.640 6	0.644 3	0.648 0	0.651 7	0.3
0.4	0.655 4	0.659 1	0.662 8	0.666 4	0.670 0	0.673 6	0.677 2	0.680 8	0.684 4	0.687 9	0.4
0.5	0.691 5	0.395 0	0.698 5	0.701 9	0.705 4	0.708 8	0.712 3	0.715 7	0.719 0	0.722 4	0.5
0.6	0.725 7	0.729 1	0.732 4	0.735 7	0.738 9	0.742 2	0.745 4	0.748 6	0.751 7	0.754 9	0.6
0.7	0.758 0	0.761 1	0.764 2	0.767 3	0.770 3	0.773 4	0.776 4	0.779 4	0.782 3	0.758 2	0.7
0.8	0.788 1	0.791 0	0.793 9	0.796 7	0.799 5	0.802 3	0.805 1	0.807 8	0.810 6	0.813 3	0.8
0.9	0.815 9	0.818 6	0.821 6	0.823 8	0.826 4	0.828 9	0.831 5	0.834 0	0.836 5	0.838 9	0.9
1.0	0.841 3	0.843 8	0.846 1	0.848 5	0.850 8	0.853 1	0.855 4	0.857 7	0.859 9	0.862 1	1.0
1.1	0.864 3	0.866 5	0.868 6	0.870 8	0.872 9	0.874 9	0.877 0	0.879 0	0.881 0	0.883 0	1.1
1.2	0.884 9	0.886 9	0.888 8	0.890 7	0.892 5	0.894 4	0.896 2	0.898 0	0.899 7	0.901 47	1.2
1.3	0.903 20	0.904 90	0.906 58	0.908 24	0.909 88	0.911 49	0.913 09	0.914 66	0.916 21	0.917 74	1.3
1.4	0.919 24	0.920 73	0.922 20	0.923 64	0.925 07	0.926 47	0.927 85	0.929 22	0.930 56	0.931 89	1.4
1.5	0.933 19	0.934 48	0.935 74	0.936 99	0.938 22	0.939 43	0.940 62	0.941 79	0.942 95	0.944 08	1.5
1.6	0.945 20	0.946 30	0.947 38	0.948 45	0.949 50	0.950 53	0.951 54	0.952 54	0.953 52	0.954 49	1.6
1.7	0.955 43	0.956 37	0.957 28	0.958 18	0.959 07	0.959 94	0.960 80	0.961 64	0.962 46	0.963 27	1.7

续表

λ	0.00	0.01	0.02	0.03	0.04	0.05	0.06	0.07	0.08	0.09	λ
1.8	0.964 07	0.964 85	0.965 62	0.966 38	0.967 12	0.967 84	0.968 56	0.969 26	0.969 95	0.970 62	1.8
1.9	0.971 28	0.971 93	0.972 57	0.973 20	0.973 81	0.974 41	0.975 00	0.975 58	0.976 15	0.976 70	1.9
2.0	0.977 25	0.977 78	0.978 31	0.978 82	0.979 32	0.979 82	0.980 30	0.980 77	0.981 24	0.981 69	2.0
2.1	0.982 14	0.982 57	0.983 00	0.983 41	0.983 82	0.984 22	0.984 61	0.985 00	0.985 37	0.985 74	2.1
2.2	0.986 10	0.986 45	0.986 79	0.987 13	0.987 45	0.987 78	0.988 09	0.988 40	0.988 70	0.988 99	2.0
2.3	0.989 28	0.989 56	0.989 83	0.990 097	$0.9^2$0 358	$0.9^2$0 613	$0.9^2$0 863	$0.9^2$1 106	$0.9^2$1 344	$0.9^2$1 576	2.3
2.4	$0.9^2$1 802*	$0.9^2$2 024	$0.9^2$2 240	$0.9^2$2 451	$0.9^2$2 656	$0.9^2$2 857	$0.9^2$3 053	$0.9^2$3 244	$0.9^2$3 431	$0.9^2$3 613	2.4
2.5	$0.9^2$3 790	$0.9^2$3 963	$0.9^2$4 132	$0.9^2$4 297	$0.9^2$4 457	$0.9^2$4 614	$0.9^2$4 766	$0.9^2$4 915	$0.9^2$5 060	0.9^5 201	2.5
2.6	$0.9^2$5 339	$0.9^2$5 473	$0.9^2$5 604	$0.9^2$5 731	$0.9^2$5 855	$0.9^2$5 975	$0.9^2$6 093	$0.9^2$6 207	$0.9^2$6 319	$0.9^2$6 427	2.6
2.7	$0.9^2$6 533	$0.9^2$6 636	$0.9^2$6 736	$0.9^2$6 833	$0.9^2$6 928	$0.9^2$7 020	$0.9^2$7 110	$0.9^2$7 197	$0.9^2$7 282	$0.9^2$7 365	2.7
2.8	$0.9^2$7 445	$0.9^2$7 523	$0.9^2$7 599	$0.9^2$7 673	$0.9^2$7 744	$0.9^2$7 814	$0.9^2$7 882	$0.9^2$7 948	$0.9^2$8 012	$0.9^2$8 074	2.8
2.9	$0.9^2$8 134	$0.9^2$8 193	$0.9^2$8 250	$0.9^2$8 305	$0.9^2$8 359	$0.9^2$8 411	$0.9^2$8 462	$0.9^2$8 511	$0.9^2$8 559	$0.9^2$8 605	2.9
3.0	$0.9^2$8 650	$0.9^2$8 694	$0.9^2$8 736	$0.9^2$8 777	$0.9^2$8 817	$0.9^2$8 856	$0.9^2$8 893	$0.9^2$8 930	$0.9^2$8 965	$0.9^2$8 999	3.0
3.1	$0.9^3$0 324	$0.9^3$0 646	$0.9^3$0 957	$0.9^3$1 260	$0.9^3$1 553	$0.9^3$1 836	$0.9^3$2 112	$0.9^3$2 378	$0.9^3$2 636	$0.9^3$2 886	3.1
3.2	$0.9^3$3 129	$0.9^3$3 363	$0.9^3$3 590	$0.9^3$3 810	$0.9^3$4 024	$0.9^3$4 230	$0.9^3$4 429	$0.9^3$4 623	$0.9^3$4 810	$0.9^3$4 991	3.2
3.3	$0.9^3$5 166	$0.9^3$5 335	$0.9^3$5 499	$0.9^3$5 658	$0.9^3$5 811	$0.9^3$5 959	$0.9^3$6 103	$0.9^3$6 242	$0.9^3$6 376	$0.9^3$6 505	3.3
3.4	$0.9^3$6 631	$0.9^3$6 752	$0.9^3$6 869	$0.9^3$6 982	$0.9^3$7 091	$0.9^3$7 197	$0.9^3$7 299	$0.9^3$7 398	$0.9^3$7 493	$0.9^3$7 585	3.4

*：表中 $0.9^2$3 790 表示 0.993 790，其余类推.

续表

λ	0.00	0.01	0.02	0.03	0.04	0.05	0.06	0.07	0.08	0.09	λ
3.5	$0.9^{3}7\ 674$	$0.9^{3}7\ 759$	$0.9^{3}7\ 842$	$0.9^{3}7\ 922$	$0.9^{3}7\ 999$	$0.9^{3}8\ 074$	$0.9^{3}8\ 146$	$0.9^{3}8\ 215$	$0.9^{3}8\ 282$	$0.9^{3}8\ 347$	3.5
3.6	$0.9^{3}8\ 409$	$0.9^{3}8\ 469$	$0.9^{3}8\ 527$	$0.9^{3}8\ 583$	$0.9^{3}8\ 637$	$0.9^{3}8\ 689$	$0.9^{3}8\ 739$	$0.9^{3}8\ 787$	$0.9^{3}8\ 834$	$0.9^{3}8\ 879$	3.6
3.7	$0.9^{3}8\ 922$	$0.9^{3}8\ 964$	$0.9^{4}0\ 039$	$0.9^{4}0\ 426$	$0.9^{4}0\ 799$	$0.9^{4}1\ 158$	$0.9^{4}1\ 504$	$0.9^{4}1\ 838$	$0.9^{4}2\ 159$	$0.9^{4}2\ 468$	3.7
3.8	$0.9^{4}2\ 765$	$0.9^{4}3\ 052$	$0.9^{4}3\ 327$	$0.9^{4}3\ 593$	$0.9^{4}3\ 848$	$0.9^{4}4\ 094$	$0.9^{4}4\ 331$	$0.9^{4}4\ 558$	$0.9^{4}4\ 777$	$0.9^{4}4\ 988$	3.8
3.9	$0.9^{4}5\ 190$	$0.9^{4}5\ 385$	$0.9^{4}5\ 573$	$0.9^{4}5\ 753$	$0.9^{4}5\ 926$	$0.9^{4}6\ 092$	$0.9^{4}6\ 253$	$0.9^{4}6\ 406$	$0.9^{4}6\ 554$	$0.9^{4}6\ 696$	3.9
4.0	$0.9^{4}6\ 833$	$0.9^{4}6\ 964$	$0.9^{4}7\ 090$	$0.9^{4}7\ 211$	$0.9^{4}7\ 327$	$0.9^{4}7\ 439$	$0.9^{4}7\ 546$	$0.9^{4}7\ 649$	$0.9^{4}7\ 748$	$0.9^{4}7\ 843$	4.0
4.1	$0.9^{4}7\ 934$	$0.9^{4}8\ 022$	$0.9^{4}8\ 106$	$0.9^{4}8\ 186$	$0.9^{4}8\ 263$	$0.9^{4}8\ 338$	$0.9^{4}8\ 409$	$0.9^{4}8\ 477$	$0.9^{4}8\ 542$	$0.9^{4}8\ 605$	4.1
4.2	$0.9^{4}8\ 665$	$0.9^{4}8\ 723$	$0.9^{4}8\ 778$	$0.9^{4}8\ 832$	$0.9^{4}8\ 882$	$0.9^{4}8\ 931$	$0.9^{4}8\ 978$	$0.9^{5}0\ 226$	$0.9^{5}0\ 655$	$0.9^{5}1\ 066$	4.2
4.3	$0.9^{5}1\ 460$	$0.9^{5}1\ 837$	$0.9^{5}2\ 199$	$0.9^{5}2\ 545$	$0.9^{5}2\ 876$	$0.9^{5}3\ 193$	$0.9^{5}3\ 497$	$0.9^{5}3\ 788$	$0.9^{5}4\ 066$	$0.9^{5}4\ 332$	4.3
4.4	$0.9^{5}4\ 587$	$0.9^{5}4\ 831$	$0.9^{5}4\ 065$	$0.9^{5}5\ 288$	$0.9^{5}5\ 502$	$0.9^{5}5\ 706$	$0.9^{5}5\ 902$	$0.9^{5}6\ 089$	$0.9^{5}6\ 268$	$0.9^{5}6\ 439$	4.4
4.5	$0.9^{5}6\ 602$	$0.9^{5}6\ 759$	$0.9^{5}6\ 908$	$0.9^{5}7\ 051$	$0.9^{5}7\ 187$	$0.9^{5}7\ 318$	$0.9^{5}7\ 442$	$0.9^{5}7\ 561$	$0.9^{5}7\ 675$	$0.9^{5}7\ 784$	4.5
4.6	$0.9^{5}7\ 888$	$0.9^{5}7\ 987$	$0.9^{5}8\ 081$	$0.9^{5}8\ 172$	$0.9^{5}8\ 258$	$0.9^{5}8\ 340$	$0.9^{5}8\ 419$	$0.9^{5}8\ 494$	$0.9^{5}8\ 566$	$0.9^{5}8\ 634$	4.6
4.7	$0.9^{5}8\ 699$	$0.9^{5}8\ 761$	$0.9^{5}8\ 821$	$0.9^{5}8\ 877$	$0.9^{5}8\ 931$	$0.9^{5}8\ 983$	$0.9^{6}0\ 320$	$0.9^{6}0\ 789$	$0.9^{6}1\ 235$	$0.9^{6}1\ 661$	4.7
4.8	$0.9^{6}2\ 067$	$0.9^{6}2\ 453$	$0.9^{6}2\ 822$	$0.9^{6}3\ 173$	$0.9^{6}3\ 508$	$0.9^{6}3\ 827$	$0.9^{6}4\ 131$	$0.9^{6}4\ 420$	$0.9^{6}4\ 696$	$0.9^{6}4\ 958$	4.8
4.9	$0.9^{6}5\ 208$	$0.9^{6}5\ 446$	$0.9^{6}5\ 673$	$0.9^{6}5\ 889$	$0.9^{6}6\ 094$	$0.9^{6}6\ 289$	$0.9^{6}6\ 475$	$0.9^{6}6\ 652$	$0.9^{6}6\ 821$	$0.9^{6}6\ 981$	4.9

附表3 t分布上侧分位数表

$$P\{t(n)>t_{\alpha}(n)\}=\alpha$$

n \ P α	0.25	0.10	0.05	0.025	0.01	0.005
1	1.000 0	3.077 7	6.313 8	12.706 2	31.820 7	63.657 4
2	0.816 5	1.885 6	2.920 0	4.303 7	6.964 6	9.924 8
3	0.764 9	1.637 7	2.353 4	3.182 4	4.540 7	5.840 9
4	0.740 7	1.533 2	2.131 8	2.776 4	3.746 9	4.604 1
5	0.726 7	1.475 9	2.015 0	2.570 6	3.364 9	4.032 3
6	0.717 6	1.439 8	1.943 2	2.446 9	3.142 7	3.707 4
7	0.711 1	1.414 9	1.894 6	2.364 6	2.998 0	3.499 5
8	0.706 4	1.396 8	1.859 5	3.306 0	2.896 5	3.355 4
9	0.702 7	1.388 0	1.833 1	2.262 2	2.821 4	3.249 8
10	0.699 8	1.372 2	1.812 5	2.228 1	2.763 8	3.169 3
11	0.697 4	1.363 4	1.795 9	2.201 0	2.718 1	3.105 8
12	0.695 5	1.356 2	1.782 3	2.178 8	2.681 0	3.054 5
13	0.693 8	1.350 2	1.770 9	2.160 4	2.650 8	3.012 3
14	0.692 4	1.345 0	1.761 3	2.144 8	2.624 5	2.976 8
15	0.691 2	1.340 6	1.753 1	2.131 5	2.602 5	2.946 7
16	0.690 1	2.336 8	1.745 9	2.119 9	2.583 5	2.920 8
17	0.689 2	1.333 4	1.739 6	2.109 9	2.566 9	2.898 2
18	0.688 4	1.330 4	1.734 1	2.100 9	2.552 4	2.878 4
19	0.687 6	1.327 7	1.729 1	2.093 0	2.539 5	2.860 9
20	0.687 0	1.325 3	1.724 7	2.086 0	2.528 0	2.845 3
21	0.686 4	1.323 2	1.720 7	2.079 6	2.517 7	2.831 4
22	0.685 8	1.311 2	1.717 1	2.073 9	2.508 3	2.818 8
23	0.685 3	1.319 5	1.713 9	2.068 7	2.499 9	2.807 3
24	0.684 8	1.317 8	1.710 9	2.063 9	2.492 2	2.796 9
25	0.684 4	1.316 3	1.708 1	2.059 5	2.485 1	2.787 4

续表

n \ P α	0.25	0.10	0.05	0.025	0.01	0.005
26	0.684 0	1.315 0	1.705 6	2.055 5	2.478 6	2.778 7
27	0.683 7	1.313 7	1.703 3	2.051 8	2.472 7	2.770 7
28	0.683 4	1.312 5	1.701 1	2.048 4	2.467 1	2.763 3
29	0.683 0	1.311 4	1.699 1	2.045 2	2.462 0	2.756 4
30	0.682 8	1.310 4	1.697 3	2.042 3	2.457 3	2.750 0
31	0.682 5	1.309 5	1.695 5	2.039 5	2.452 8	2.744 0
32	0.682 2	1.308 6	1.693 9	2.036 9	2.448 7	2.738 5
33	0.682 0	1.307 7	1.692 4	2.034 5	2.444 8	2.733 3
34	0.681 8	1.307 0	1.690 9	2.032 2	2.441 1	2.728 4
35	0.681 6	1.306 2	1.689 6	2.030 1	2.437 7	2.723 8
36	0.681 4	1.305 5	1.688 3	2.028 1	2.434 5	2.719 5
37	0.681 2	1.304 9	1.687 1	2.026 2	2.431 4	2.715 4
38	0.681 0	1.304 2	1.686 0	2.024 4	2.428 6	2.711 6
39	0.680 8	1.303 6	1.684 9	2.022 7	2.425 8	2.707 9
40	0.680 7	1.303 1	1.683 9	2.021 1	2.423 3	2.704 5
41	0.680 5	1.302 5	1.682 9	2.019 5	2.420 8	2.701 2
42	0.680 4	1.302 0	1.682 0	2.018 1	2.418 5	2.698 1
43	0.680 2	1.301 6	1.681 1	2.016 7	2.416 3	2.695 1
44	0.680 1	1.301 1	1.680 2	2.015 4	2.414 1	2.692 3
45	0.680 0	1.300 6	1.679 4	2.014 1	2.412 1	2.689 6

附表 4　χ^2分布临界值表

$$P\{\chi_n^2 \geqslant \chi_\alpha^2\} = \frac{1}{2^{n/2}\Gamma\left(\frac{n}{2}\right)}\int_{\chi_\alpha^2}^{+\infty} x^{n/2-1}\mathrm{e}^{-x/2}\,\mathrm{d}x = \alpha \quad (n\text{ 为自由度})$$

n \ P α	0.995	0.99	0.975	0.95	0.90	0.75	0.50	0.25	0.10	0.05	0.025	0.01	0.005	α P / n
1	$0.0^4 4$	$0.0^3 2$	0.001	0.004	0.016	0.102	0.455	1.32	2.71	3.84	5.02	6.63	7.88	1
2	0.010	0.020	0.051	0.103	0.211	0.575	1.39	2.77	4.61	5.99	7.38	9.21	10.6	2
3	0.072	0.155	0.216	0.352	0.584	1.21	2.37	4.11	6.25	7.81	9.35	11.3	12.8	3
4	0.207	0.297	0.484	0.711	1.06	1.92	3.36	5.39	7.78	9.49	11.1	13.3	14.9	4
5	0.412	0.554	0.831	1.15	1.61	2.67	4.35	6.63	9.24	11.1	12.8	15.1	16.7	5
6	0.676	0.872	1.24	1.64	2.20	3.45	5.35	7.84	10.6	12.6	14.4	16.8	18.5	6
7	0.989	1.24	1.69	2.17	2.83	4.25	6.35	9.04	12.0	14.1	16.0	18.5	20.3	7
8	1.34	1.65	2.18	2.73	3.49	5.07	7.34	10.2	13.4	15.5	17.5	20.1	22.0	8
9	1.73	2.09	2.70	3.33	4.17	5.90	8.34	11.4	14.7	16.9	19.0	21.7	23.6	9
10	2.16	2.56	3.25	3.94	4.87	6.74	9.34	12.5	16.0	18.3	20.5	23.2	25.2	10
11	2.60	3.05	3.82	4.57	5.58	7.58	10.3	13.7	17.3	19.7	21.9	24.7	26.8	11
12	3.07	3.57	4.40	5.23	6.30	8.44	11.3	14.8	18.5	21.0	23.3	26.2	28.3	12
13	3.57	4.11	5.01	5.89	7.04	9.30	12.3	16.0	19.8	22.4	24.7	27.7	29.8	13
14	4.07	4.66	5.63	6.57	7.79	10.2	13.3	17.1	21.1	23.7	26.1	29.1	31.3	14
15	4.60	5.23	6.26	7.26	8.55	11.0	14.3	18.2	22.3	25.0	27.5	30.6	32.8	15
16	5.14	5.81	6.91	7.96	9.31	11.9	15.3	19.4	23.5	26.3	28.8	32.0	34.3	16
17	5.70	6.41	7.56	8.67	10.1	12.8	16.3	20.5	24.8	27.6	30.2	33.4	35.7	17
18	6.26	7.01	8.23	9.39	10.9	13.7	17.3	21.6	26.0	28.9	31.5	34.8	37.2	18
19	6.84	7.63	8.91	10.1	11.7	14.6	18.3	22.7	27.2	30.1	32.9	36.2	38.6	19
20	7.43	8.26	9.59	10.9	12.4	15.5	19.3	23.8	28.4	31.4	34.2	37.6	40.4	20
21	8.03	8.90	10.3	11.6	13.2	16.3	20.3	24.9	29.6	32.7	35.5	38.9	41.4	21
22	8.64	9.54	11.0	12.3	14.0	17.2	21.3	26.0	30.8	33.9	36.8	40.3	42.8	22
23	9.26	10.2	11.7	13.1	14.8	18.1	22.3	27.1	32.0	35.2	38.1	41.6	44.2	23
24	9.89	10.9	12.4	13.8	15.7	19.0	23.3	28.2	33.2	36.4	39.4	43.0	45.6	24
25	10.5	11.5	13.1	14.6	16.5	19.9	24.3	29.3	34.4	37.7	40.6	44.3	46.9	25
26	11.2	12.2	13.8	15.4	17.3	20.8	25.3	30.4	35.6	38.9	41.9	45.6	48.3	26
27	11.8	12.9	14.6	16.2	18.1	21.7	26.3	31.5	36.7	40.1	43.2	47.0	49.6	27
28	12.5	13.6	15.3	16.9	18.9	22.7	27.3	32.6	37.9	41.3	44.5	48.3	51.0	28
29	13.1	14.3	16.0	17.7	19.8	23.6	28.3	33.7	39.1	42.6	45.7	49.6	52.3	29
30	13.8	15.0	16.8	18.5	20.6	24.5	29.3	34.8	40.3	43.8	47.0	50.9	53.7	30
40	20.7	22.2	24.4	26.5	29.1	33.7	39.3	45.6	51.8	55.8	59.3	63.7	66.8	40
50	28.0	29.7	32.4	34.8	37.7	42.9	49.3	56.3	63.2	67.5	71.4	76.2	79.5	50
60	35.5	37.5	40.5	43.2	46.5	52.3	59.3	67.0	74.4	79.1	83.3	88.4	92.0	60

附表 5　*F* 分布临界值表 (α=0.05)

$P(F > F_\alpha) = \alpha$

n_2 \ n_1	1	2	3	4	5	6	7	8	9	10	12	14	16	18	20	n_1 / n_2
1	161	200	216	225	230	234	237	239	241	242	244	245	246	247	248	1
2	18.5	19.0	19.2	19.2	19.3	19.3	19.4	19.4	19.4	19.4	19.4	19.4	19.4	19.4	19.4	2
3	10.1	9.55	9.28	9.12	9.01	8.94	8.89	8.85	8.81	8.79	8.74	8.71	8.69	8.67	8.66	3
4	7.71	6.94	6.59	6.39	6.26	6.16	6.09	6.04	6.00	5.96	5.91	5.87	5.84	5.82	5.80	4
5	6.61	5.79	5.41	5.19	5.05	4.95	4.88	4.82	4.77	4.74	4.68	4.64	4.60	4.58	4.56	5
6	5.99	5.14	4.76	4.53	4.39	4.28	4.21	4.15	4.10	4.06	4.00	3.96	3.92	3.90	3.87	6
7	5.59	4.74	4.35	4.12	3.97	3.87	3.79	3.73	3.68	3.64	3.57	3.53	3.49	3.47	3.44	7
8	5.32	4.46	4.07	3.84	3.69	3.58	3.50	3.44	3.39	3.35	3.28	3.24	3.20	3.17	3.15	8
9	5.12	4.26	3.86	3.63	3.48	3.37	3.29	3.23	3.18	3.14	3.07	3.03	2.99	2.96	2.94	9
10	4.96	4.10	3.71	3.48	3.33	3.22	3.14	3.07	3.02	2.98	2.91	2.86	2.83	2.80	2.77	10
11	4.84	3.98	3.59	3.36	3.20	3.09	3.01	2.95	2.90	2.85	2.79	2.74	2.70	2.67	2.65	11
12	4.75	3.89	3.49	3.26	3.11	3.00	2.91	2.85	2.80	2.75	2.69	2.64	2.60	2.57	2.54	12
13	4.67	3.81	3.41	3.18	3.03	2.92	2.83	2.77	2.71	2.67	2.60	2.55	2.51	2.48	2.46	13
14	4.60	3.74	3.34	3.11	2.96	2.85	2.76	2.70	2.65	2.60	2.53	2.48	2.44	2.41	2.39	14
15	4.54	3.68	3.29	3.06	2.90	2.79	2.71	2.64	2.59	2.54	2.48	2.42	2.38	2.35	2.33	15
16	4.49	3.63	3.24	3.01	2.85	2.74	2.66	2.59	2.54	2.49	2.42	2.37	2.33	2.30	2.28	16
17	4.45	3.59	3.20	2.96	2.81	2.70	2.61	2.55	2.49	2.45	2.38	2.33	2.29	2.26	2.23	17
18	4.41	3.55	3.16	2.93	2.77	2.66	2.58	2.51	2.46	2.41	2.34	2.29	2.25	2.22	2.19	18
19	4.38	3.52	3.13	2.90	2.74	2.63	2.54	2.48	2.42	2.38	2.31	2.26	2.21	2.18	2.16	19

续 表

n_2 \ n_1	1	2	3	4	5	6	7	8	9	10	12	14	16	18	20	n_1 / n_2
20	4.35	3.49	3.10	2.87	2.71	2.60	2.51	2.45	2.39	2.35	2.28	2.22	2.18	2.15	2.12	20
21	4.32	3.47	3.07	2.84	2.68	2.57	2.49	2.42	2.37	2.32	2.25	2.20	2.16	2.12	2.10	21
22	4.30	3.44	3.05	2.82	2.66	2.55	2.46	2.40	2.34	2.30	2.23	2.17	2.13	2.10	2.07	22
23	4.28	3.42	3.03	2.80	2.64	2.53	2.44	2.37	2.32	2.27	2.20	2.15	2.11	2.07	2.05	23
24	4.26	3.40	3.01	2.78	2.62	2.51	2.42	2.36	2.30	2.25	2.18	2.13	2.09	2.05	2.03	24
25	4.24	3.39	2.99	2.76	2.60	2.49	2.40	2.34	2.28	2.24	2.16	2.11	2.07	2.04	2.01	25
26	4.23	3.37	2.98	2.74	2.59	2.47	2.39	2.32	2.27	2.22	2.15	2.09	2.05	2.02	1.99	26
27	4.21	3.35	2.96	2.73	2.57	2.46	2.37	2.31	2.25	2.20	2.13	2.08	2.04	2.00	1.97	27
28	4.20	3.34	2.95	2.71	2.56	2.45	2.36	2.29	2.24	2.19	2.12	2.06	2.02	1.99	1.96	28
29	4.18	3.33	2.93	2.70	2.55	2.43	2.35	2.28	2.22	2.18	2.10	2.05	2.01	1.97	1.94	29
30	4.17	3.32	2.92	2.69	2.53	2.42	2.33	2.27	2.21	2.16	2.09	2.04	1.99	1.96	1.93	30
32	4.15	3.29	2.90	2.67	2.51	2.40	2.31	2.24	2.19	2.14	2.07	2.01	1.97	1.94	1.91	32
34	4.13	3.28	2.88	2.65	2.49	2.38	2.29	2.23	2.17	2.12	2.05	1.99	1.95	1.92	1.89	34
36	4.11	3.26	2.87	2.63	2.48	2.36	2.28	2.21	2.15	2.11	2.03	1.98	1.93	1.90	1.87	36
38	4.10	3.24	2.85	2.62	2.46	2.35	2.26	2.19	2.14	2.09	2.02	1.96	1.92	1.88	1.85	38
40	4.08	3.23	2.84	2.61	2.45	2.34	2.25	2.18	2.12	2.08	2.00	1.95	1.90	1.87	1.84	40
42	4.07	3.22	2.83	2.59	2.44	2.32	2.24	2.17	2.11	2.06	1.99	1.93	1.89	1.86	1.83	42
44	4.06	3.21	2.82	2.58	2.43	2.31	2.23	2.16	2.10	2.05	1.98	1.92	1.88	1.84	1.81	44
46	4.05	3.20	2.81	2.57	2.42	2.30	2.22	2.15	2.09	2.04	1.97	1.91	1.87	1.83	1.80	46

续表

n_2 \ n_1	1	2	3	4	5	6	7	8	9	10	12	14	16	18	20	n_1 / n_2
48	4.04	3.19	2.80	2.57	2.41	2.29	2.21	2.14	2.08	2.03	1.96	1.90	1.86	1.82	1.79	48
50	4.03	3.18	2.79	2.56	2.40	2.29	2.20	2.13	2.07	2.03	1.95	1.89	1.85	1.81	1.78	50
60	4.00	3.15	2.76	2.53	2.37	2.25	2.17	2.10	2.04	1.99	1.92	1.86	1.82	1.78	1.75	60
80	3.96	3.11	2.72	2.49	2.33	2.21	2.13	2.06	2.00	1.95	1.88	1.82	1.77	1.73	1.70	80
100	3.94	3.09	2.70	2.46	2.31	2.19	2.10	2.03	1.97	1.93	1.85	1.79	1.75	1.71	1.68	100
125	3.92	3.07	2.68	2.44	2.29	2.17	2.08	2.01	1.96	1.91	1.83	1.77	1.72	1.69	1.65	125
150	3.90	3.06	2.66	2.43	2.27	2.16	2.07	2.00	1.94	1.89	1.82	1.76	1.71	1.67	1.64	150
200	3.89	3.04	2.65	2.42	2.26	2.14	2.06	1.98	1.93	1.88	1.80	1.74	1.69	1.66	1.62	200
300	3.87	3.03	2.63	2.40	2.24	2.13	2.04	1.97	1.91	1.86	1.78	1.72	1.68	1.64	1.61	300
500	3.86	3.01	2.62	2.39	2.23	2.12	2.03	1.96	1.90	1.85	1.77	1.71	1.66	1.62	1.59	500
1000	3.85	3.00	2.61	2.38	2.22	2.11	2.02	1.95	1.89	1.84	1.76	1.70	1.65	1.61	1.58	1000
∞	3.84	3.00	2.60	2.37	2.21	2.10	2.01	1.94	1.88	1.83	1.75	1.69	1.64	1.60	1.57	∞

续表

n_2 \ n_1	22	24	26	28	30	35	40	45	50	60	80	100	200	500	∞	n_1 / n_2
1	249	249	249	250	250	251	251	251	252	252	252	253	254	254	254	1
2	19.5	19.5	19.5	19.5	19.5	1.95	1.95	1.95	1.95	1.95	1.95	1.95	1.95	1.95	1.95	2
3	8.65	8.64	8.63	8.62	8.62	8.60	8.59	8.59	8.58	8.57	5.56	8.55	8.54	8.53	8.53	3
4	5.79	5.77	5.76	5.75	5.75	5.73	5.72	5.71	5.70	5.69	5.67	5.66	5.65	5.64	5.63	4
5	4.54	4.53	4.52	4.50	4.50	4.48	4.46	4.45	4.44	4.43	4.41	4.41	4.39	4.37	4.37	5
6	3.86	3.84	3.83	3.82	3.81	3.79	3.77	3.76	3.75	3.74	3.72	3.71	3.69	3.68	3.67	6
7	3.43	3.41	3.40	3.39	3.38	3.36	3.34	3.33	3.32	3.30	3.29	3.27	3.25	3.24	3.23	7
8	3.13	3.12	3.10	3.09	3.08	3.06	3.04	3.03	3.02	3.01	2.99	2.97	2.95	2.94	2.93	8
9	2.92	2.90	2.89	2.87	2.86	2.84	2.83	2.81	2.80	2.79	2.77	2.76	2.73	2.72	2.71	9
10	2.75	2.74	2.72	2.71	2.70	2.68	2.66	2.65	2.64	2.62	2.60	2.59	2.56	2.55	2.54	10
11	2.63	2.61	2.59	2.58	2.57	2.55	2.53	2.52	2.51	2.49	2.47	2.46	2.43	2.42	2.40	11
12	2.52	2.51	2.49	2.48	2.47	2.44	2.43	2.41	2.40	2.38	2.36	2.35	1.32	2.31	2.30	12
13	2.44	2.42	2.41	2.39	2.38	2.36	2.34	2.33	2.31	2.30	2.27	2.26	1.23	2.22	2.21	13
14	2.37	2.35	2.33	2.32	2.31	2.28	2.27	2.25	2.24	2.22	2.20	2.19	1.16	2.14	2.13	14
15	2.31	2.29	2.27	2.26	2.25	2.22	2.20	2.19	2.18	2.16	2.14	2.12	1.10	2.08	2.07	15
16	2.25	2.24	2.22	2.21	2.19	2.17	2.15	2.14	2.12	2.11	2.08	2.07	2.04	2.02	2.01	16
17	2.21	2.19	2.17	2.16	2.15	2.12	2.10	2.09	2.08	2.06	2.03	2.02	1.99	1.97	1.96	17
18	2.17	2.15	2.13	2.12	2.11	2.08	2.06	2.05	2.04	2.02	1.99	1.98	1.95	1.93	1.92	18
19	2.13	2.11	2.10	2.08	2.07	2.05	2.03	2.01	2.00	1.98	1.96	1.94	1.91	1.89	1.88	19
20	2.10	2.08	2.07	2.05	2.04	2.01	1.99	1.98	1.97	1.95	1.92	1.91	1.88	1.86	1.84	20

续表

n_2 \ n_1	22	24	26	28	30	35	40	45	50	60	80	100	200	500	∞	n_1 / n_2
21	2.07	2.05	2.04	2.02	2.01	1.98	1.96	1.95	1.94	1.92	1.89	1.88	1.84	1.82	1.81	21
22	2.05	2.03	2.01	2.00	1.98	1.96	1.94	1.92	1.91	1.89	1.86	1.85	1.82	1.80	1.78	22
23	2.02	2.00	1.99	1.97	1.96	1.93	1.91	1.90	1.88	1.86	1.84	1.82	1.79	1.77	1.76	23
24	2.00	1.98	1.97	1.95	1.94	1.91	1.89	1.88	1.86	1.84	1.82	1.80	1.77	1.75	1.73	24
25	1.98	1.96	1.95	1.93	1.92	1.89	1.87	1.86	1.84	1.82	1.80	1.78	1.75	1.73	1.71	25
26	1.97	1.95	1.93	1.91	1.90	1.87	1.85	1.84	1.82	1.80	1.78	1.76	1.73	1.71	1.69	26
27	1.95	1.93	1.91	1.90	1.88	1.86	1.84	1.82	1.81	1.79	1.76	1.74	1.71	1.69	1.67	27
28	1.93	1.91	1.90	1.88	1.87	1.84	1.82	1.80	1.79	1.77	1.74	1.73	1.69	1.67	1.65	28
29	1.92	1.90	1.88	1.87	1.85	1.83	1.81	1.79	1.77	1.75	1.73	1.71	1.67	1.65	1.64	29
30	1.91	1.89	1.87	1.85	1.84	1.81	1.79	1.77	1.76	1.74	1.71	1.70	1.66	1.64	1.62	30
32	1.88	1.86	1.85	1.83	1.82	1.79	1.77	1.75	1.74	1.71	1.69	1.67	1.63	1.61	1.59	32
34	1.86	1.84	1.82	1.80	1.80	1.77	1.75	1.73	1.71	1.69	1.66	1.65	1.61	1.59	1.57	34
36	1.85	1.82	1.81	1.79	1.78	1.75	1.73	1.71	1.69	1.67	1.64	1.62	1.59	1.56	1.55	36
38	1.83	1.81	1.79	1.77	1.76	1.73	1.71	1.69	1.68	1.65	1.62	1.61	1.57	1.54	1.53	38
40	1.81	1.79	1.77	1.76	1.74	1.72	1.69	1.67	1.66	1.64	1.61	1.59	1.55	1.53	1.51	40
42	1.80	1.78	1.76	1.74	1.73	1.70	1.68	1.66	1.65	1.62	1.59	1.57	1.53	1.51	1.49	42
44	1.79	1.77	1.75	1.73	1.72	1.69	1.67	1.65	1.63	1.61	1.58	1.56	1.52	1.49	1.48	44
46	1.78	1.76	1.74	1.72	1.71	1.68	1.65	1.64	1.62	1.60	1.57	1.55	1.51	1.48	1.46	46
48	1.77	1.75	1.73	1.71	1.70	1.67	1.64	1.62	1.61	1.59	1.56	1.54	1.49	1.47	1.45	48
50	1.76	1.74	1.72	1.70	1.69	1.66	1.63	1.61	1.60	1.58	1.54	1.52	1.48	1.46	1.44	50

续表

n_2 \ n_1	22	24	26	28	30	35	40	45	50	60	80	100	200	500	∞	n_1 / n_2
60	1.72	1.70	1.68	1.66	1.65	1.62	1.59	1.57	1.56	1.53	1.50	1.48	1.44	1.41	1.39	60
80	1.68	1.65	1.63	1.62	1.60	1.57	1.54	1.52	1.51	1.48	1.45	1.43	1.38	1.35	1.32	80
100	1.65	1.63	1.61	1.59	1.57	1.54	1.52	1.49	1.48	1.45	1.41	1.39	1.34	1.31	1.28	100
125	1.63	1.60	1.58	1.57	1.55	1.52	1.49	1.47	1.45	1.42	1.39	1.36	1.31	1.27	1.25	125
150	1.61	1.59	1.57	1.55	1.53	1.50	1.48	1.45	1.44	1.41	1.37	1.34	1.29	1.25	1.22	150
200	1.60	1.57	1.55	1.53	1.52	1.48	1.46	1.43	1.41	1.39	1.35	1.32	1.26	1.22	1.19	200
300	1.58	1.55	1.53	1.51	1.50	1.46	1.43	1.41	1.39	1.36	1.32	1.30	1.23	1.19	1.15	300
500	1.56	1.54	1.52	1.50	1.48	1.45	1.42	1.40	1.38	1.34	1.30	1.28	1.21	1.16	1.11	500
1 000	1.55	1.53	1.51	1.49	1.47	1.44	1.41	1.38	1.36	1.33	1.29	1.26	1.19	1.13	1.08	1 000
∞	1.54	1.52	1.50	1.48	1.46	1.42	1.39	1.37	1.35	1.32	1.27	1.24	1.17	1.11	1.00	∞

附表6 F分布临界值表($\alpha=0.10$)

n_2 \ n_1	1	2	3	4	5	6	7	8	9	10	15	20	30	50	100	200	500	∞	n_1 / n_2
1	39.9	49.5	53.6	55.8	57.2	58.2	58.9	59.4	59.9	60.2	61.2	61.7	62.3	62.7	63.0	63.2	63.3	63.3	1
2	8.53	9.00	9.16	9.24	9.29	9.33	9.35	9.37	9.38	9.39	9.42	9.44	9.46	9.47	9.48	9.49	9.49	9.49	2
3	5.54	5.46	5.39	5.34	5.31	5.28	5.27	5.25	5.24	5.23	5.20	5.18	5.17	5.15	5.14	5.14	5.14	5.13	3
4	4.54	4.32	4.19	4.11	4.05	4.01	3.98	3.95	3.94	3.92	3.87	3.84	3.82	3.80	3.78	3.77	3.76	3.76	4
5	4.06	4.78	3.62	3.52	3.45	3.40	3.37	3.34	3.32	3.30	3.24	3.21	3.17	3.15	3.13	3.12	3.11	3.10	5
6	3.78	3.46	3.29	3.18	3.11	3.05	3.01	2.98	2.96	2.94	2.87	2.84	2.80	2.77	2.75	2.73	2.73	2.72	6
7	3.59	3.26	3.07	2.96	2.88	2.83	2.78	2.75	2.72	2.70	2.63	2.59	2.56	2.52	2.50	2.48	2.48	2.47	7
8	3.46	3.11	2.92	2.81	2.73	2.67	2.62	2.59	2.56	2.54	2.46	2.42	2.38	2.35	2.32	2.31	2.30	2.29	8
9	3.36	3.01	2.81	2.69	2.61	2.55	2.51	2.47	2.44	2.42	2.34	2.30	2.25	2.22	2.19	2.17	2.17	2.16	9
10	3.28	2.92	2.73	2.61	2.52	2.46	2.41	2.38	2.35	2.32	2.24	2.20	2.16	2.12	2.09	2.07	2.06	2.06	10
11	3.23	2.86	2.66	2.54	2.45	2.39	2.34	2.30	2.27	2.25	2.17	2.12	2.08	2.04	2.00	1.99	1.98	1.97	11
12	3.18	2.81	2.61	2.48	2.39	2.33	2.28	2.24	2.21	2.19	2.10	2.06	2.01	2.97	1.94	1.92	1.91	1.90	12
13	3.14	2.76	2.56	2.43	2.35	2.28	2.23	2.20	2.16	2.14	2.05	2.01	1.96	1.92	1.88	1.86	1.85	1.85	13
14	3.10	2.73	2.52	2.39	2.31	2.24	2.19	2.15	2.12	2.10	2.01	1.96	1.91	1.87	1.83	1.82	1.80	1.80	14
15	3.07	2.70	2.49	2.36	2.27	2.21	2.16	2.12	2.09	2.06	1.97	1.92	1.87	1.83	1.79	1.77	1.76	1.76	15
16	3.05	2.67	2.46	2.33	2.24	2.18	2.13	2.09	2.06	2.03	1.94	1.89	1.84	1.79	1.76	1.74	1.73	1.72	16
17	3.03	2.64	2.44	2.31	2.22	2.15	2.10	2.06	2.03	2.00	1.91	1.86	181	1.76	1.73	1.71	1.69	1.69	17
18	3.01	2.62	2.42	2.29	2.20	2.13	2.08	2.04	2.00	1.98	1.89	1.84	1.78	1.74	1.70	1.68	1.67	1.66	18
19	2.99	2.61	2.40	2.27	2.18	2.11	2.06	2.02	1.98	1.96	1.86	1.81	1.76	1.71	1.67	1.65	1.64	1.63	19
20	2.97	2.59	2.38	2.25	2.16	2.09	2.04	2.00	1.96	1.94	1.84	1.79	1.74	1.69	1.65	1.63	1.62	1.61	20

续表

n_2 \ n_1	1	2	3	4	5	6	7	8	9	10	15	20	30	50	100	200	500	∞	n_1 / n_2
22	2.95	2.56	2.35	2.22	2.13	2.06	2.01	1.97	1.93	1.9	1.81	1.76	1.70	1.65	1.61	1.59	1.58	1.57	22
24	2.93	2.54	2.33	2.19	2.10	2.04	1.98	1.94	1.91	1.88	1.78	1.73	1.67	1.62	1.58	1.56	1.5	1.53	24
26	2.91	2.52	2.31	2.17	2.08	2.01	1.96	1.92	1.88	1.86	1.76	1.71	1.65	1.59	1.55	1.53	1.51	1.50	26
28	2.89	2.50	2.29	2.16	2.06	2.00	1.94	1.90	1.87	1.84	1.74	1.69	1.63	1.57	1.53	1.50	1.49	1.48	28
30	2.88	2.49	2.28	2.14	2.05	1.98	1.93	1.88	1.85	1.82	1.72	1.67	1.61	1.55	1.51	1.48	1.47	1.46	30
40	2.84	2.44	2.23	2.09	2.00	1.93	1.87	1.83	1.79	1.76	1.66	1.61	1.54	1.48	1.43	1.41	1.39	1.38	40
50	2.81	2.41	2.20	2.06	1.97	1.90	1.84	1.80	1.76	1.73	1.63	1.57	1.50	1.44	1.39	1.36	1.34	1.33	50
60	2.79	2.39	2.18	2.04	1.95	1.87	1.82	1.77	1.74	1.71	1.60	1.54	1.48	1.41	1.36	1.33	1.31	1.29	60
80	2.77	2.37	2.15	2.02	1.92	1.85	1.79	1.75	1.71	1.68	1.57	1.51	1.44	1.38	1.32	1.28	1.26	1.24	80
100	2.76	2.36	2.14	2.00	1.91	1.83	1.78	1.73	1.70	1.66	1.56	1.49	1.42	1.35	1.29	1.26	1.23	1.21	100
200	2.73	2.33	2.11	1.97	1.88	1.80	1.75	1.70	1.66	1.63	1.52	1.46	1.38	1.31	1.24	1.20	1.17	1.14	200
500	2.72	2.31	2.10	1.96	1.86	1.79	1.73	1.68	1.64	1.61	1.50	1.44	1.36	1.28	1.21	1.16	1.12	1.09	500
∞	2.71	2.30	2.08	1.94	1.85	1.77	1.72	1.67	1.63	1.60	1.49	1.42	1.34	1.26	1.18	1.13	1.08	1.00	∞

附表 7 *F*分布临界值表($\alpha=0.01$)

n_2 \ n_1	1	2	3	4	5	6	7	8	9	10	12	14	16	18	20	n_1 / n_2
1	405	500	540	563	576	586	593	598	602	606	611	614	617	619	621	1
2	98.5	99.0	99.2	99.2	99.3	99.3	99.4	99.4	99.4	99.4	99.4	99.4	99.4	99.4	99.4	2
3	34.1	30.8	29.5	28.7	28.2	27.9	27.7	27.5	27.3	27.2	27.1	26.9	26.8	26.8	26.7	3
4	21.2	18.0	16.7	16.0	15.5	15.2	15.0	14.8	14.7	14.5	14.4	14.2	14.2	14.1	14.0	4
5	16.3	13.3	12.1	11.4	11.0	10.7	10.5	10.3	10.2	10.1	9.89	9.77	9.68	9.61	9.55	5
6	13.7	10.9	9.78	9.15	8.75	8.47	8.26	8.10	7.98	7.87	7.72	7.60	7.52	7.45	7.40	6
7	12.2	9.55	8.45	7.85	7.46	7.19	6.99	6.84	6.72	6.62	6.47	6.36	6.27	6.21	6.16	7
8	11.3	8.65	7.59	7.01	6.63	6.37	6.18	6.03	5.91	5.81	5.67	5.56	5.48	5.41	5.36	8
9	10.6	8.02	6.99	6.42	6.06	5.80	5.61	5.47	5.35	5.26	5.11	5.00	4.92	4.86	4.81	9
10	10.0	7.56	6.55	5.99	5.64	5.39	5.20	5.06	4.94	4.85	4.71	4.60	4.52	4.46	4.41	10
11	9.65	7.21	6.22	5.67	5.32	5.07	4.89	4.74	4.63	4.54	4.40	4.29	4.21	4.15	4.10	11
12	9.33	6.93	5.95	5.41	5.06	4.82	4.64	4.50	4.39	4.30	4.16	4.05	3.97	3.91	3.86	12
13	9.07	6.70	5.74	5.21	4.86	4.62	4.44	4.30	4.19	4.10	3.96	3.86	7.78	3.71	3.66	13
14	8.86	8.51	5.56	5.04	4.70	4.46	4.28	4.14	4.03	3.94	3.80	3.70	3.62	3.56	3.51	14
15	8.68	6.36	5.42	4.89	4.56	4.32	4.14	4.00	3.89	3.80	3.67	3.56	3.49	3.42	3.37	15
16	8.53	6.23	5.29	4.77	4.44	4.20	4.03	3.89	3.78	3.69	3.55	3.45	3.37	3.31	3.26	16
17	8.40	6.11	5.18	4.67	4.34	4.10	3.93	3.79	3.68	3.59	3.46	3.35	3.27	3.21	3.16	17
18	8.29	6.01	5.09	4.58	4.25	4.01	3.84	3.71	3.60	3.51	3.37	3.27	3.19	3.13	3.08	18
19	8.18	5.93	5.01	4.50	4.17	3.94	3.77	3.63	3.52	3.43	3.30	3.19	3.12	3.05	3.00	19
20	8.10	5.85	4.94	4.43	4.10	3.87	3.70	3.56	3.46	3.37	3.23	3.13	3.05	2.99	2.94	20

续　表

n_2 \ n_1	1	2	3	4	5	6	7	8	9	10	12	14	16	18	20	n_1 / n_2
21	8.02	5.78	4.87	4.37	4.04	3.81	3.64	3.51	3.40	3.31	3.17	3.07	2.99	2.93	2.88	21
22	7.95	5.72	4.82	4.31	3.99	3.76	3.59	3.45	3.35	3.26	3.12	3.02	2.94	2.88	2.83	22
23	7.88	5.66	4.76	4.26	3.94	3.71	3.54	3.41	3.30	3.21	3.07	2.97	2.89	2.83	2.78	23
24	7.82	5.61	4.72	4.22	3.90	3.67	3.50	3.36	3.26	3.17	3.03	2.93	2.85	2.79	2.74	24
25	7.77	5.57	4.68	4.18	3.86	3.63	3.46	3.32	3.22	3.13	2.99	2.89	2.81	2.75	2.70	25
26	7.72	5.53	4.64	4.14	3.82	3.59	3.42	3.29	3.18	3.09	2.96	2.86	2.78	2.72	2.66	26
27	7.68	5.49	4.60	4.11	3.78	3.56	3.39	3.26	3.15	3.06	2.93	2.82	2.75	2.68	2.63	27
28	7.64	5.45	4.57	4.07	3.75	3.53	3.36	3.23	3.12	3.03	2.90	2.79	2.72	2.65	2.60	28
29	7.60	5.42	4.54	4.04	3.73	3.50	3.33	3.20	3.09	3.00	2.87	2.77	2.69	2.62	2.57	29
30	7.56	5.39	4.51	4.02	3.70	3.47	3.30	3.17	3.07	2.98	2.84	2.74	2.66	2.60	2.55	30
32	7.50	5.34	4.46	3.97	3.65	3.43	3.26	3.13	3.02	2.93	2.80	2.70	2.62	2.55	2.50	32
34	7.44	5.29	4.42	3.93	3.61	3.39	3.22	3.09	2.98	2.89	2.76	2.66	2.58	2.51	2.46	34
36	7.40	5.25	4.38	3.89	3.57	3.35	3.18	3.05	2.95	2.86	2.72	2.62	2.54	2.46	2.43	36
38	7.35	5.21	4.34	3.86	3.54	3.32	3.15	3.02	2.92	2.83	2.69	2.59	2.51	2.45	2.40	38
40	7.31	5.18	4.31	3.83	3.51	3.29	3.12	2.99	2.89	2.80	2.66	2.56	2.48	2.42	2.37	40
42	7.28	5.15	4.29	3.80	3.49	3.27	3.10	2.97	2.86	2.78	2.64	2.54	2.46	2.40	2.34	42
44	7.25	5.12	4.26	3.78	3.47	3.24	3.08	2.95	2.84	2.75	2.62	2.52	2.44	2.37	2.32	44
46	7.22	5.10	4.24	3.76	3.44	3.22	3.06	2.93	2.82	2.73	2.60	2.50	2.42	2.35	2.30	46
48	7.20	5.08	4.22	3.74	3.43	3.20	3.04	2.91	2.80	2.72	2.58	2.48	2.40	2.33	2.28	48
50	7.17	5.06	4.20	3.72	3.41	3.19	3.02	2.89	2.79	2.70	2.56	2.46	2.38	2.32	2.27	50

续表

n_2 \ n_1	1	2	3	4	5	6	7	8	9	10	12	14	16	18	20	n_1 / n_2
60	7.08	4.98	4.13	3.65	3.34	3.12	2.95	2.82	2.72	2.63	2.50	2.39	2.31	2.25	2.20	60
80	6.96	4.88	4.04	3.56	3.26	3.04	2.87	2.74	2.64	2.55	2.42	2.31	2.23	2.17	2.12	80
100	6.90	4.82	3.98	3.51	3.21	2.99	2.82	2.69	2.59	2.50	2.37	2.26	2.19	2.12	2.07	100
125	6.84	4.78	3.94	3.47	3.17	2.98	2.79	2.66	2.55	2.47	2.33	2.23	2.15	2.08	2.03	125
150	6.81	4.75	3.92	3.45	3.14	2.92	2.76	2.63	2.53	2.44	2.31	2.20	2.12	2.06	2.00	150
200	6.76	4.71	3.88	3.41	3.11	2.89	2.73	2.60	2.50	2.41	2.27	2.17	2.09	2.02	1.97	200
300	6.72	4.68	3.85	3.38	3.08	2.86	2.70	2.57	2.47	2.38	2.24	2.14	2.06	1.99	1.94	300
500	6.69	4.65	3.82	3.36	3.05	2.84	2.68	2.55	2.44	2.36	2.22	2.12	2.04	1.97	1.92	500
1 000	6.66	4.63	3.80	3.34	3.04	2.82	2.66	2.53	2.43	2.34	2.20	2.10	2.02	1.95	1.90	1 000
∞	6.63	4.61	3.78	3.32	3.02	2.80	2.64	2.51	2.41	2.32	2.18	2.08	2.00	1.93	1.88	∞

续表

n_2 \ n_1	22	24	26	28	30	35	40	45	50	60	80	100	200	500	∞	n_1 / n_2
1	622	623	624	625	626	628	629	630	630	631	633	633	635	636	637	1
2	99.5	99.5	99.5	99.5	99.5	99.5	99.5	99.5	99.5	99.5	99.5	99.5	99.52	99.5	99.5	2
3	26.6	26.6	26.6	26.5	26.5	26.5	26.4	26.4	26.4	26.3	26.3	26.2	26.2	26.1	26.1	3
4	14.0	13.9	13.9	13.9	13.8	13.8	13.7	13.7	13.7	13.7	13.6	13.6	13.5	13.5	13.5	4
5	9.51	9.47	9.43	9.40	9.38	9.33	9.29	9.26	9.24	9.20	9.16	9.13	9.08	9.04	9.02	5
6	7.35	7.31	7.28	7.25	7.23	7.18	7.14	7.11	7.09	7.06	7.01	6.99	6.93	6.90	6.88	6
7	6.11	6.07	6.04	6.02	5.99	5.94	5.91	5.88	5.86	5.82	5.78	5.75	5.70	5.67	5.65	7
8	5.32	5.28	5.25	5.22	5.20	5.15	5.12	5.00	5.07	5.03	4.99	4.96	4.91	4.88	4.86	8
9	4.77	4.73	4.70	4.67	4.65	4.60	4.57	4.54	4.52	4.48	4.44	4.42	4.36	4.33	4.31	9
10	4.36	4.33	4.30	4.27	4.25	4.20	4.17	4.14	4.12	4.08	4.04	4.01	3.96	3.93	3.91	10
11	4.06	4.02	3.99	3.96	3.94	3.89	3.86	3.83	3.81	3.78	3.73	3.71	3.66	3.66	3.60	11
12	3.82	3.78	3.75	3.72	3.70	3.65	3.62	3.59	3.57	3.54	3.49	3.47	3.41	3.38	3.36	12
13	3.62	3.59	3.56	3.53	3.51	3.46	3.43	3.40	3.38	3.34	3.30	3.27	3.22	3.19	3.17	13
14	3.46	3.43	3.40	3.37	3.35	3.30	3.27	3.24	3.22	3.18	3.14	3.11	3.06	3.03	3.00	14
15	3.33	3.29	3.26	3.24	3.21	3.17	3.13	3.10	3.08	3.05	3.00	2.98	2.92	3.89	2.87	15
16	3.22	3.18	3.15	3.12	3.10	3.05	3.02	2.99	2.97	2.93	2.89	2.86	2.81	2.78	2.75	16
17	3.12	3.08	3.05	3.03	3.00	2.96	2.92	2.89	2.87	2.83	2.79	2.76	2.71	2.68	2.65	17
18	3.03	3.00	2.97	2.94	2.92	2.87	2.84	2.81	2.78	2.75	2.70	2.68	2.62	2.59	2.57	18
19	2.96	2.92	2.89	2.87	2.84	2.80	2.76	2.73	2.71	2.67	2.63	2.60	2.55	2.51	2.49	19
20	2.90	2.86	2.83	2.80	2.78	2.73	2.69	2.67	2.64	2.61	2.56	2.54	2.48	2.44	2.42	20

续表

n_2 \ n_1	22	24	26	28	30	35	40	45	50	60	80	100	200	500	∞	n_1 / n_2
21	2.84	2.80	2.77	2.74	2.72	2.67	2.64	2.61	2.58	2.55	2.50	2.48	2.42	2.38	2.36	21
22	2.78	2.75	2.72	2.69	2.67	2.62	2.58	2.55	2.53	2.50	2.45	2.42	2.36	2.33	2.31	22
23	2.74	2.70	2.67	2.64	2.62	2.57	2.54	2.51	2.48	2.45	2.40	2.37	2.32	2.28	2.26	23
24	2.70	2.66	2.63	2.60	2.58	2.53	2.49	2.46	2.44	2.40	2.36	2.33	2.27	2.24	2.21	24
25	2.86	2.62	2.59	2.56	2.54	2.49	2.45	2.42	2.40	2.36	2.32	2.29	2.23	2.19	2.17	25
26	2.62	2.58	2.55	2.53	2.50	2.45	2.42	2.39	2.36	2.33	2.28	2.25	2.19	2.16	2.13	26
27	2.59	2.55	2.52	2.49	2.47	2.42	2.38	2.35	2.33	2.29	2.25	2.22	2.16	2.12	2.10	27
28	2.56	2.52	2.49	2.46	2.44	2.39	2.35	2.32	2.30	2.26	2.22	2.19	2.13	2.09	2.06	28
29	2.53	2.49	2.46	2.44	2.41	2.36	2.33	2.30	2.27	2.23	2.19	2.16	2.10	2.06	2.03	29
30	2.51	2.47	2.44	2.41	2.39	2.30	2.30	2.27	2.25	2.21	2.16	2.13	2.07	2.03	2.01	30
32	2.46	2.42	2.39	2.36	2.34	2.29	2.25	2.22	2.20	2.16	2.11	2.08	2.02	1.98	1.96	32
34	2.42	2.38	2.35	2.32	2.30	2.25	2.21	2.18	2.16	2.12	2.07	2.04	1.98	1.94	1.91	34
36	2.38	2.35	2.32	2.29	2.26	2.21	2.17	2.14	2.12	2.08	2.03	2.00	1.94	1.90	1.87	36
38	2.35	2.32	2.28	2.26	2.23	2.18	2.14	2.11	2.09	2.05	2.00	1.97	1.90	1.86	1.84	38
40	2.33	2.29	2.26	2.23	2.20	2.15	2.11	2.08	2.06	2.02	1.97	1.94	1.87	1.83	1.80	40
42	2.30	2.26	2.23	2.20	2.18	2.13	2.09	2.06	2.03	1.99	1.9	1.91	1.85	1.80	1.78	42
44	2.28	2.24	2.21	2.18	2.15	2.10	2.06	2.03	2.01	1.97	1.92	1.89	1.82	1.78	1.75	44
46	2.26	2.22	2.19	2.16	2.13	2.08	2.04	2.01	1.99	1.95	1.90	1.86	1.80	1.75	1.73	46
48	2.24	2.20	2.17	2.14	2.12	2.06	2.02	1.99	1.97	1.93	1.88	1.84	1.78	1.73	1.70	48
50	2.22	2.18	2.15	2.12	2.10	2.05	2.01	1.97	1.95	1.91	1.86	1.82	1.76	1.71	1.68	50

续 表

n_2 \ n_1	22	24	26	28	30	35	40	45	50	60	80	100	200	500	∞	n_1 / n_2
60	2.15	2.12	2.08	2.05	2.03	1.98	1.94	1.90	1.88	1.84	1.78	1.75	1.68	1.63	1.60	60
80	2.07	2.03	2.00	1.97	1.94	1.89	1.85	1.81	1.79	1.75	1.69	1.66	1.58	1.53	1.49	80
100	2.02	1.98	1.94	1.92	1.89	1.84	1.80	1.76	1.73	1.69	1.63	1.60	1.52	1.47	1.43	100
125	1.98	1.94	1.91	1.88	1.85	1.80	1.76	1.72	1.69	1.65	1.59	1.55	1.47	1.41	1.37	125
150	1.96	1.92	1.88	1.85	1.83	1.77	1.73	1.69	1.66	1.62	1.56	1.52	1.43	1.38	1.33	150
200	1.93	1.89	1.85	1.82	1.79	1.74	1.69	1.66	1.63	1.58	1.52	1.48	1.69	1.33	1.28	200
300	1.89	1.85	1.82	1.79	1.76	1.71	1.66	1.62	1.59	1.55	1.48	1.44	1.35	1.28	1.22	300
500	1.87	1.83	1.79	1.76	1.74	1.68	1.63	1.60	1.56	1.52	1.45	1.41	1.31	1.23	1.16	500
1 000	1.85	1.81	1.77	1.74	1.72	1.66	1.61	1.57	1.54	1.50	1.43	1.38	1.28	1.19	1.11	1 000
∞	1.83	1.79	1.76	1.72	1.70	1.64	1.59	1.55	1.52	1.47	1.40	1.36	1.25	1.15	1.00	∞

附表8 F分布临界值表($\alpha=0.025$)

n_2 \ n_1	1	2	3	4	5	6	7	8	9	10	12	15	20	24	30	40	60	120	∞	n_1 / n_2
1	647.8	799.5	864.2	899.6	921.8	937.1	948.2	956.7	963.3	968.6	976.7	984.9	993.1	997.2	1 001	1 006	1 010	1 014	1 018	1
2	38.51	39.00	39.17	39.25	39.30	39.33	39.36	39.37	39.39	39.40	39.41	39.43	39.45	39.46	39.46	39.47	39.48	39.49	39.50	2
3	17.44	16.04	15.44	15.10	14.88	14.73	14.62	14.54	14.47	14.42	14.34	14.25	14.17	14.12	14.08	14.04	13.99	13.95	13.90	3
4	12.22	10.65	9.98	9.60	9.36	9.20	9.07	8.98	8.90	8.84	8.75	8.66	8.56	8.51	8.46	8.41	8.36	8.31	8.26	4
5	10.01	8.43	7.76	7.39	.15	6.98	6.85	6.76	6.68	6.62	6.52	6.43	6.33	6.28	6.23	6.18	6.12	6.07	6.02	5
6	8.81	7.26	6.60	6.23	5.99	5.82	5.70	5.60	5.52	5.46	5.37	5.27	5.17	5.12	5.07	5.01	4.96	4.90	4.85	6
7	8.07	6.54	5.89	5.52	5.29	5.12	4.99	4.90	4.82	4.76	4.67	4.57	4.47	4.42	4.36	4.31	4.25	4.20	4.14	7
8	7.57	6.06	5.42	5.05	4.82	4.65	4.53	4.43	3.36	4.30	4.20	4.10	4.00	3.95	3.89	3.84	3.78	3.73	3.67	8
9	7.21	5.71	5.08	4.72	4.48	4.32	4.20	4.10	4.03	3.96	3.87	3.77	3.67	3.61	3.56	3.51	3.45	3.39	3.33	9
10	6.94	5.46	4.83	4.47	4.24	4.07	3.95	3.85	3.78	3.72	3.62	3.52	3.42	3.37	3.31	3.26	3.20	3.14	3.08	10
11	6.27	5.26	4.63	4.28	4.04	3.88	3.76	3.66	3.59	3.53	3.43	3.33	3.23	3.17	3.12	3.06	3.00	2.94	2.88	11
12	6.55	5.10	4.47	4.12	3.89	3.73	3.61	3.51	3.44	3.37	3.28	3.18	3.07	3.02	2.96	2.91	2.85	2.79	2.72	12
13	6.41	4.97	4.35	4.00	3.77	3.60	3.48	3.39	3.31	3.25	3.15	3.05	2.95	2.89	2.84	2.78	2.72	2.66	2.60	13
14	6.30	4.86	4.24	3.89	3.66	3.50	3.38	3.29	3.21	3.15	3.05	2.95	2.84	2.79	2.73	2.67	2.61	2.55	2.49	14
15	6.20	4.77	4.15	3.80	3.58	3.41	3.29	3.20	3.12	3.06	2.96	2.86	2.76	2.70	2.64	2.59	2.52	2.46	2.40	15
16	6.12	4.69	4.08	3.73	3.50	3.34	3.22	3.12	3.05	2.99	2.89	2.79	2.68	2.63	2.57	2.51	2.45	2.38	2.32	16
17	6.04	4.62	4.01	3.66	3.44	3.28	3.16	3.06	2.98	2.92	2.82	2.72	2.62	2.56	2.50	2.44	2.38	2.32	2.25	17
18	5.98	4.56	3.95	3.61	3.38	3.22	3.10	3.01	2.93	2.87	2.77	2.67	2.56	2.50	2.44	2.38	2.32	2.26	2.19	18
19	5.92	4.51	3.90	3.56	3.33	3.17	3.05	2.96	2.88	2.82	2.72	2.62	2.51	2.45	2.39	2.33	2.27	2.20	2.13	19

续表

n_2 \ n_1	1	2	3	4	5	6	7	8	9	10	12	15	20	24	30	40	60	120	∞	n_1 / n_2
20	5.87	4.46	3.86	3.51	3.29	3.13	3.01	2.91	2.84	2.77	2.68	2.57	2.46	2.41	2.35	2.29	2.22	2.16	2.09	20
21	5.83	4.42	3.82	3.48	3.25	3.09	2.97	2.87	2.80	2.73	2.64	2.53	2.42	2.37	2.31	2.25	2.18	2.11	2.01	21
22	5.79	4.38	3.78	3.44	3.22	3.05	2.93	2.84	2.76	2.70	2.60	2.50	2.39	2.33	2.27	2.21	2.14	2.08	2.00	22
23	5.75	4.35	3.75	3.41	3.18	3.02	2.90	2.81	2.73	2.67	2.57	2.47	2.36	2.30	2.24	2.18	2.11	2.04	1.97	23
24	5.72	4.32	3.72	3.38	3.15	2.99	2.87	2.78	2.70	2.64	2.54	2.44	2.33	2.27	2.21	2.15	2.08	2.01	1.94	24
25	5.69	4.29	3.69	3.35	3.13	2.97	2.85	2.75	2.68	2.61	2.51	2.41	2.30	2.24	2.18	2.12	2.05	1.98	1.91	25
26	5.66	4.27	3.67	3.33	3.10	2.94	2.82	2.73	2.65	2.59	2.49	2.39	2.28	2.22	2.16	2.09	2.03	1.95	1.88	26
27	5.63	4.24	3.65	3.31	3.08	2.92	2.80	2.71	2.63	2.57	2.47	2.36	2.25	2.19	2.13	2.07	2.00	1.93	1.85	27
28	5.61	4.22	3.63	3.29	3.06	2.90	2.78	2.69	2.61	2.55	2.45	2.34	2.23	2.17	2.11	2.05	1.98	1.91	1.83	28
29	5.59	4.20	3.61	3.27	3.04	2.88	2.76	2.67	2.59	2.53	2.43	2.32	2.21	2.15	2.09	2.03	1.96	1.89	1.81	29
30	5.57	4.18	3.59	3.25	3.03	2.87	2.75	2.65	2.57	2.51	2.41	2.31	2.20	2.14	2.07	2.01	1.94	1.87	1.79	30
40	5.42	4.05	3.46	3.13	2.90	2.74	2.62	2.53	2.45	2.39	2.29	2.18	2.07	2.01	1.94	1.88	1.80	1.72	1.64	40
60	5.29	3.93	3.34	3.01	2.79	2.63	2.51	2.41	2.33	2.27	2.17	2.06	1.94	1.88	1.82	1.74	1.67	1.58	1.48	60
120	5.15	3.80	3.23	2.89	2.67	2.52	2.39	2.30	2.22	2.16	2.05	1.94	1.82	1.76	1.69	1.61	1.53	1.43	1.31	120
∞	5.02	3.69	3.12	2.79	2.57	2.41	2.29	2.19	2.11	2.05	1.94	1.83	1.71	1.64	1.57	1.48	1.39	1.27	1.00	∞

下册部分习题答案与提示

第8章

习题8.1

1.(1)-5； (2)2； (3)24； (4)24； (5)2； (6)6.

2.(1)$x=6$， (2)$x=0$.

3.(1)$x_1=2,x_2=-3$； (2)$x_1=1,x_2=0$.

习题8.2

1.(1)20； (2)1； (3)$(a+b+c)(a^2+b^2+c^2-ab-bc-ac)$；
(4)-4.

2. 略.

习题8.3

1.(1)$x_1=\frac{1}{4},x_2=\frac{1}{4},x_3=\frac{1}{4}$； (2)$x_1=-5,x_2=1,x_3=2,x_4=3$.

2.$f(x)=-3x^2+11x-7$.

3.$\lambda=-5$ 或 -6.

总习题8

1.(1)√； (2)√； (3)√； (4)√； (5)×； (6)×； (7)√.

2.(1)A； (2)C； (3)C； (4)D； (5)C； (6)A； (7)A.

3.(1)8； (2)6； (3)$4,-2,4$； (4)$3,5,-10$； (5)$-2,-2,12$；
(6)$t\neq\frac{1}{2}$； (7)3.

4.(1)1； (2)$a(b_1c_1-b_2c_2)$； (3)48； (4)$2(a+b)(ab-a^2-b^2)$；
(5)0； (6)$-x^2y$.

5. (1) 提示：$\begin{vmatrix} 1 & 1 & 1 \\ x_1 & x_2 & x_3 \\ x_1^2 & x_2^2 & x_3^2 \end{vmatrix} \xlongequal[r_2 - x_1 r_1]{r_3 - x_1 r_2} \begin{vmatrix} 1 & 1 & 1 \\ 0 & x_2 - x_1 & x_3 - x_1 \\ 0 & x_2(x_2 - x_1) & x_3(x_3 - x_1) \end{vmatrix}$.

(2) 略.

6. (1) $x_1 = \frac{12}{7}, x_2 = -\frac{1}{7}, x_3 = \frac{4}{7}$； (2) $x_1 = -\frac{5}{2}, x_2 = \frac{3}{2}, x_3 = 3$.

7. $k = 1$ 或 2.

第 9 章

习题 9.1

1. $\boldsymbol{A} = \begin{pmatrix} 1 & 0 & -1 \\ 3 & 2 & 1 \end{pmatrix}$ 2. $\boldsymbol{A} = \begin{pmatrix} 3 & 4 \\ 5 & 6 \end{pmatrix}$ 3. $a = 5, b = 3$

习题 9.2

1. (1) $\begin{pmatrix} 1 & 8 & 13 \\ -1 & 12 & 27 \end{pmatrix}$； (2) 4； (3) $\begin{bmatrix} 1 & 3 & 2 \\ 2 & 6 & 4 \\ -5 & -15 & -10 \end{bmatrix}$； (4) -4.

2. $3\boldsymbol{AB} - \boldsymbol{B} = \begin{bmatrix} 23 & 3 & 7 \\ 49 & 18 & 11 \\ -3 & -4 & 7 \end{bmatrix}$， $2\boldsymbol{A}^{\mathrm{T}} - 3\boldsymbol{BA} = \begin{bmatrix} -7 & -14 & 5 \\ -5 & -15 & -1 \\ -1 & -3 & -32 \end{bmatrix}$.

3. (1) 不成立，例 $\boldsymbol{A} = \begin{pmatrix} 0 & 0 \\ 1 & 0 \end{pmatrix}$，$\boldsymbol{A}^2 = 0$；

(2) 不成立，例 $\boldsymbol{A} = \begin{pmatrix} 1 & 0 \\ 0 & 0 \end{pmatrix}$，$\boldsymbol{A}^2 = \boldsymbol{A}$；

(3) 不成立，例 $\boldsymbol{A} = \begin{pmatrix} 1 & 0 \\ 0 & 0 \end{pmatrix}$，$\boldsymbol{X} = \begin{pmatrix} 1 & 0 \\ 0 & 0 \end{pmatrix}$，$\boldsymbol{Y} = \begin{pmatrix} 1 & 0 \\ 0 & 1 \end{pmatrix}$.

4. $\boldsymbol{A}^2 + 2\boldsymbol{A} - \boldsymbol{E} = \begin{pmatrix} 2 & 8 \\ 2 & 2 \end{pmatrix}$.

5. (1) $\boldsymbol{X} = \begin{bmatrix} \frac{5}{2} & \frac{1}{2} \\ -1 & \frac{9}{2} \end{bmatrix}$； (2) $\boldsymbol{X} = \begin{pmatrix} 1 & -1 \\ 6 & 7 \end{pmatrix}$.

6. (1) -2； (2) 12.

7. 54.

习题 9.3

1.(1)$A^*=\begin{pmatrix}4 & 2\\3 & 1\end{pmatrix}$； (2)$A^*=\begin{pmatrix}-3 & 0\\-2 & 1\end{pmatrix}$.

2.(1) 可逆； (2) 不可逆； (3) 可逆； (4) 不可逆.

3.(1) $-\frac{1}{2}\begin{pmatrix}4 & 2\\3 & 1\end{pmatrix}$； (2) $-\frac{1}{3}\begin{pmatrix}-3 & 0\\-2 & 1\end{pmatrix}$；

(3) $\frac{1}{5}\begin{pmatrix}-3 & 2 & 2\\2 & -3 & 2\\2 & 2 & -3\end{pmatrix}$； (4) $\begin{pmatrix}1 & & \\ & \frac{1}{2} & \\ & & \frac{1}{3}\end{pmatrix}$.

4.(1) $\begin{pmatrix}-2 & 2\\ \frac{3}{2} & -1\end{pmatrix}$； (2) $\frac{1}{2}\begin{pmatrix}1 & -1\\1 & -3\\1 & 1\end{pmatrix}$； (3) $\begin{pmatrix}0 & -1\\1 & 0\end{pmatrix}$.

5.$A+2E$.

习题 9.4

1.(1) $\begin{pmatrix}1 & 2 & 1\\0 & 0 & 0\\0 & 0 & 0\end{pmatrix}$； (2) $\begin{pmatrix}1 & 3 & 0\\0 & -2 & 1\\0 & 0 & 1\end{pmatrix}$.

2.(1) $\begin{pmatrix}1 & 2 & 1\\0 & 0 & 0\\0 & 0 & 0\end{pmatrix}$； (2) $\begin{pmatrix}1 & & \\ & 1 & \\ & & 1\end{pmatrix}$.

3.(1)1； (2)3.

4.(1)$P=\begin{pmatrix}0 & 1\\1 & 0\end{pmatrix}$； (2)$Q=\begin{pmatrix}1 & & \\ & 3 & \\ & & 1\end{pmatrix}$.

5.(1) $\begin{pmatrix}\frac{3}{4} & -\frac{1}{4} & -\frac{1}{4}\\ -\frac{1}{4} & \frac{3}{4} & -\frac{1}{4}\\ -\frac{1}{4} & -\frac{1}{4} & \frac{3}{4}\end{pmatrix}$； (2) $\begin{pmatrix}-\frac{1}{8} & \frac{9}{16} & -\frac{3}{16}\\ -\frac{1}{8} & \frac{1}{16} & \frac{5}{16}\\ \frac{3}{8} & -\frac{3}{16} & \frac{1}{16}\end{pmatrix}$；

(3) $\begin{pmatrix}1 & & & \\ -1 & 1 & & \\ & -1 & 1 & \\ & & -1 & 1\end{pmatrix}$； (4) $\begin{pmatrix}1 & & & \\ -1 & 1 & & \\ 1 & -1 & 1 & \\ -1 & 1 & -1 & 1\end{pmatrix}$.

习题 9.5

1. $\begin{bmatrix} 2 & 0 & 0 \\ 0 & 2 & 1 \\ 0 & 3 & -1 \end{bmatrix}$.　　2. $\boldsymbol{A}^{-1} = \begin{bmatrix} -\frac{1}{3} & \frac{2}{3} & 0 & 0 \\ \frac{2}{3} & -\frac{1}{3} & 0 & 0 \\ 0 & 0 & 1 & 0 \\ 0 & 0 & 2 & -11 \end{bmatrix}$, $\det\boldsymbol{A} = 3$.

3. -2　　4. 56.

总习题 9

1. (1) ×；(2) √；(3) √；(4) √；(5) ×；(6) ×；(7) √；(8) ×；(9) ×；(10) ×；(11) ×；(12) ×.

2. (1) B；(2) B；(3) B；(4) B；(5) B；(6) C；(7) A.

3. (1) 6,2；(2) 54；(3) 3；(4) $\begin{bmatrix} 0 & 0 & 1 \\ 0 & 1 & 0 \\ 1 & 0 & 0 \end{bmatrix}$；(5) 1,2,2；(6) 1；(7) 1；(8) 1；(9) $y - x = 1$；(10) r.

4. (1) $\begin{pmatrix} -4 & 3 \\ 4 & -7 \end{pmatrix}$；(2) $\begin{pmatrix} -2 & 3 \\ -2 & 2 \end{pmatrix}$.

5. $\begin{bmatrix} 2 & 2 & -\frac{2}{3} & \frac{2}{3} \\ \frac{4}{3} & \frac{2}{3} & \frac{2}{3} & \frac{4}{3} \end{bmatrix}$.

6. $\begin{pmatrix} x_1 & 2(x_1 - x_4) \\ 0 & x_4 \end{pmatrix}$ (x_1, x_4 任意).

7. (1) $\begin{pmatrix} 2 & -8 \\ 0 & 3 \end{pmatrix}$；(2) $\begin{bmatrix} 2 & 1 & 0 \\ 1 & 1 & -1 \\ 1 & 2 & 3 \end{bmatrix}$.

8. 提示：利用定义.

第 10 章

习题 10.1

1. $(-4, -14, -3), (6, 0, 15)$.　　2. $a = 1, b = 0, c = 1$.

3. $x_1\begin{pmatrix}1\\2\\1\end{pmatrix}+x_2\begin{pmatrix}-2\\1\\2\end{pmatrix}+x_3\begin{pmatrix}1\\-1\\3\end{pmatrix}=\begin{pmatrix}1\\-1\\0\end{pmatrix}$.

习题 10.2

1. $\boldsymbol{\alpha}=\boldsymbol{\alpha}_1+2\boldsymbol{\alpha}_2+4\boldsymbol{\alpha}_3+\boldsymbol{\alpha}_4$.

2. (1) 线性相关； (2) 线性无关； (3) 线性无关．

3. (1)3；$\boldsymbol{\alpha}_1,\boldsymbol{\alpha}_2,\boldsymbol{\alpha}_4$； (2)3；$\boldsymbol{\alpha}_1,\boldsymbol{\alpha}_2,\boldsymbol{\alpha}_4$； (3)3；$\boldsymbol{\alpha}_1,\boldsymbol{\alpha}_3,\boldsymbol{\alpha}_4$.

4. $a=2$.

5. $k=1$.

6. 略.

习题 10.3

1. (1)$\boldsymbol{\xi}=(1,0,0,1)^{\mathrm{T}}$； (2)$\boldsymbol{\xi}_1=(-1,0,1,0)^{\mathrm{T}},\boldsymbol{\xi}_2=(0,-1,0,1)^{\mathrm{T}}$；
(3)$\boldsymbol{\xi}=(2,2,2,-5)^{\mathrm{T}}$.

2. (1)$k(1,0,0,1)^{\mathrm{T}}$(k任意)； (2)$k_1(-1,0,1,0)^{\mathrm{T}}+k_2(0,-1,0,1)^{\mathrm{T}}$($k_1,k_2$任意)；
(3)$k(2,2,2,-5)^{\mathrm{T}}$(k任意).

3. (1) 有唯一解$(2,0,-1)^{\mathrm{T}}$； (2) 无解；
(3) 有无穷多解，通解为$\left(\frac{5}{3},-\frac{1}{3},0,0\right)^{\mathrm{T}}+k_1\left(\frac{1}{3},-\frac{2}{3},1,0\right)^{\mathrm{T}}+k_2(-1,0,0,1)^{\mathrm{T}}$.

4. $\lambda\neq-4$且$\lambda\neq2$时有唯一解；$\lambda=-4$时无解；$\lambda=2$时有无穷多解，通解为$(1,0,0)^{\mathrm{T}}+k_1(-1,1,0)^{\mathrm{T}}+k_2(-1,0,1)^{\mathrm{T}}$($k_1,k_2$任意).

5. $a=1$时有无穷多解，通解为$(1,0,0,0)^{\mathrm{T}}+k_1(-1,1,0,0)^{\mathrm{T}}+k_2(0,0,-1,1)^{\mathrm{T}}$($k_1$，$k_2$任意)；$a\neq1$时无解．

总习题 10

1. (1)×； (2)×； (3)√； (4)×； (5)√； (6)×； (7)√；
(8)×； (9)×； (10)√； (11)√； (12)√.

2. (1)B； (2)A； (3)B； (4)B； (5)B； (6)B； (7)B； (8)C；
(9)C； (10)B.

3. (1)3，−1，2； (2)−2，2，4； (3)(1，−1，−1)； (4) 相关；
(5) 相关； (6)3，3； (7)$\boldsymbol{\alpha}_1,\boldsymbol{\sigma}_2$；2； (8)$\mathrm{rank}\boldsymbol{A}=\mathrm{rank}\hat{\boldsymbol{A}}$；
(9)$\mathrm{rank}\boldsymbol{A}=\mathrm{rank}\hat{\boldsymbol{A}}=n$； (10)$\mathrm{rank}\boldsymbol{A}=\mathrm{rank}\hat{\boldsymbol{A}}<n$；
(11)$n-r$； (12)$\boldsymbol{\eta}_1+k(\boldsymbol{\eta}_2-\boldsymbol{\eta}_1)$($k$任意).

4. $\boldsymbol{\alpha}_1,\boldsymbol{\alpha}_2,\boldsymbol{\alpha}_3$是极大无关组，秩为3.

5. 略.

6. (1) $k\left(-\frac{4}{3},-3,\frac{4}{3},1\right)^{\mathrm{T}}$ (k 任意)； (2) 只有 0 解.

7. (1) $(-2,2,0)^{\mathrm{T}}+k\left(-\frac{1}{2},-\frac{1}{4},1\right)^{\mathrm{T}}$ (k 任意)；

(2) 无解.

8. 当 $\lambda=-2$ 或 $\lambda=1$ 时有无穷多解；

当 $\lambda=-2$ 时，通解为 $(2,2,0)^{\mathrm{T}}+k(1,1,1)^{\mathrm{T}}$ (k 任意)；

当 $\lambda=1$ 时，通解为 $(1,0,0)^{\mathrm{T}}+k(1,1,1)^{\mathrm{T}}$ (k 任意).

9. 当 $\lambda\neq 1$ 且 $\lambda\neq 10$ 时有唯一解；当 $\lambda=10$ 时无解；当 $\lambda=1$ 时有无穷多解，通解为 $(1,0,0)^{\mathrm{T}}+k_1(-2,1,0)^{\mathrm{T}}+k_2(2,0,1)^{\mathrm{T}}$ (k_1,k_2 为任意).

第 11 章

习题 11.1

1. 可重复性，可观察性，不确定性.

2. 样本空间 $\Omega=\{$(正面，正面)，(正面，反面)，(反面，正面)，(反面，反面)$\}$；

$A=\{$(正面，正面)，(正面，反面)$\}$；$B=\{$(正面，正面)，(反面，反面)$\}$；

$C=\{$(正面，正面)，(正面，反面)，(反面，正面)$\}$.

3. 样本空间 $\Omega=\{t\mid t\geqslant 0\}$，子集 $\{t\mid 500\leqslant t\leqslant 550\}$.

4. 基本事件 $A_i=$"返回时射击了 i 次"$(i=1,2,3,\cdots)$，样本空间 $\Omega=\{A_1,A_2,A_3,\cdots\}$.

5. $\Omega=\{$(正品，正品)，(正品，次品)，(次品，次品)$\}$；

$A=\{$正品，正品$\}$；$B=\{$(正品，正品)，(正品，次品)$\}$.

6. 样本空间 $\Omega=\{$2 白，2 红，一白一红$\}$.

7. 样本空间 $\Omega=\{t\mid |t|\leqslant 2\}$，$A=\{t\mid |t|\leqslant 1\}$，$B=\{t\mid |t|\leqslant 0.5\}$.

习题 11.2

1. 略.

2. (1) 3 次射击至少有一次射击没击中靶子；

(2) 第 1，2 次射击没击中靶子；

(3) 3 次射击有 2 次射击击中靶子而第 2 次必击中.

3. A 和 B 对立.

4. (1) $A\overline{B}\overline{C}$； (2) $AB\overline{C}$； (3) ABC； (4) $\overline{A}\overline{B}\overline{C}$；

(5) $A\cup B\cup C$； (6) $AB\overline{C}\cup\overline{A}BC\cup A\overline{B}C\cup ABC$；

(7) $A\overline{B}\overline{C}\cup\overline{A}B\overline{C}\cup\overline{A}\overline{B}C\cup\overline{A}\overline{B}\overline{C}$；

(8)$AB\overline{C} \cup \overline{A}BC \cup A\overline{B}C$.

5. $E=\overline{A}+\overline{B}+\overline{CD}, \overline{E}=AB(C+D)$.

习题 11.3

1. $\frac{8}{15}$.

2. 0.016 3.

3. (1)0.484 8； (2)0.515 2.

4. $1-\frac{1}{365^{19}}$.

5. 0.249 8.

6. $\frac{5}{7}$.

7. $\frac{3}{8}$.

8. $\frac{1}{4\ 272\ 048}$.

9. (1)0.002 641； (2)0.010 564； (3)0.105 498； (4)0.110 444.

习题 11.4

1. $\frac{7}{12}$.

2. $\frac{1}{3}$.

3. 0.5.

4. 0.008 3.

5. $\frac{67}{86}$.

6. (1) $\frac{1}{3}$；(2) $\frac{3}{8}$.

7. $\frac{1}{4}$.

8. (1)3.5%； (2)51.4%.

9. 0.952 4.

10. (1)0.8； (2)0.5.

习题 11.5

1. (1)0.56； (2)0.24； (3)0.14.

2.0.965 3.

3.0.104.

4.$\frac{2}{3}$.

5.0.059.

6.(1)0.312 5； (2)0.5.

7.(1)0.349； (2)0.581； (3)0.590； (4)0.343； (5)0.692.

8.(1)0.917 6； (2)9.

9.五局三胜制对甲更有利.

10.(1)0.146 9； (2)0.783 7； (3)0.073 8； (4)0.009 1.

总习题 11

1.(1)√； (2)×； (3)√； (4)√； (5)√.

2.(1)C； (2)D； (3)C； (4)A； (5)D； (6)A； (7)D； (8)A.

3.(1)1； (2)$P(AB) \leqslant P(A) \leqslant P(A \cup B) \leqslant P(A)+P(B)$；

(3) $P(A)-P(B)$,0； (4) $\frac{5}{8}$； (5) 0.3,0.5；

(6) $\frac{3}{8}$； (7) $\frac{28}{45}$,$\frac{16}{45}$； (8) $\frac{2}{3}$.

4.(1) 样本空间$\Omega=$\{(甲,乙),(乙,甲),(甲,丙),(丙,甲),(甲,丁),(丁,甲),(乙,丙),(丙,乙),(乙,丁),(丁,乙),(丙,丁),(丁,丙)\}；

(2)$\{A_1A_2A_3, A_1\overline{A_2A_3}, \overline{A_1}A_2\overline{A_3}, \overline{A_1A_2}A_3, A_1A_2\overline{A_3}, A_1\overline{A_2}A_3, \overline{A_1}A_2A_3, \overline{A_1A_2A_3}\}$；

(3)\{(√,×),(√,√),(×,×)\}；

(4)$\{A_1, A_2, A_3, \cdots\}$.

5.(1)0.504； (2)0.500； (3)0.352； (4)0.297.

6.(1)0.4； (2)0.485 6.

7.$\frac{3}{5}$.

8.0.33.

9.0.651 3.

10.$\frac{1}{3}$.

11.(1)0.513 6； (2)0.224.

第 12 章

习题 12.1

1. $A=\frac{1}{2}$, $B=\frac{1}{\pi}$.

2. $A=1$, $B=-1$.

习题 12.2

1. $P\{X=k\}=C_n^k p^k q^{n-k}(k=0,1,2,\cdots,10)$, $P\{X\geqslant 3\}=0.945$.

2. $C=1$.

3.

X	0	1	2	3	4
p_i	0.282	0.470	0.217	0.030	0.001

4. $f(x)$ 不是密度函数,不满足非负性.

5. (1) $c=2$; (2) $F(x)=\begin{cases}0, & x<0\\ x^2, & 0\leqslant x<1\\ 1, & x\geqslant 1\end{cases}$; (3) 0.4.

6. (1) $A=1$; (2) 0.4; (3) $p(x)=\begin{cases}2x, & 0\leqslant x\leqslant 1\\ 0, & \text{其他}\end{cases}$.

7.

X	20π	22π	24π	26π
p_i	0.1	0.4	0.3	0.2

Y	100π	121π	144π	169π
p_i	0.1	0.4	0.3	0.2

8. $p(y)=\begin{cases}\dfrac{1}{a(b-a)}, & a^2+b\leqslant y\leqslant ab+b\\ 0, & \text{其他}\end{cases}$.

9. $p(y)=\begin{cases}\dfrac{1-\sqrt{y-2}}{\sqrt{y-2}}, & 2<y\leqslant 3\\ 0, & \text{其他}\end{cases}$.

习题 12.3

1. 0.6.

2. 0.3.

3. $E(X)=-0.2$, $E(X^2)=2.8$, $E(3X^2+5)=13.4$.

4. $E(X)=0$.

5. $E(X)=2$, $E(Y)=0.4$.

6. $E(e^X)=\dfrac{e^{2\pi}-1}{2\pi}$, $E(2\sin X+1)=1$.

7. $E(3X+1)=3\pi+1$, $E(X+Y)=\pi+\mu$, $E(X-Y)=\pi-\mu$.

习题 12.4

1. $E(X)=3.5$, $D(X)=2.92$.

2. $E(X)=0$, $D(X)=1$.

3. $D[(X+Y)/2]=D[(X-Y)/2]=\dfrac{47}{4}$.

4. 乙厂生产的质量较好.

5. $E(X)=\dfrac{3}{2}$, $D(X)=3a-\dfrac{9}{4}$, $E\left(\dfrac{2}{3}X-a\right)=1-a$, $D\left(\dfrac{2}{3}X-a\right)=\dfrac{4}{3}a-1$.

6. $a=\dfrac{3}{5}$, $b=\dfrac{6}{5}$, $D(X)=\dfrac{2}{25}$.

总习题 12

1. (1)×; (2)×; (3)×; (4)√; (5)√; (6)×.

2. (1)D; (2)B; (3)C; (4)D; (5)B.

3. (1) $\dfrac{1}{4}$; (2) $\left[0,\dfrac{\pi}{2}\right]$; (3) 6, 48; (4) 1; (5) 46.

4.

X	-1	0	1
p_i	0.25	0.5	0.25

5.

X	0	1	2	3
p_i	1/2	1/4	1/8	1/16

6. 0.242

7. (1)$c=4$； (2)$a=\frac{1}{\sqrt[4]{2}}$； (3)$b=0.9975$.

8. $D(Y)=16\sigma^2$.

9. 11.67.

10. $E(Y)=1\,000$ g， $D(Y)=100$ g.

11. 略.

12. 略.

13. $E(X)=0.2$， $E(X^2)=2.8$， $E(3X^2+5)=13.4$， $D(3X^2+5)=31.25$.

14. (1)$A=\frac{1}{\pi}$； (2)$P\{|X|<\frac{1}{2}\}=\frac{1}{3}$ ；

(3)$F(X)=\begin{cases}0, & x<-1\\ \frac{1}{2}+\frac{1}{\pi}\arcsin x, & -1\leqslant x<1;\\ 1, & x\geqslant 1\end{cases}$

15. 4.125.

16. (1) $k=\frac{1}{\pi}$, $b=0$； (2) $E(X)=\frac{\pi}{2}$, $D(X)=\frac{\pi^2}{12}$； (3) $E(Y)=\frac{2}{\pi}$.

17. $E(X)=0.6$， $D(X)=0.46$.

第 13 章

习题 13.1

1. $\overline{X}=\frac{7}{3}$， $S_n^2=\frac{5}{9}$.

2. $E(\overline{X})=\lambda$， $D(\overline{X})=\frac{\lambda}{n}$， $E(S_n^2)=\frac{n-1}{n}\lambda$， $E(S_n^{*2})=\lambda$.

3. (1)$u_{0.05}=1.645$，$u_{0.95}=-1.645$，$u_{0.99}=-2.325$，$u_{0.01}=2.325$；

(2)$\chi^2_{0.05}(16)=26.3$，$\chi^2_{0.95}(16)=7.96$，$\chi^2_{0.025}(10)=20.5$，$\chi^2_{0.975}(10)=3.25$；

(3)$t_{0.05}(21)=1.7207$，$t_{0.95}(21)=-1.7207$，$t_{0.99}(12)=-2.681$，$t_{0.01}(10)=1.3722$；

(4)$F_{0.05}(10,15)=2.54$，$F_{0.95}(10,15)=\frac{1}{F_{0.05}(15,10)}=\frac{1}{2.85}=\frac{20}{57}$，

$F_{0.99}(12,8)=\frac{1}{F_{0.01}(8,12)}=\frac{1}{4.5}=\frac{2}{9}$，$F_{0.01}(12,8)=5.67$.

4. 提示：$\overline{X}_1\sim N\left(\mu,\frac{\sigma^2}{n}\right)$，$\overline{X}_2\sim N\left(\mu,\frac{\sigma^2}{n}\right)$，则 $\overline{X}_1-\overline{X}_2\sim N\left(0,\frac{2\sigma^2}{n}\right)$.

因而$\dfrac{\overline{X}_1-\overline{X}_2}{\sigma\sqrt{2/n}}\sim N(0,1)$.

$P(|\overline{X}_1-\overline{X}_2|>\sigma)=P\left(\left|\dfrac{\overline{X}_1-\overline{X}_2}{\sigma\sqrt{2/n}}\right|>\dfrac{\sigma}{\sigma\sqrt{2/n}}\right)=0.01$，查表可得$u_{0.005}=2.58$，则$n=13$.

习题 13.2

1. θ的矩估计为$\hat{\theta}=\dfrac{3+\overline{X}}{2}$.

2. 提示：由于$E(X)=\int_{-\infty}^{+\infty}\dfrac{x}{2\theta}\exp\left(-\dfrac{|x|}{\theta}\right)\mathrm{d}x=0$，而

$$E(X^2)=\int_{-\infty}^{+\infty}\frac{x^2}{2\theta}\exp\left(-\frac{|x|}{\theta}\right)\mathrm{d}x=2\theta^2$$

令$2\hat{\theta}^2=\dfrac{1}{n}\sum\limits_{i=1}^{n}X_i^2$，则$\theta$的矩估计为$\hat{\theta}=\sqrt{\dfrac{1}{2n}\sum\limits_{i=1}^{n}X_i^2}$.

θ的最大似然估计为$\hat{\theta}=\dfrac{\sum\limits_{i=1}^{n}|X_i}{n}$.

3. 提示：由于

$$E(X)=\int_{\theta_1}^{+\infty}\frac{x}{\theta_2}\mathrm{e}^{-\frac{x-\theta_1}{\theta_2}}\mathrm{d}x=\theta_1+\theta_2$$

$$E(X)=\int_{\theta_1}^{+\infty}\frac{x^2}{\theta_2}\mathrm{e}^{-\frac{x-\theta_1}{\theta_2}}\mathrm{d}x=\theta_1^2+2\theta_2(\theta_1+\theta_2)$$

令
$$\hat{\theta}_1+\hat{\theta}_2=\frac{1}{n}\sum_{i=1}^{n}X_i,\quad \hat{\theta}_1^2+2\hat{\theta}_2(\hat{\theta}_1+\hat{\theta}_2)=\frac{1}{n}\sum_{i=1}^{n}X_i^2$$

则
$$\hat{\theta}_1=\frac{1}{n}\sum_{i=1}^{n}X_i-\sqrt{\frac{1}{n}\sum_{i=1}^{n}X_i^2-\left(\frac{1}{n}\sum_{i=1}^{n}X_i\right)^2}$$

$$\hat{\theta}_2=\sqrt{\frac{1}{n}\sum_{i=1}^{n}X_i^2-\left(\frac{1}{n}\sum_{i=1}^{n}X_i\right)^2}$$

4. θ的最大似然估计为$\hat{\theta}=\dfrac{n}{\sum\limits_{i=1}^{n}X_i}$.

5. [480.4,519.6].

6. 提示：首先计算一个家庭平均需求量的区间估计为$\left[\overline{X}-t_{\alpha/2}\dfrac{S_n^*}{\sqrt{n}},\overline{X}+t_{\alpha/2}\dfrac{S_n^*}{\sqrt{n}}\right]$，又由于当$n>45$时，$t_\alpha(n)\approx u_\alpha$，因而$t_{0.005}(99)\approx u_{0.005}=2.575$，一个家庭平均需求量的区间估计为[9.227 5,10.772 5]. 10 000个家庭的需求量的区间估计为[92 275,107 725].

7. [32.125,32.475].

8. 提示：首先计算全市毕业会考平均成绩的区间估计为$\left[\overline{X}-t_{\alpha/2}\dfrac{S_n^*}{\sqrt{n}},\overline{X}+t_{\alpha/2}\dfrac{S_n^*}{\sqrt{n}}\right]$，又由于当$n>45$时，$t_\alpha(n)\approx u_\alpha$，因而$t_{0.025}(49)\approx u_{0.025}=1.96$，全市毕业会考平均成绩的区间估计为[81.312,87.288]. 因而全市毕业会考平均成绩不低于81.3，显然，试验后学生平均成绩将会提高9.4分.

习题 13.3

1. 提示：由于$|u|=\dfrac{|78-75.6|}{7.4}\sqrt{50}=2.293>u_{0.025}=1.96$，因而该中学初二的数学成绩与全区数学成绩有显著差异.

2. 提示：由于$|u|=\dfrac{|4.484-4.55|}{0.108}\sqrt{9}=1.833<u_{0.025}=1.96$，可以认为现在生产的铁水平均含碳量仍为4.55.

3. 提示：由于$|t|=\dfrac{|1\,259-1\,277|}{10.677}\sqrt{5}=1.675<t_{0.025}(4)=2.776\,4$，因而可以认为$\mu=1\,277$.

4. 提示：由于$|u|=\dfrac{|10.48-10.5|}{0.15}\sqrt{15}=0.516<u_{0.025}=1.96$，因而可以认为该机工作正常.

5. 提示：由于$|t|=\dfrac{|1\,900-2\,000|}{490}\sqrt{50}=1.443<t_{0.025}(49)\approx u_{0.025}=1.96$，因而可以认为该批灯泡的平均寿命为2 000h.

6. 提示：由于$|u|=\dfrac{|27.3-13.25|}{\sqrt{\dfrac{6.5}{10}+\dfrac{7.5}{8}}}=11.15>u_{0.025}=1.96$，因而可以判定羊毛处理前后含脂率有显著变化.

7. 提示：由于$|u|=\dfrac{|20.44-19.41|}{\sqrt{\dfrac{3.2}{8}+\dfrac{3.6}{8}}}=1.211<u_{0.025}=1.96$，因而可以判定两种温度下的断裂强力无显著差异.

8. 提示：由于$|\chi^2|=\dfrac{(26-1)\times 9\,200}{5\,000}=46>\chi^2_{0.025}(25)=13.1$，因而可以推断这批电池寿命的波动性较以往的有显著的变化.

总习题 13

1. (1)×；(2)×；(3)×；(4)√；(5)√；(6)√；(7)√.

2. (1)A；(2)C；(3)C；(4)B；(5)C.

3. (1)$Np,\dfrac{Np(1-p)}{n},\dfrac{n-1}{n}Np(1-p),Np(1-p)$；

(2)$\lambda,\dfrac{\lambda}{n},\dfrac{n-1}{n}\lambda,\lambda$； (3)5,2.2,$\dfrac{22}{9}$.

(4)无偏性,有效性； (5)一； (6)χ^2,$\chi^2=\dfrac{(n-1)S_n^{*2}}{\sigma_0^2}$；

(7)U,$U=\dfrac{(\overline{X}-\overline{Y})}{\sqrt{\dfrac{\sigma_1^2}{n_1}+\dfrac{\sigma_2^2}{n_2}}}$.

4. 提示:由于$E(X)=\dfrac{1}{p}$,则$\dfrac{1}{\hat{p}}=\dfrac{1}{n}\sum\limits_{i=1}^{n}X_i$,即 p 的矩估计为$\hat{p}=\dfrac{n}{\sum\limits_{i=1}^{n}X_i}$.

p 的最大似然估计为$\hat{p}=\dfrac{n}{\sum\limits_{i=1}^{n}X_i}$.

5. 提示:由于$E(X)=\dfrac{\sqrt{\theta}}{\sqrt{\theta}+1}$,则$\dfrac{\sqrt{\theta}}{\sqrt{\theta}+1}=\dfrac{1}{n}\sum\limits_{i=1}^{n}X_i$,即 θ 的矩估计为$\hat{\theta}=\sqrt{\dfrac{\overline{X}}{1-\overline{X}}}$.

由于$L(\theta)=(\sqrt{\theta})^n(x_1\cdots x_n)^{\sqrt{\theta}-1}$,$\ln L(\theta)=\dfrac{n}{2}\ln\theta+(\sqrt{\theta}-1)\ln(x_1\cdots x_n)$,$\dfrac{\mathrm{d}}{\mathrm{d}\theta}\ln L(\theta)$

$=\dfrac{n}{2\theta}+\dfrac{1}{2\sqrt{\theta}}\ln(x_1\cdots x_n)=0$,则 θ 的最大似然估计为$\hat{\theta}=\left[\dfrac{\ln(x_1\cdots x_n)}{n}\right]^2$.

6. (1)[12.073 7,12.075], (2)[0.036 5,0.076 5].

7. 提示:由于$|u|=\dfrac{|14.6-14|}{3}\sqrt{36}=1.2<u_{0.025}=1.96$,因而这批零件的平均长度为 14cm.

8. 可以断定总体方差$\sigma^2\neq 144$.

9. 提示:由于$|t|=\dfrac{|12.64-12.3|}{0.314\ 8}\sqrt{5}=2.415<t_{0.025}(4)=2.776\ 4$,因而可以认为这批木材的平均大头直径为 12.3cm.

第 14 章

习题 14.1

1. 检验$H_0:\mu_1=\mu_2=\mu_3$;$F=32.92>F_{0.05}(2,12)=3.89$,拒绝$H_0$,认为各台机器所生产的薄板的厚度有显著的差异.

2. 检验$H_0:\mu_1=\mu_2=\mu_3=\mu_4$;拒绝$H_0$,认为有显著差异.

3. 检验$H_0:\mu_1=\mu_2=\mu_3$;$F=0.344<F_{0.05}=4.74$,拒绝H_0,认为氢化奎宁的熔点测定结果不受使用温度计的影响.

4. 检验$H_0:\mu_1=\mu_2=\mu_3=\mu_4$;接受$H_0$,认为有显著影响.

5. 检验$H_0:\mu_1=\mu_2=\mu_3$;接受H_0,认为不显著.

习题 14.2

1.(1) 略； (2)$\hat{y} = 2.4629 + 0.5886x$,线性相关关系特别显著； (3) 8.348 9.

2.(1)$\hat{y} = 13.9583 + 12.5504x$,线性相关关系显著；

(2)20.233 5,(19.662 1,20.804 9).

3.(1)$\hat{y} = 4.8191 + 0.3286x$,线性相关关系显著；

(2)21.249 1,(12.509 0,29.989 2).

4.$\hat{y} = 4.3655 + 0.3232x$,线性相关关系显著.

5.(1)$\hat{y} = 8.1399 + 0.7657x$； (2) 线性相关关系显著；

(3)$x = 189$ 元时,$y = 152.86$.

总习题 14

1. (1) ×； (2) ×； (3) ×； (4) ×； (5) ×.

2. (1)B； (2)C； (3)C； (4)A，C； (5)C.

3. (1)$\mu_1 = \mu_2 = \cdots = \mu_m$； (2) $\frac{1}{n}\sum_{i=1}^{r}\sum_{j=1}^{n_i} X_{ij}$；

(3) $\begin{cases} na + \sum\limits_{i=1}^{n} x_i b = \sum\limits_{i=1}^{n} Y_i \\ \sum\limits_{i=1}^{n} x_i a + \sum\limits_{i=1}^{n} x_i^2 b = \sum\limits_{i=1}^{n} x_i Y_i \end{cases}$, $\overline{Y} - \hat{b}\overline{X}$,

$\dfrac{\sum\limits_{i=1}^{n}(x_i - \overline{X})(Y_i - \overline{Y})}{\sum\limits_{i=1}^{n}(x_i - \overline{X})^2}$；

(4)$N(0,\sigma^2)$,随机误差,除了 x 以外其他因素；

(5) $H_0: b = 0$, $H_1: b \neq 0$,

$$F = \sum_{i=1}^{n}(\hat{y}_i - \overline{Y})^2 \bigg/ \left[\sum_{i}^{n}(Y_i - \hat{y}_i)^2/(n-2)\right]$$

4.提示：$F_1 = 5.3046 > F_{0.05}(4,15) = 3.06$,因而拒绝原假设,钢锭质量有显著性差异.

5.$\hat{y} = 5 + 3x$.

6.$\hat{y} = 0.8579x - 0.2895$； 线性相关关系显著.

参考文献

[1] 顾静相,冯泰．经济应用数学:下册．北京:高等教育出版社,2008.

[2] 龚德思．经济数学基础:第二分册 线性代数．成都:四川人民出版社,2006.

[3] 西北工业大学应用数学系线性代数教学组．线性代数.3版.西安:西北工业大学出版社,2006.

[4] 彭玉芳.线性代数.北京:高等教育出版社,2001.

[5] 林华铁,张乃一．线性代数．天津:天津大学出版社,2001.

[6] 龚德恩. 经济数学基础:第三分册 概率统计. 成都: 四川人民出版社, 2006.

[7] 袁荫裳. 概率论与数理统计. 北京: 人民大学出版社, 2007.

[8] 盛立人, 罗定军. 高等数学:文科类下册.2版. 北京: 化学工业出版社, 2005.

[9] 张国楚, 徐本顺, 王立冬,等. 大学文科数学.2版. 北京: 高等教育出版社, 2007.

[10] 金炳陶. 概率论与数理统计. 北京: 高等教育出版社, 2004.

[11] 季夜眉, 吴大贤. 概率论与数理统计.2版. 北京: 电子工业出版社, 2006.

[12] 徐伟, 师义民, 秦超英,等. 概率论与数理统计. 北京: 高等教育出版社, 2008.

[13] 盛骤,谢式千,潘承毅．概率论与数理统计．北京:高等教育出版社,2008.